POLYGLOTT

BERLIN

ON TOUR

W0195352

DIE AUTOREN

MANUELA BLISSE
UWE LEHMANN

Manuela Blisse, gebürtige und leidenschaftliche
Berlinerin, und Uwe Lehmann, Dortmunder, aber schon
seit Anfang der 1980er-Jahre an der Spree zu Hause, leben
und arbeiten gemeinsam als Journalisten in Berlin. Dabei
widmen sie sich mit ihrem eigenen Redaktionsbüro Surpress
hauptsächlich den Themen Reise, Essen und Trinken,
Hotellerie und Gastronomie sowie Lifestyle.

Unser E-Book-Code zur elektronischen Erweiterung des
POLYGLOTT on tour. Das kostenlose E-Book enthält die im
Reiseführer aufgeführten Adressen entlang der Touren,
beispielsweise zu Essen und Trinken, Shoppen, Aktivitäten
und Hotel-Tipps. Links auf einen externen Kartendienst
vereinfachen das Auffinden dieser Adressen.

WWW.POLYGLOTT.DE

SYMBOLE ALLGEMEIN

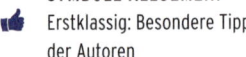

Erstklassig: Besondere Tipps der Autoren

Seitenblick: Spannende Anekdoten zum Reiseziel

Top-Highlights und

Highlights der Destination

TOUR-SYMBOLE		PREIS-SYMBOLE	
❶	Die POLYGLOTT-Touren		Hotel DZ	Restaurant
6	Stationen einer Tour	€	bis 70 EUR	bis 20 EUR
❶	Zwischenstopp Essen & Trinken	€€	70 bis 120 EUR	20 bis 35 EUR
📘 A1	Die Koordinate verweist auf die Platzierung in der Faltkarte	€€€	über 120 EUR	über 35 EUR
📘 a1	Platzierung Rückseite Faltkarte			

ZEICHENERKLÄRUNG DER KARTEN

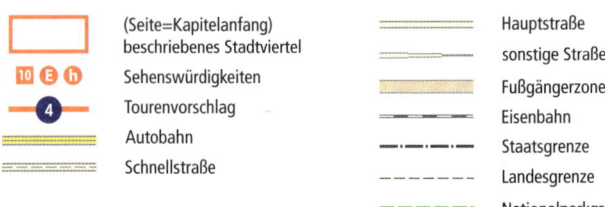

□ (rot umrandet)	(Seite=Kapitelanfang) beschriebenes Stadtviertel	
🔟 Ⓔ ⓗ	Sehenswürdigkeiten	
➍	Tourenvorschlag	
▬▬	Autobahn	
▬▬	Schnellstraße	
═══	Hauptstraße	
───	sonstige Straßen	
▬▬	Fußgängerzone	
┿┿┿	Eisenbahn	
▬·▬·▬	Staatsgrenze	
─ ─ ─	Landesgrenze	
▬ ▬ ▬	Nationalparkgrenze	

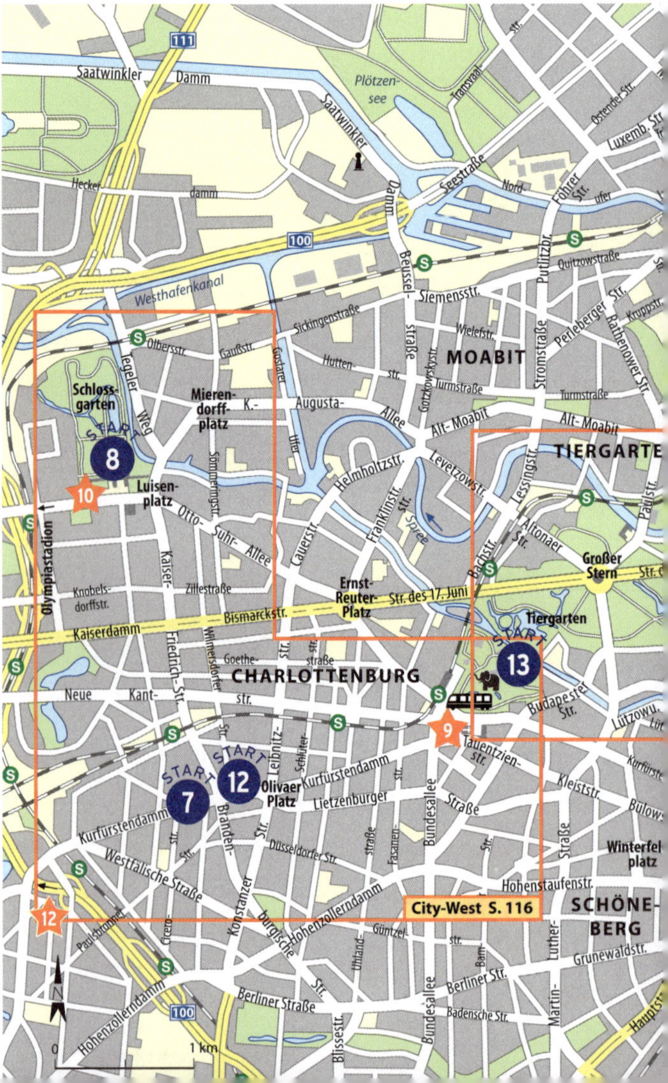

City-West S. 116

TOP 12 HIGHLIGHTS

WEDDING

PRENZLAUER BERG

MITTE

FRIEDRICHS-HAIN

Historisches Zentrum S. 70

Mitte S. 88

Tiergarten S. 100

KREUZBERG

Prenzlberg/Kreuzberg/Friedrichshain S. 129

Die Oberbaumbrücke verbindet Kreuzberg und Friedrichshain

TYPISCH

BERLIN IST EINE REISE WERT!

Berlin ist nicht nur eine Reise wert, sondern ein ganzes Leben! Warum sonst sind so viele Berliner ihrer Stadt für immer treu geblieben? Weil es zumindest in Deutschland keinen besseren Ort zum Leben gibt, wovon natürlich ebenfalls die beiden Autoren hundertprozentig überzeugt sind.

MANUELA BLISSE UND UWE LEHMANN

Manuela Blisse, gebürtige und leidenschaftliche Berlinerin, und Uwe Lehmann, Dortmunder, aber schon seit Anfang der 1980er-Jahre an der Spree zu Hause, leben und arbeiten gemeinsam als Journalisten in Berlin.

Berlin ist dynamisch, Berlin ist ständig im Wandel, Berlin ist nie fertig – und damit ist nicht die unendliche Geschichte des Flughafens Berlin Brandenburg gemeint.

Nein, auch für Berliner wie uns steht die Hauptstadt niemals still. Was heute noch im Trend liegt, ist morgen oftmals schon Schnee von gestern. Sich immer wieder aufs Neue in das aufregende Treiben der Hauptstadt stürzen, die Metropole jedes Mal aus einem anderen Blickwinkel entdecken, das Unerwartete erwarten – das macht für uns den besonderen Reiz Berlins

Kreuzberg-Feeling in der Bergmannstraße

aus, und das zieht auch Besucher immer wieder in Bann.

Und dabei ist längst (wie Willy Brandt es zur Wende ausdrückte) zusammengewachsen, was zusammengehört. Jedenfalls fast, denn die kleinen Brüche, die noch hier und da zu bemerken sind – Friedrichshain tickt anders als Kreuzberg, obwohl beide zum selben Bezirk gehören – tragen zur Faszination Berlins bei.

Was Sie als Tourist suchen, erleben wir in unserer Stadt jeden Tag, wenn wir an den bekannten Sehenswürdigkeiten von Alexanderplatz bis Zoologischer Garten vorbeifah-

Das neue Humboldt Forum an der Spree, dahinter der majestätische Berliner Dom

ren. Wir suchen uns die Highlights unter der Vielzahl an Ausstellungen und Galerien aus, besuchen fantastische Konzerte, angesagte Theater- oder Varietévorstellungen, sind bei Vernissagen, Laden- und Restauranteröffnungen dabei und lassen kaum eine neue Bar aus.

Vor allem Essen und Trinken zählen zu unserer Passion, und da sind wir in der spannenden Berliner Restaurantszene, die inzwischen auch international immer größere Beachtung findet, genau richtig – zumal ich, Manuela Blisse, als Mitglied der Jury Berliner Meisterköche jedes Jahr die Besten der Hauptstadt mitküren darf. Freuen Sie sich also in unserem Reiseguide auch auf besondere Essenstipps.

Wir können die sogenannten organisierten Entdecker völlig verstehen, die ihren Aufenthalt von vorne bis hinten durchplanen. Bei dem vielfältigen Angebot Berlins kann eine vorausschauende Planung nicht verkehrt sein, zumal auch hier gilt: Kein Stillstand, Vielfalt!

Die Museumsinsel wird weiter herausgeputzt, der Neubau des Stadtschlosses soll sukzessive ab Herbst als Humboldt Forum eröffnet werden, die Staatsoper ist bereits in ihre restaurierte Spielstätte Unter den Linden zurückgekehrt. Die U-Bahnlinie 5 wird derzeit bis zum Bandenburger Tor verlängert. Wir lieben es – Berlin erfindet sich täglich immer wieder neu.

Und dann treffen wir auch die »Event-Hopper«. Nicht nur diejenigen aus dem eigenen Kiez, sondern auch die, die eigens zu international beachteten Veranstaltungen wie dem Karneval der Kulturen, dem Berlin-Marathon, großen Konzerten und bedeutenden Ausstellungen, der Berlinale oder der Fashion Week anreisen und die Stadt für kurze Zeit erobern. Wir treffen auf junge Menschen, für die Berlin längst das absolute Topziel ist. Sie entern in Barcelona und Mailand, in Glasgow und Warschau die Billigflieger und

Bunt und lebendig wie die Stadt ist auch der Karneval der Kulturen

überfluten die Hostels in Mitte und Friedrichshain, um das exzessive Nachtleben mit legendären Klubs wie dem Berghain oder dem Watergate in sich
aufzusaugen und Partys zu feiern. Und das möglichst nonstop und für wenig Geld.

Das gefällt nicht jedem Berliner, der nachts gern seine Ruhe haben möchte. Das nächtliche Geräusch von scheppernd durch die Straßen rollenden
Trollies ist zum Synonym des Erfolgs der Stadt geworden und hat auch uns
schon das eine oder andere Mal genervt.

Apropos wenig Geld. Dass die Stadt eine der günstigsten Metropolen
weltweit ist, haben auch die Luxusreisenden entdeckt. Wir, die wir weltweit
unterwegs sind, können das nur bestätigen: Die über zwanzig 5-Sterne-
Luxusherbergen der Hauptstadt locken mit international konkurrenzlos
günstigen Preisen.

Und Feinschmecker wissen, in Berlin schlemmt man rund um die Uhr.
In den Sterne- und Gourmettempeln isst man nicht nur außergewöhnlich
gut, sondern auch zu moderaten Preisen. Nicht zu vergessen, dass die Gas-
troszene multikulturell ist wie kaum eine andere. Hier sind die Küchen der
Welt zu Gast, werden immer neue innovative Konzepte ausprobiert und
spannende Trends gesetzt.

Berlin geht aus, gern und lange, auch wir sind ständig auf Achse. Und
lassen uns ansonsten, wenn es die Zeit erlaubt, einfach nur treiben. Wir bummeln durch die Einkaufsmeilen und Kieze unserer Stadt, chillen in Liege-
stühlen am Landwehrkanal, sitzen in lauen Sommernächten in Biergärten,
gönnen uns ein spätes Frühstück im Straßencafé oder stürzen uns ins turbu-
lente Nachtleben. Wie wir finden, ist das nicht die schlechteste Art, um seine
Zeit an der Spree vergnüglich zu verbringen.

WAS STECKT DAHINTER?

Die kleinen Geheimnisse sind oftmals die spannendsten. Hier werden die Geschichten hinter den Kulissen erzählt.

WO KOMMT DAS WORT »LITFASS-SÄULE« HER?

Mit der Litfaßsäule beginnt die Erfolgsgeschichte der Außenwerbung. Heute stehen rund 1450 Exemplare in Berlin. Erfunden wurde sie von Ernst Litfaß. Und wie bei so vielen Dingen sind die Hauptstädter stolz darauf, dass sie eine Berliner Erfindung ist.

Es gibt sogar ein Denkmal an der Stelle, wo vor über 160 Jahren in der Münzstraße in der Nähe vom Alexanderplatz die erste Berliner Litfaßsäule aufgestellt wurde.

WAS HAT ES MIT DEM »RAUM DER STILLE« AUF SICH?

Auf dem Pariser Platz geht es fast immer turbulent zu. Touristen fotografieren sich vor dem Brandenburger Tor, Reisegruppen ballen sich um ihren Reiseführer und Berliner hetzen zum nächsten Termin. Aber im Raum der Stille herrscht Ruhe. Seit über 20 Jahren gibt es im nördlichen Brandenburger Tor diesen Ort, der Berlinbesuchern Gelegenheit gibt, zur Ruhe zu kommen und zu entspannen.

Kaum 30 m² groß, mit einfachen Sitzgelegenheiten und einem Wandteppich der ungarischen Künstlerin Ritta Hager zum Thema »Licht, das die Finsternis durchdringt«, ist der Raum eine Mahnung zur Toleranz zwischen allen Nationalitäten und Weltanschauungen. Er wurde dem Meditationsraum, den der damalige schwedische UNO-Generalsekretär Dag Hammarskjöld 1957 im UNO-Gebäude in New York einrichten ließ, nachempfunden.

WELCHE GEHEIMNISSE BIRGT DER TEUFELSBERG?

Er ist nur 120 m hoch, aber die Berliner lieben den Teufelsberg. Auf dem von sogenannten Trümmerfrauen und Schuttfahrern erschaffenen künstlichen Hügel im Grunewald trieben in den 1950er- und 1960er-Jahren Tausende West-Berliner Wintersport. Sogar ein Ski-Weltcup-Rennen fand hier statt.

Der Teufelsberg ist aber auch ein geschichtsträchtiger Ort. Die Alliierten bauten im Kalten Krieg auf der Spitze des Haupthügels einen riesigen Gebäudekomplex, dessen weiße Kuppeln über die ganze Stadt zu sehen sind, sie hörten von hier die Staaten des Warschauer Pakts ab. Auch der kleinere Hügel, auf dem die Berliner gern Drachen steigen lassen, birgt ein dunkles Geheimnis. Unter ihm sind 17 m hohe Gebäude verborgen, die zur Hochschulstadt von Albert Speers »GERMANIA« gehören sollten. Die Dokumentation »Der Teufelsberg« gibt einen spannenden Einblick in die bewegte Geschichte des Doppelhügels.

50 DINGE, DIE SIE …

Hier wird entdeckt, probiert, gestaunt, Urlaubserinnerungen werden gesammelt und Fettnäpfe clever umgangen. Diese Tipps machen Lust auf mehr und lassen Sie die ganz typischen Seiten erleben. Viel Spaß dabei!

… ERLEBEN SOLLTEN

1 Wiedervereinigung hautnah Mit Bedacht durch das Brandenburger Tor schreiten, das bis 1989 den Westen vom Osten trennte › S. 72, danach im Brandenburger Tor Museum das Geschichtswissen auffrischen › S. 76.

2 Angesagte Erfrischung Sich unter Berlins Schönen in der Sonne aalen und ab und zu im Badeschiff in der Spree abkühlen › S. 174 (Arena, Eingang: Eichenstr., 10997, www.arena.berlin), anschließend den Abend im »Freischwimmer« nebenan ausklingen lassen (Vor dem Schlesischen Tor 2a, 10997, Tel. 61 07 43 09, www.freischwimmer-berlin.com). ▌ M5

3 Großes Kino Karl-Marx-Allee Die »Arbeiterpaläste« im Zuckerbäckerstil am einstigen sozialistischen Prachtboulevard vom Strausberger Platz bis zum Frankfurter Tor aus der Zweiradperspektive bewundern › S. 94.

4 Gut gelaunt in den Samstagabend In der Alten Kantine der KulturBrauerei dem »Gipfeltreffen der Berliner Vorlesebühnen« lauschen › S. 66 (www.alte-kantine.de, Sa 20 Uhr) und im Anschluss auf der gleichen

Bühne in der Megapearls-Disco sich im Takt handverlesener Perlen der Musikgeschichte wiegen.

5 Strand Multikulti In der angesagtesten und buntesten Strandbar Berlins – dem YAAM Club › S. 176 – sich von afrokaribischem Flair und schwungvollen Rhythmen mitreißen lassen.

6 Berlin zu Füßen Wer es schafft, die 285 Stufen zur Aussichtsplattform der »Gold-Else« › S. 108, wie die Berliner die Siegessäule nennen, hinaufzuklettern, wird mit einer herrlichen Aussicht auf das grüne Berlin belohnt.

7 Filmstadt Berlin Mit dem videoBus zu Originalschauplätzen und -drehorten von »Babylon Berlin«: An den passenden Orten werden Filmclips u. a. von Ernst Gennat eingespielt (»Tanz auf dem Vulkan – Die Goldenen Zwanziger Jahre«, buchbar als 2- oder 4,5-stündige Bustour, auch als Halbtagesrundgang, videosightseeing.de). ▌ H3

8 Berlin swingt In Clärchens Ballhaus nach einem kurzen Swing-Einführungskurs die Herzdame aufs Parkett schieben, und ab geht's (Auguststraße 24, 10117, www.ballhaus.de).

Kreatives Berlin – schwimmender Badepool in der Spree mit Sandstrand

Wer es authentisch mag, kann sich mit Kleidung im Stil der 1930er-Jahre bei Marlenes Töchter eindecken (Große Hamburger Straße 19a, 10115, www.marlenes-toechter.de). 🔖 H2

9 Paddel-Paradies Entdecken Sie Neu-Venedig, das romantische Wasserstraßensystem zwischen Müggel- und Dämeritzsee. Boote, auch führerscheinfreie Motorboote, können z. B. bei 13 Kanus ausgeliehen werden (Am Küstergarten 18, 12589, www.13kanus.de).

... PROBIEREN SOLLTEN

10 Currywurst ist der absolute Klassiker der Hauptstadt. Die Brühwurst isst man – das ist die Glaubensfrage – mit oder ohne Darm,

dazu scharfe Zwiebeln und natürlich Currysoße, unschlagbar lecker bei Curry 36 (Mehringdamm 36, 10961, tgl. 9–5 Uhr). 🔖 H5

11 Schmeckt einfach! Königsberger Klopse sind ein Klassiker der Berliner Küche und stehen auch in zeitgenössischen Lokalen auf der Karte. Eine moderne Interpretation bietet etwa Herbert Beltle in seinem Alten Zollhaus an. › S. 39.

12 Berlin mit Stäbchen Zweifelsohne läuft Anhängern von Dim Sum schon beim Gedanken daran das Wasser im Mund zusammen. In der stylischen Long March Canteen, der Hochburg chinesischer Dim Sum-Variationen (Tapas), knien Fans nieder, ab 5 €. Tipp: verschiedene bestellen und teilen › S. 38.

13 **Arabische Powerbällchen** Die vegetarische Alternative zu Kebap ist Falafel. Die frittierten Kichererbsenbällchen sind als Falafel-Teller oder mit Sesamsoße im Fladenbrot zu haben, hausgemacht und gut im Sufis › S. 138.

14 **Beliebter Döner** Nein, er wurde nicht am Bosporus, sondern am Bahnhof Zoo erfunden. Kadir Nurman steckte 1972 als Erster das Fleisch vom Drehspieß in ein Fladenbrot und packte Zwiebeln, Salat und Soße dazu. Erhältlich z. B. im Bagdad 🔖 L4 (Schlesische Str. 2, 10997) oder mit Huhn bei Mustafas Gemü-

sekebap 🔖 H5 (Mehringdamm 32, 10961, www.mustafas.de).

15 **Europas Craft Bier-Hauptstadt** In unzähligen Klein- und Kleinstbrauereien an der Spree lassen sich vielfältige Bier-Spezialitäten genießen, etwa im BRLO › S. 40, im Stone Brewingt Tap Room (Oderberger Str. 15, 10435, Prenzlauer Berg) oder Stone Brewing World Bistro (Im Marienpark 23, 12107, Lankwitz).

16 **Fleisch auf die Hand** Frisch zubereitete Hamburger aus hochwertigen Zutaten und in unzähligen Variationen liegen im Trend. Beliebt

Mustafa's Gemüse-Kebap ist Kult

ist der Wild-Grill Hirsch & Eber (Kollwitzstr. 87, 10435, www.hirschundeber. com, tgl. ab 17.30 Uhr) ▌J1. Ebenso angesagt ist Streetfood mit Pulled Pork in der Markthalle Neun › S. 144.

17 **Bezahlbare Gourmetküche** Verwöhnte Zungen genießen bei Tim Raue (2 Michelin-Sterne) zur Mittagszeit ein kreatives 4-Gang-Menü für 88 €, fünf Gänge kosten 103 €, Restaurant Tim Raue › S. 36.

18 **Himmlische Verführungen** Leckermäuler können die köstlichen Törtchen von Patissier Guido Fuhrmann – z. B. Himbeeren auf Kakaobiskuit – gleich vor Ort im Café naschen. Werkstatt der Süße › S. 46.

19 **Original Berliner Bulette** Die Burger haben ihr längst den Rang abgelaufen, dennoch sollte man den Berliner Klassiker nicht verschmähen. Oberlecker und in Neuland-Qualität beim Fleischsommelier Bünger (Westfälische Str. 53, 10711, www. fleischerei-buenger.de) ▌B5.

... BESTAUNEN SOLLTEN

20 **Bus 100** Zum kleinen Preis (Ticket AB für 2,80 €, › S. 28, 169) gibt's bei der Rundfahrt mit dem Linienbus 100 die wichtigsten Sehenswürdigkeiten – vom Bahnhof Zoo über die Siegessäule bis zum Brandenburger Tor – zu sehen.

21 **Neuer Glanz** Im Zentrum am Zoo sorgen der restaurierte Zoo Palast und das Bikini Berlin wieder für

Mit den großen Gelben vorbei an den wichtigsten Sehenswürdigkeiten

Glamour. Die spektakuläre Dachterrasse des Restaurants NENI oder der Monkey Bar direkt nebenan mit Blick in den Zoo ist der neue Sightseeing-Hotspot! › S. 32, 118.

22 **Reichstag von oben** In die Reichstagskuppel ohne lange Voranmeldung? Bei der Serviceaußenstelle des Besucherdienstes werden bei freier Platzkapazität bis zwei Stunden vorab personenbezogene Zutrittsberechtigungen ausgestellt. Nur mit Ausweisdokument! › S. 105.

23 **Schrille Mauerkunst** 101 direkt auf die Mauer gemalte Bilder stehen an der East Side Gallery symbolisch für die Überwindung der Teilung und für die Freiheit › S. 146. Sie zählt seit 2011 zum UNESCO-Weltdokumentenerbe. Highlight ist das berühmte »Bruderkussgemälde« › S. 27 des russischen Mauerkünstlers Dimitri Vrubel.

Luft- und Raumfahrt ist nur eine der 14 Abteilungen im Deutschen Technikmuseum

24 Nofretete im Neuen Museum Sie ist das absolute Glanzstück auf der Museumsinsel. Für die berühmte Büste der ägyptischen Königin von etwa 1341 v. Chr. ist ein eigener Saal reserviert › S. 84.

25 Abtauchen in die Schattenwelt Stasi, Facebook, Payback oder NSA, wer, glauben Sie, weiß mehr über Sie? Solche Fragen werden im Spionagemuseum › S. 111 beantwortet. Auch für James Bond-Fans ein Eldorado: Original-Requisiten.

26 Traum vom Fliegen Das Deutsche Technikmuseum ist eine fantastische Erlebniswelt › S. 140. So kann man u. a. das legendäre Flugzeug Junker JU52 bestaunen und ein paar Schritte weiter, im Science Center Spectrum, erfahren, warum es nicht gleich vom Himmel fällt.

27 Tierisch gut Mitten in der City-West tummeln sich im Zoo Berlin auf einem 34 ha großen Gelände 18 600 Tiere aus 1400 Arten. Im neuen Vogelhaus mit Baumwipfelweg und in den drei begehbaren Freiflughallen lassen sich grandiose Nahaufnahmen schießen › S. 108.

28 Das preußische Arkadien Am Zipfel der Sacrower Halbinsel liegt die italienisch anmutende Heilandskirche › S. 159. Über die Havel zur Pfaueninsel, zum Schlosspark Klein-Glienicke und zur Glienicker Brücke reicht die Blickachse von Ost nach West über die ehemalige Grenze.

29 Street-Art hat ein Zuhause Graffiti ist längst salonfähig geworden. Da ist es nur konsequent, dass mit dem Urban Nations das erste Street-Art-Museum eröffnet wurde

(Bülowstr. 7, 10783, urban-nation.com, Di bis So 10–18 Uhr) F5.

30 Markthalle revitalisiert In der Arminiusmarkthalle › S. 47 in Moabit kann man in schönem Ambiente Austern, Fisch und mediterrane Feinkost schlemmen, gute Weine und frisch gebrautes Bier genießen.

... MIT NACH HAUSE NEHMEN SOLLTEN

31 Tief durchatmen Ältere Semester können sich noch an den Gassenhauer erinnern: »Das ist die Berliner Luft, Luft, Luft!« In Souvenirläden zu haben ist Berliner Luft in Dosen. Mit Herz und Passion zubereitet, verschlossen und etikettiert.

32 Es grüßt der Ampelmann Seit der Wiedervereinigung ist der Ampelmann von der DDR-Ampel Kult und in West wie Ost allgegenwärtig. Ampelmann-Produkte, vom Aufkleber bis zur Umhängetasche, gibt es in den Ampelmann Shops (8 Filialen) › S. 43.

33 Buddy Bears Die fröhlich bunten Bären haben sich zu echten Berlin-Botschaftern entwickelt. Zu haben in diversen Farben, Größen und Formen, z. B. als Mini-Buddy Bär für unter 20 €, bei Berlin Souvenirs (Unter den Linden 24/Ecke Friedrichstr.) › S. 77.

34 Für die lieben Kleinen Damit sich der Nachwuchs auch später an seinen Berlinbesuch erinnert, gibt es bei der Kleinen Gesellschaft u. a. Haarspangen mit Berlinmotiven oder Fernsehturm-Rasseln (Rykestr. 41, 10405, und in der Haupthalle im Flughafen Tegel, kleinegesellschaft.com). K1

35 Romantik pur Ein Sonnenuntergang in Berlin kann noch schöner als in der Karibik sein, am besten auf die Oberbaumbrücke zwischen Kreuzberg und Friedrichshain gehen › S. 146, Fotos von der rotglühenden Skyline machen und zu Hause weiter träumen.

36 Berlin am Weihnachtsbaum Bei Käthe Wohlfahrt ist jeden Tag Weihnachten: 9000 Artikel führt der Laden, darunter Berlinmotive wie Brandenburger Tor und Berliner Skyline als Christbaumschmuck (Ku'damm 225/226, 10719). D4

Schlemmen im nostalgischen Ambiente der Arminiusmarkthalle

37 Heimweh nach Berlin Berlin-souvenirs von Trabis im Miniformat über Bücher bis hin zu Mauersteinen sind erhältlich bei Berlin Souvenirs (Unter den Linden 24) › S. 77.

38 Schmackiges Mitbringsel Currywurst-Fans nehmen aus dem Shop des Berliner Currywurstmuseums in Mitte als Erinnerung eine Currywurst mit Pommes – aus Marzipan – mit nach Hause (Schützenstr. 70, 10117, currywurstmuseum.com). 📖 H4

39 Kunst aus Berlin für daheim Die Galerie art4berlin in Mitte erfreut mit modernen, großformatigen Leinwand- und Acrylbildern von Berliner Künstlern und noch unentdeckten Talenten zu Preisen von 20 bis 990 € (Oranienburger Str. 86, 10178, www.art4berlin.de). 📖 H–J2

40 Praktisches und Schräges Im Erfinderladen gibt es Dinge, die es sonst gar nicht gibt, wie peppige *baghanger* für das Aufhängen von Handtaschen an Tischen und Tresen in Kneipen. Erfinder können hier auch ihre Objekte präsentieren (Lychener Str. 8, 10437, erfinderladen-berlin.de, Mo–Sa 11–20 Uhr).

... BLEIBEN LASSEN SOLLTEN

41 Semmeln bestellen Die Berliner pflegen ihre Eigenheiten hingebungsvoll. Daher erwarten sie, dass Besucher und Zugezogene sich anpassen, auch beim Bäcker. Semmel oder Wecken bestellen geht daher gar nicht, mit »Schrippe« läuft alles rund.

In der Schwäbischen Bäckerei in Weissensee werden die Schrippen selbstgebacken

42 Berlin geringschätzen Berliner sind von sich und ihrer Stadt absolut überzeugt. »Man kann nirgendwo anders leben als an der Spree.« Daher sind sie auch nur mäßig daran interessiert, zu hören, wie schön es in anderen Städten sei.

43 Die Feier-Tram Wenn Sie nicht darauf aus sind, sich unter feierndes und lärmendes Partyvolk zu mischen, sollten Sie die Tramlinie M10 zu nächtlicher Stunde besser meiden. Dann wird die »Zehner« gern zur internationalen Party-Tram.

Praktisches Mitbringsel aus dem Erfinderladen ist der »Bar10der«

44 Falscher Einstieg Die ruppige Art der Busfahrer sollten unkundige Berlin-Besucher nicht persönlich nehmen. Besser darauf achten: Eingestiegen wird grundsätzlich vorne. Sonst Anpfiff! Ausnahmen: Kinderwagen und Rollstuhlfahrer.

45 Berliner verlangen Das mit Konfitüre oder Pflaumenmus gefüllte Siedegebäck heißt überall in der Republik Berliner, nur nicht in Berlin. Hier gehen die gefüllten Krapfen als Pfannkuchen über die Theke.

46 Stößchen oder Durch ordern Kleine Biere (0,2 l), Stößchen oder Durch bestellt der Berliner nicht in einer Kneipe. »Ein Bier«, altberlinerisch »Molle«, sind 0,4 l, oder ein Großes, also ein halber Liter, sind akzeptabel.

47 Auto-Nerv Die Berliner Kieze liegen augenscheinlich nah beieinander. Im Berufsverkehr (7–10, 15 bis 20 Uhr) wird die Fortbewegung im PKW allerdings zur zeitaufwendigen Nerv-Tour. Besser die öffentlichen Verkehrsmittel (BVG) > S. 28 benutzen.

48 Hütchenspieler Trotz Platzverweisen tauchen die Hütchenspieler an den touristischen Hotspots auf und ziehen mit ihrem Taschenspielertrick unvorsichtigen Menschen das Geld aus der Tasche.

49 Kneipentour der rustikalen Art Diese Art des nächtlichen Berlin-Vergnügens wird von vielen Veranstaltern angeboten und gern von jüngeren Leuten aus aller Welt gebucht, sie enden häufig peinlich.

50 Berlin rappelvoll Zu Messen wie der ITB, der Grünen Woche oder bei Pokalendspielen sind die Hotels meist ausgebucht und überteuert. Besser vorab in den Veranstaltungskalender schauen (www.berlin.de/events/jahresuebersicht).

Glashelle Ein- und Ausblicke
in der Reichstagskuppel

REISEPLANUNG
& ADRESSEN

DIE STADTVIERTEL IM ÜBERBLICK

Hat Berlin eine Mitte? Sicherlich, den Bezirk Mitte gibt es – aber liegt dort auch Berlins Zentrum?

Wenn man es geschichtlich betrachtet, dann liegt das sogenannte **historische Zentrum** links und rechts des Prachtboulevards Unter den Linden – zwischen dem Brandenburger Tor am Pariser Platz und dem Ort, wo einst das Stadtschloss stand und jetzt wieder aufgebaut wird. Dieses Zentrum schließt auch das UNESCO-Welterbe Museumsinsel, den Gendarmenmarkt und die Friedrichstraße ein.

Zu DDR-Zeiten lag das unangefochtene Zentrum der Hauptstadt im Bezirk **Mitte** rund um den **Alexanderplatz.** Der Kontrast zwischen der alten Bausubstanz wie zum Beispiel der Marienkirche oder dem Nikolaiviertel und den Bauten der klassischen (Ost-)Moderne wie dem Fernsehturm könnte kaum größer sein. Fragt man jedoch die zahlreichen jungen Hauptstadtbesucher, wo Berlins Zentrum sei, dann gibt es zumeist nur eine Antwort: rund um den Hackeschen Markt, in der sogenannten nördlichen Mitte mit Oranienburger Straße und Scheunenviertel. Hier gibt es schicke Läden, eine vibrierende Kunst- und Kulturszene. Hier entstehen Trends, hier geht man aus und amüsiert sich. Hier ist Berlin wohl am kosmopolitischsten.

Nur wenige Meter vom Pariser Platz erhebt ein Gebiet »Mitte-Anspruch«, das bis Ende der 1980er-Jahre zum Todesstreifen gehörte: der **Potsdamer Platz.** Vor dem Zweiten Weltkrieg tobte hier urbanes Leben. Und heute ist der wieder auferstandene Platz mit den angrenzenden Arealen wie dem Leipziger Platz, dem Kulturforum und den Ministergärten, umgeben vom **Tiergarten** und dem **Regierungsviertel,** wieder in die Mitte gerückt, wie auch die vielen ausländischen Besucher rund um das Sony-Center, den Marlene-Dietrich-Platz und den Leipziger Platz zeigen. Aber das klassische Zentrum ist der Potsdamer Platz dennoch nicht. Zumindest für die Westberliner ist das nach wie vor der Ku'damm, der Tauentzien, die Gedächtniskirche und das KaDeWe – und damit die Schnittmenge aus den drei Innenstadtbezirken Schöneberg, Charlottenburg und Wilmersdorf, die **City-West** genannt wird. Was Shopping angeht, halten sich inzwischen Ku'damm und Friedrichstraße die Waage. Und was die Museumsinsel für das Historische Zentrum ist, ist das **Schloss Charlottenburg** für die City-West.

Aber was ist eine Mitte ohne Peripherie? Prenzlauer Berg, Kreuzberg, Friedrichshain, Schöneberg liegen an der Peripherie, wenn man von den vorstehend beschriebenen Gebieten ausgeht. Aber sie sind, betrachtet man ganz Berlin, doch ebenso »in der Mitte«. Peripherie, das ist in Berlin etwas anderes – ganz weit draußen. Und auch wenn viele Menschen aus innerstäd-

»Die Bogenspannerin« von Ferdinand Lepcke im Kolonnadenhof der Museumsinsel

tischen Bezirken ins Umland ziehen, ist der Bezirk **Prenzlauer Berg** mit seinen schön restaurierten Altbauten bei jungen wohlhabenden Familien eine der beliebtesten Wohngegenden Berlins; hier ist die Kinderwagen-dichte am größten. Rund um Kollwitz- und Helmholtzplatz hat sich eine lebendige Restaurant- und Kneipenszene etabliert und auch das Kulturan-gebot, etwa in der KulturBrauerei, kann sich sehen lassen.

Kreuzberg, für die einen Negativ- für die anderen Positivbeispiel für eine multikulturelle Gesellschaft, war einst hinterstes West-Berlin und rückte erst durch den Mauerfall in die Mitte der Stadt, wo es zusammen mit **Fried-richshain** einen lebendigen Ost-West-Bezirk bildet, in dem sich besonders an der Spree viel tut. Im Herbst 2008 wurde die »O₂ World«, jetzt »Merce-des-Benz Arena« eingeweiht. Das umliegende ehemalige Industriegebiet wurde zum Komplex Mediaspree mit Geschäfts- und Wohnhäusern sowie Hotels entwickelt. Reste der Mauer, die einst die Bezirke trennte, sind an der East Side Gallery zu sehen.

Ganz im Gegensatz dazu stehen die grünen Außenbezirke und das **Um-land** sowie das benachbarte **Potsdam** mit seiner UNESCO-Welterbe-Land-schaft. Gleich ob im Südwesten rund um den **Wannsee** oder im Südosten rund um **Müggelsee** und **Köpenick** – hier ist Berlin Idyll.

KLIMA & REISEZEIT

Die Metropole liegt im Übergang von ozeanischem zu kontinentalem Klima – das bedeutet heiße, trockene Tage im Sommer und oft klirrende Kälte im Winter. So war es zumindest seither – vor dem Klimawandel.

Über 1500 Sonnenstunden waren der Stadt 2017 beschieden, womit sie eine der sonnenreichsten in Deutschland ist. 2016 zählte man knapp 1700. Frosttage sind es im Mittel um die 50. Der Wind weht oft von Südwesten und Westen. Durch den kräftigen Wind entwickelt sich in den breit angelegten Straßenzügen leicht eine Art Düsenwirkung, die den Fußgänger ungemütlich durchpusten kann. Ostwind bringt meist klirrende Kälte in die Stadt.

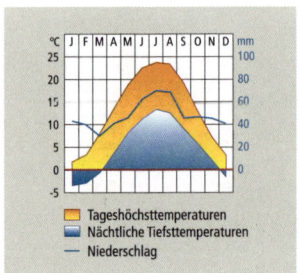

Die ideale Reisezeit ist von Mai bis Juni sowie von Mitte August bis Oktober. Wer die warmen Nächte in den Freiluftbühnen und Strandbars ausleben möchte, kommt im Juli oder August in die Hauptstadt.

ANREISE

Berlin hat zwei Flughäfen (Auskünfte unter Tel. 60 91 11 50 oder www. berlin-airport.de): **Schönefeld** (SXF; Ⓤ 7 Rudow und Bus X 7, 163, 164, 171, Nachtbus N 7, N60, Regionalbahn, Ⓢ 9, 45) und **Tegel** (Buslinien 109, 128, X 9, TXL). Der Eröffnungstermin des neuen Großflughafen **Berlin Brandenburg International (BBI)** in Berlin-Schönefeld steht (immer) noch nicht fest.

Die großen Fernbahnhöfe sind der **Hauptbahnhof, Südkreuz** (Südverbindungen), **Berlin-Spandau** (Nord/West) und **Gesundbrunnen** (Nord/Ost), Deutsche Bahn AG, Tel. 018 06/99 66 33, www.bahnhof.de, www.bahn.de.

Fernbusse sind sehr beliebt und verkehren vom **Zentralen Omnibusbahnhof (ZOB)**, (Masurenallee 4–6, Charlottenburg, Ⓤ Kaiserdamm, Ⓢ Messe Nord/ICC). Unter www.iob-berlin.de, »Fahrplanübersicht«, lassen sich die aktuellen Abfahrtszeiten und Gates der Busse einsehen. Bei der Buchung von **Flixbussen** (www.flixbus.de) sollte man im Auge behalten, dass sie diverse Haltepunkte in der Stadt anfahren.

STADTFÜHRUNGEN & -TOUREN

Das Angebot an Stadtrundfahrten und -führungen ist groß – eine gute Gelegenheit, die Stadt kennenzulernen. Auch mit den öffentlichen Buslinien 100 und 200 oder der Tramlinie M1 kann man Berlin erkunden; sie passieren viele Sehenswürdigkeiten und sind preiswerter.

DIE KLASSIKER

- **BEX Sightseeing** 📘 D4
  Moderne Doppeldecker-Busse
  Kurfürstendamm 216 | 10719
  Tel. 880 41 90 | bex.de
- **Berolina**
  U. a. »City-Circle Yellow Tour« mit 18 Haltepunkten
  Ordensmeisterstr. 36–38 | 12099
  Tel. 88 56 80 30
  www.berolina-berlin.com
- **Berlin on bike** 📘 J1
  Rad- und Walkingtouren, Fahrrad- und E-Bike-Verleih, Treff Fahrraddepot in der KulturBrauerei, Hof 4.

Knaackstr. 97 | 10435 | Prenzl. Berg
Tel. 43 73 99 99 | berlinonbike.de
- **Deezer nextbike**
  Das öffentliche Fahrradverleihsystem Berlins verfügt über mehr als 5000 Drahtesel im ganzen Stadtgebiet. Registrierung erforderlich.
  www.deezernextbike.de
- **Berlin Music Tours**
  Multimediatouren mit dem Bus durch Berlins bewegte Klub- und Musikszene.
  www.musictours-berlin.com
- **Stern und Kreisschifffahrt** 📘 M5
  Die Flotte ist auf Wannsee, Müggelsee und auf den Kanälen unterwegs (nicht im Winter).
  Puschkinallee 15 | 12435 | Treptow
  Tel. 536 36 00 | www.sternundkreis.de
- **Berliner Wassertaxi**
  Moderierte Rundfahrten, Anlegestellen u. a.: Zeughaus und DomAquarée
  Tel. 65 88 02 03
  www.berlinerwassertaxi.de

Obwohl man sie fast an jeder Ecke hört, finden Straßenmusiker ihr Publikum

Und für Besucher, die sich abseits der üblichen Touristenrouten mit der Stadt beschäftigen möchten, gibt es jede Menge Angebote:

MAUERSPAZIERGÄNGE

Auch wer unkonventionelle Wege beschreitet, dem stellt sich hin und wieder die Frage: Wo war die Mauer? Das beantworten Urgesteine unter den Stadtspaziergängern wie **StattReisen Berlin** mit ihren »Grenzgängen« – Fußmärsche entlang dem ehemaligen Grenzsteifen.

- **StattReisen Berlin**
  Liebenwalder Str. 35a
  13347 | Wedding | Tel. 455 30 28
  www.stattreisenberlin.de

KULTURELLE SCHLEICHWEGE

Seit Jahren nimmt **art:berlin** Stadterkundern die letzten Schwellenängste und spaziert mit ihnen zu unkonventionellen Galerien oder sagt sich bei Künstlern im Atelier an. Und es kommen immer noch neue Streifzüge hinzu, z.B. zu folgenden Themen: Architektur, Mode- und Kunstszene, Kunstmessen wie art forum berlin, Literatur, Botschaften, Regierungsviertel, Hotelbesichtigungen bis hin zu einem kulinarischen Rundgang im Prenzlauer Berg.

- **art:berlin, Elke Melkus**
  Bessemerstr. 22 | 12103 | Schöneberg
  Tel. 28 09 63 90
  www.artberlin-online.de

Zu den Wirkungsstätten bekannter Töchter Berlins führen die **Frauentouren** der Historikerin Beate Neubauer (Tel. 27 59 27 09) und der Politikwissenschaftlerin Claudia von Gélieu (Tel. 626 16 51) – auch interessierte Männer sind willkommen (www.frauentouren.de).

Sightseeing und Sport lassen sich verbinden: Ob durch den Schlosspark Charlottenburg, das Regierungsviertel oder entlang der Mauer – bei **Sightjogging Berlin** (www.sightjogging-berlin.de) wie auch bei **Mike's Sight Running** (www.mikes-sightrunning.de) finden Touren im Laufschritt statt.

Berlin Secret Tours zeigt Besuchern die Hauptstadt mit zahlreichen Angeboten abseits der normalen Touristenpfade, so z.B. die Stadtführung »Teufelsberg (ehem. US-Abhörstation)« oder »Made in Kreuzberg 61, mit Schnapstasting« (Tel. 82 09 67 51, www.secret-tours.berlin).

DURCHS KRIMINELLE BERLIN

Tatorte von Gaunern und Gangstern kennenlernen und erfahren, wie Ernst Gennat, der »Buddha der Kriminalisten«, in den 1920er-Jahren die spektakulärsten Mordfälle aufklärte – das bietet die Tatort-Tour »Das kriminelle Berlin – Gauner, Gangster, Galgenvögel« veranstaltet von Stadtverführungen Kultur Büros. Es gehört zur Riege der themenorientierten Stadt(ver)führern, die weniger Überblick, dafür spannende Einblicke geben und ihre Teilnehmer per pedes, per Rad, mit U- oder S-Bahn durch die Kieze führen (Ca. 2 Std., um 10 €). Geboten werden auch Stadt- und Museumsführungen, Architektur- und Parkspaziergänge etc.

- Stadtverführung Kultur Büro
  Emmentaler Str. 61 | Reinickendorf
  13407 | Tel. 01 76/50 26 90 90
  www.stadtverfuehrung.de

GANZ UNTEN IN BERLIN

Durch ehemalige Bunker, verborgene Fabriken, alte U-Bahnstationen und Geisterbahnhöfe pirscht der **Verein Berliner Unterwelten** (Tel. 49 91 05 17, Karten: Ⓢ/Ⓤ Gesundbrunnen, 13355, Brunnenstr. 105, www.berliner-unterwelten.de, z.B. Tour 1 – Dunkle Welten: März–Nov. Mi–Mo 12, 14, 16, Sa/So 10 Uhr, Dez.–Feb. Mi 12, 14, Do–Mo 12, 14, 16 Uhr.

SPORTKULTUR PER FAHRRAD

Berliner Fußballgeschichte lässt sich vom Brandenburger Tor aus auf drei Routen »erfahren« (GPS-Track aufs Handy laden oder PDF vorab ausdrucken, fussballroute-berlin.de).

EINMAL SELBST TRABI FAHREN!

»Ostalgisch« im Zweitakter geht es bei den Trabi-Safaris durch Berlin zu, Erläuterungen zu Sehenswürdigkeiten kommen live per Funk. Ab 49 €/Pers. Zu buchen bei:

- Trabi-Safaris
  Zimmerstraße 97, Ecke Wilhelmstraße
  10117 | berlin@trabiworld.com
  www.trabi-safari.de

Unter www.gratis-in-berlin.de gibt es Tipps für kostenlose Events in Berlin.

ZU BERLINERN NACH HAUSE

Wer Kontakt zu Berlinern sucht, kann diese im Rahmen von **Wohnzimmertouren** zuhause besuchen (www.opendoorsberlin.de).

Möglich ist auch, mit Berliner Musikfans gemeinsam ein Konzert in Berliner Wohnungen mitzuerleben (www.homeopera.net).

Die berühmt gewordene Wandmalerei »Bruderkuss« an der East Side Gallery

STADTVERKEHR

Zum städtischen Nahverkehrsnetz gehören U-Bahn, Omnibus, Metrobus, Straßenbahn und Metro Tram der BVG sowie die S-Bahn. Zwischen Mitternacht und 4 Uhr verkehren Nachtbusse, mit einem »N« gekennzeichnet.

Alle S-/U-Bahnlinien, außer Ⓤ 4 und Ⓤ 55, fahren am Wochenende auch nachts im 15-Minuten-Takt. Fahrscheine kann man im Bus beim Fahrer lösen, in der Straßenbahn im ersten Wagen, bei S- und U-Bahn an den Automaten auf den Bahnsteigen. Fahrpläne sind an allen BVG-Schaltern erhältlich (Berliner Verkehrsbetriebe, Tel. 194 49; Mobilitätsinfos für Behinderte im Internet unter www.bvg.de und www.s-bahn-berlin.de).

Berlin und das Umland sind in 3 Tarifzonen (A, B und C) aufgeteilt. Für alle Fahrten innerhalb des Stadtgebietes reicht das Ticket AB aus. Für den Ausflug nach Potsdam oder zum künftigen Flughafen BBI benötigt man ABC (wer schon einen Fahrschein AB hat, kauft ein Ergänzungsticket C). › mehr S. 15 Punkt ⑳, › S. 19 Punkt ㊼

Das **Kurzstrecken-Ticket** (3 U/S-Bahn- oder 6 Bus/Straßenbahn-Stationen ohne Umsteigen) kostet 1,70 €, das **Normal-Ticket** (120 Min. gültig, keine Rückfahrt) Zone AB 2,80 €, die **Tageskarte** AB 7 € oder die 4-Fahrten-Karte AB für 9 €. Für Familien und Gruppen von 3–5 Personen lohnt sich eine **Kleingruppen-Tageskarte** AB 19,90 €, ABC 20,80 €.

Die **Berlin WelcomeCard** bietet freie Fahrt mit der BVG und 50 % Ermäßigung für rund 200 Sehenswürdigkeiten. Zone AB, p. P.: 48 Std. 19,90 €, 72 Std. 28,90 €, 5 Tage 36,90 €.

Taxis kann man rund um die Uhr bestellen, z. B. Funk Taxi Berlin (Tel. 26 10 26), City Funk (Tel. 21 02 02, auch Großraumtaxi), Würfelfunk Taxi (Tel. 21 01 01). **Taxikurzstrecke** › S. 175. Mit den **Velotaxis** ist man ohne PS in der Stadt unterwegs. Velotaxis kann man von Ende März bis Oktober wie ein Taxi rufen (Tel. 01 78/800 00 41, www.velotaxi.de).

FAHRRADVERLEIH

In Berlin gibt es zahlreiche Fahrradverleiher, unter anderem eine Verleihstation der Deutschen Bahn am Bahnhof Zoo. **Call-Bikes der Bahn** sind im ganzen Stadtgebiet zu finden. Nach einer Registrierung an einem Terminal oder unter www.callabike-interaktiv.de kann jederzeit per Telefonanruf ein Fahrrad entliehen werden. Call a Bike kostet in Berlin eine Gebühr von 3 € im Jahr plus im Normal-Tarif 1 € pro ½ Std., 15 € pro 24 Std. So funktioniert auch das Ausleihsystem bei **nextbike**, die zahlreiche Ausleihpunkte in Berlin besitzen. Auch hier muss man sich zuerst registrieren: Tel. 69 20 50 46 oder www.nextbike.de. Die Fahrräder müssen an der Ausleihstation wieder zurückgegeben werden. Ohne RadCard: 1 € pro ½ Std., 9 €/Tag.

BERLIN RELOADED

Glamouröse Dinner an geheimen Orten

SECRET DINNER

Julia Kopper ist »muxmäuschen-wild«. Und damit ist nicht gemeint, dass die gebürtige Rheinländerin irgendwie durchgeknallt wäre. Ganz im Gegenteil. Muxmäuschenwild ist der Name ihrer Agentur, die die 37-Jährige 2012 gründete. Alles begann mit dem Golden Dinner, das Julia Kopper zu jener Zeit in Berlin ins Leben rief: Ein geheimes Dinner-event in einem besonderen Ambiente, das an außergewöhnlichen Orten in Berlin stattfindet. Die Gäste erfahren die Adresse erst am Veranstaltungstag.

Die vergessenen Orte werden mit Licht, Kunst und Musik wieder lebendig. „Für unser erstes Golden Dinner erweckten wir ein altes Theaterhaus in Berlin-Mitte aus seinem 70-jährigen Dornröschenschlaf. Danach bespielten wir ein 5-stöckiges stillgelegtes Umspannwerk im Neu-köllner Richardkiez, waren in einem alten Kühlhaus zu Gast und belebten ein leer stehendes Kontorhaus an der Elbe", erzählt Julia Kopper.

Derartige ungewöhnliche Dinner-events haben in Berlin schon fast Tradition. Das Pret a Diner (www.pretadiner.com) war schon mehrmals zu Gast, Hans-Peter Wodarz zieht es mit seinem Palazzo immer wieder an die Spree (www.palazzo.org). Im Madi-Zelt (madi-zelt.de) geht es orientalisch zu und Le Petit Chef präsentiert seine dreidimensionale Dinnershow.

Beim Golden Dinner erwartet die rund 50 Gäste ein 3-Gang-Menü inklusive Aperitif und Gruß aus der Küche – für die Kulinarik hat sich Kopper etwa die Spezialisten für innovatives Catering von Berlin Cuisine ins Boot geholt. Und zum Essen gibt es einen Nachschlag aus Kunstausstellungen, Lichtinszenierungen und intimen Überraschungskonzerten. Bis heute finden diese Pop-up-Dinner in unregelmäßigen Abständen an immer neuen Orten an jeweils mehreren Tagen oder Wochen statt. Wobei auch in Berlin die Location-Suche für Secret-Pop-Up-Dinner immer schwieriger wird. Zuletzt boten die Ruinen des alten Kaufhofs am Berliner Ostbahnhof den passenden Rahmen. „Das Golden Dinner ist mein Herzensprojekt. Es lebt von der ungezwungenen und sehr persönlichen Atmosphäre und natürlich dem spektakulären Ort.", sagt Julia Kopper.

Eine Agentur hingegen wollte die PR-Frau eigentlich nie gründen, denn das klassische Geschäftsmodell entsprach so gar nicht ihrer Vorstellung eines modernen Arbeitslebens. „Der Begriff Agentur war für mich einfach mit zu vielen negativen Assoziationen behaftet: teure Abstimmungsprozesse, Verkaufs- und Performancedruck und die Notwendigkeit, auch mit ungeliebten Kunden und Projekten arbeiten zu müssen«, erklärt Kopper, die ihre Karriere in der Filmbranche, genauer als Praktikantin bei MTV, begann. Anschließend war sie weltweit unterwegs, setzte für TV- und Filmproduktionsfirmen Projekte unter anderem in Australien, Kapstadt, Indien und Hollywood um. Dann kam vor 13 Jahren Berlin.

Inzwischen ist sie an der Spree heimisch geworden, schätzt die Vielfalt, Offenheit und kreativen Möglichkeiten und hat ihre ganz unterschiedlichen Lieblingsorte in der Stadt:

TEMPELHOFER FELD
Das Gefühl von Weite hat man in einer großen Stadt, in der die nächste Hauswand ja immer nur ein paar Armlängen entfernt ist, so gut wie nie. Das riesige Feld lässt Raum, um die Gedanken schweifen zu lassen und gibt mir ein Freiheitsgefühl, das ich sonst nur aus der Natur kenne. > S. 136.

EINS44
Das Eins44 liegt im zweiten Hinterhof eines Industriegebäudes. Das Essen ist unglaublich gut, die Atmosphäre wunderbar entspannt.
• Elbestr. 28/29 | Neukölln
  Di–Sa 18–24 Uhr | www.eins44.com

HALLESCHES HAUS
Die Mischung, Concept Store, Café und Event-Location in einem begeistert mich. Die Produktauswahl ist schön und ich liebe das internationale Flair, das dieser Ort hat.
• Tempelhofer Ufer 1 | Kreuzberg
  Mo–Fr 10–19, Sa 10–18, So 10 17 Uhr
  www.hallescheshaus.de

POP-UP-DINNER FOR PEACE
Eine alternative Möglickeit, internationales Flair an ungewöhnlichen Orten zu schnuppern, Menschen kennenzulernen und gleichzeitig etwas Gutes zu tun, bieten Ciska Jansen und der Verein enak-enak (lecker-lecker). Sie organisieren seit Jahren Pop-Up-Dinner, teils zugunsten von Hilfsprojekten. Frau Jansen, die aus Java stammt, und andere kochen köstliche Menüs – jeweils mit musikalischer Umrahmung.
• enak-enak-ev.blogspot.com

UNTERKUNFT

Berlin bietet seinen Gästen jährlich ein umfangreicheres Angebot an Unterkünften für jeden Geldbeutel und Geschmack – vom Schlosshotel bis zum Campingplatz, und der Hotelbauboom hält nach wie vor an. Behilflich bei der Zimmersuche ist die Berlin Tourismus & Kongress GmbH (www.visitberlin.de) sowie die einschlägigen Buchungsportale.

VERWÖHN-HOTELS

Grand Hyatt €€€ ▌ G4
Schickes Design, mit Metropole-Flair am Potsdamer Platz.
- Marlene-Dietrich-Pl. 2 | 10785 Tiergarten | Tel. 25 53 12 34 berlin.grand.hyatt.com

Hotel de Rome €€€ ▌ H3
Luxushotel von Rocco Forte in der ehemaligen Zentrale der Dresdner Bank am Bebelplatz direkt neben der Staatsoper. Traumhaftes Spa.
- Behrenstr. 37 | 10117 | Mitte Tel. 460 60 90 | www.hotelderome.com

Patrick Hellmann Schlosshotel €€€
Das Luxushotel des Berliner Herrenschneiders befindet sich in einem 1914 erbauten Stadtpalais.
- Brahmsstr. 10 | 14193 Schmargendorf | Tel. 895 84 30 www.schlosshotelberlin.com

DESIGNHOTELS

The Dude €€–€€€ ▌ J3
Individuelles, von Alexander Schmidt-Vogel sehr persönlich geführtes Boutiquehotel. Komfortable, große Zimmer. Im Haus das Top-Restaurant The Brooklyn.
- Köpenicker Str. 92 | 10719 | Mitte Tel. 411 98 81 77 www.thedudeberlin.com www.thebrooklyn.de

The Mandala €€–€€€ ▌ G4
Das toll gestylte Designhotel gegenüber dem Sony-Center gefällt mit 166 Suiten von modern-schlichter Eleganz. Erstklassig sind das Sternerestaurant Facil › S. 35 und die Lounge Qiu.
- Potsdamer Str. 3 | 10785 | Tiergarten Tel. 590 05 00 00 www.themandala.de

Ku'Damm 101 €€ ▌ B5
Schickes Boutiquehotel mit 170 Zimmern. Puristische Inneneinrichtung, Farbgestaltung nach Le Corbusier. Frühstücksbar im 7. Stock.
- Kurfürstendamm 101 | 10711 Wilmersdorf | Tel. 520 05 50 www.kudamm101.com

IN DER OST-CITY

Casa Camper €€ ▌ J2
Modernes Boutiquehotel mit 51 kreativ gestylten Zimmern und Suiten des spanischen Schuh-Labels Camper. Toll ist auch die Dachterrasse und das Restaurant Dos Palillos.
- Weinmeisterstr. 1 | 10178 | Mitte Tel. 20 00 34 10 www.casacamper.com/berlin/

Honigmond €€ ▌ H2
Sehr persönlich geführtes, charmantes Boutiquehotel mit viel Kunst und Design in einem Berliner Altbau.

CHARMANT ÜBERNACHTEN

- **25hours Hotel Bikini Berlin** €€ ▮ D4
  Modernes Lifestylehotel mit Restaurant NENI und Monkey Bar.
  Budapester Str. 40 | 10787
  Charlottenburg | Tel. 120 22 10
  www.25hours-hotels.com
  > mehr S. 15 Punkt **㉑**
- **Hotel am Steinplatz** €€ D4
  Stylisches Boutiquehotel mit Restaurant, Bar und Spa.
  Steinplatz 4 | 10623 | Charlottenburg | Tel. 55 44 44 0
  www.hotelsteinplatz.com
- **SO/Berlin Das Stue** €€€ ▮ E3
  5-Sterne-Designhotel direkt am Zoo. Schönes Interieur dank Patricia Urquiola, erlesene Küche dank Sternekoch Paco Perez.
  Drakestr. 1 | 10787 | Tiergarten
  Tel. 311 72 20
  www.das-stue.com
- **Ellington** €€ ▮ E4
  Modernes Hotel der Kategorie 3-Sterne-Plus, angegliedert ist das Restaurant Duke.
  Nürnberger Str. 50–55 | 10789
  Schöneberg | Tel. 68 31 50
  www.ellington-hotel.com
- **Eastern Comfort** € ▮ L4
  An der Oberbaumbrücke liegt das schmucke Hostelboot vor Anker. Man übernachtet in Doppelkabinen oder im Schlafsack auf dem Oberdeck.
  Mühlenstr. 73 | 10243 | Friedrichshain | Tel. 66 76 38 06
  www.eastern-comfort.com

- Tieckstr. 11 | 10115 | Mitte
  Tel. 284 45 50 | www.honigmond.de

monbijou hotel €€ ▮ H2
Charmantes Boutiquehotel mit 101 Zimmern und Suiten am Hackeschen Markt.
- Monbijouplatz 1 | 10178 | Mitte
  Tel. 61 62 03 00
  www.monbijouhotel.com

Hotel Zoe €€ ▮ H2
Die Amano Group betreibt mehrere Designhotels in Berlin, das Zoe ist das jüngste Projekt. Dort befindet sich auch die wunderbare Gin & Tonic Bar.
- Große Präsidentenstr. 6–7 | 10178
  Tel. 21 30 01 50
  www.amanogroup.de

ackselhaus €–€€ ▮ J1
Urig eingerichtetes Hotel, Apartments im Altbau. Schöner Garten.
- Belforter Str. 21 | 10405 | Prenzlauer Berg | Tel. 44 33 76 33
  www.ackselhaus.de

i31 €€ ▮ G1
Gelungenes kleines Boutiquehotel mit ruhigen Innenhofzimmern und schönem Garten.
- Invalidenstr. 31 | 10115 | Mitte
  Tel. 338 40 00
  www.hotel-i31.de

IN DER WEST-CITY

InterContinental €€€ ▮ E4
Nach Verschönerungen wieder mit an der Spitze in Berlin, ebenso das Restaurant Hugos. Sterneküche im 14. Stock – mit herrlicher Aussicht.
- Budapester Str. 2 | 10787 | Tiergarten
  Tel. 260 20
  www.berlin.intercontinental.com

Roller-Disko vor dem 25hours Hotel Bikini Berlin am Zoo

Palace €€€ E4
Ausgezeichnetes 5-Sterne-Hotel mit frisch renovierten, eleganten, individuell gestalteten Zimmern.
• Budapester Str. 45 | 10787
  Charlottenburg | Tel. 250 20
  www.palace.de

Waldorf Astoria €€€ D4
Das Hotel zwischen Gedächtniskirche und Bahnhof Zoo setzt auf Luxus und Service.
• Hardenbergstr. 28 | 10623
  Charlottenburg | Tel. 814 00 00
  waldorfastoriaberlin.com

Hotel Zoo Berlin €€–€€€ D4
Zu neuem Glanz aufgehübschtes Designhotel der 1920er-Jahre am Ku'damm mit Restaurant, Bar und Dachterrasse.
• Kurfürstendamm 25 | 10719
  Charlottenburg | Tel. 88 43 70
  www.hotelzoo.de

H10 €€ D4
Komforthaus in bester Ku'damm-Lage, das neben modernen Zimmern auch großzügig geschnittene Apartments anbietet.
• Joachimstaler Str. 31–32
  10719 | Charlottenburg
  Tel. 322 92 23 00
  www.h10hotels.com

Pestana €€ E4
4-Sterne-Hotel einer portugiesischen Hotelkette in flottem Design und grüner Tiergarten-Lage.
• Stülerstr. 6 | 10787 | Tiergarten
  Tel. 311 75 90 00 | www.pestana.com

BESONDERS BERLINERISCH
Myers Hotel €€ J1
Schnuckelige, familiäre Herberge in altem sanierten Berliner Mietshaus.
• Metzer Str. 26 | 10405
  Prenzlauer Berg | Tel. 44 01 40
  www.myershotel.com

IN POTSDAM
Waveboard €€
Aparthotel direkt am See mit schicken Wohnungen für 1–4 Personen.

• Schiffbauergasse 13a/b 14467 Potsdam
Tel. 03 31/200 85 90
www.waveboard-potsdam.com
Tram 93 ab Postdam Hbf.

PREISWERTE UNTERKÜNFTE

Hotel-Café Hüttenpalast €–€€ 📱 K6
Die wahrscheinlich originellsten Schlaf-
stätten der Stadt: Ein Dutzend ausrangier-
te Wohnwagen und Hütten wurden von
Künstlern individuell zu Retro-Schlaf-
stätten umgebaut.
• Hobrechtstr. 66 | 12047 | Neukölln
Tel. 37 30 58 06
www.huettenpalast.de

BackpackerBerlin € 📱 M4
Sympathisches Hostel mit Doppel- und
Mehrbettzimmern in einer ruhigen Straße
und dennoch mitten im Kiez. Gemein-
schaftsbäder und -küche.
• Knorrpromenade 10 | 10245
Friedrichshain | Tel. 29 36 91 64
www.backpackerberlin.com

baxpax downtown Hostel € 📱 G1
Billige Betten in Zimmern für Backpacker
aus aller Welt, in zentraler Lage hinter dem
Friedrichstadtpalast.
• Ziegelstr. 28 | 10117 | Mitte
baxpax.de

berlincity € 📱 F6
Sowohl im Design als auch in der Aus-
stattung schönes Jugendhotel mit 2- bis
6-Bettzimmern mit Bad und TV.
• Crellestr. 22 | 10827 | Schöneberg
Tel. 78 70 21 30
www.jugendhotel-berlin.de

Berliner Bed & Breakfast € 📱 F5
Kleine hübsche Pension mit sechs individuell eingerichteten Zimmern mit Wasch-
becken (Gemeinschaftsbad). Küche vor-
handen.
• Langenscheidtstr. 5a | 10827
Schöneberg | Tel. 24 37 39 62
www.berliner-bed-and-breakfast.de

EastSeven € 📱 J1
Nettes 60-Betten-Hostel in einem
sanierten Altbau mit Hinterhof-Garten und
einer großen Selbstversorgerküche, ent-
spannte Atmosphäre.
• Schwedter Str. 7 | 10119
Prenzlauer Berg | Tel. 93 62 22 40
www.eastseven.de

Die Fabrik € 📱 L5
Hotel und Hostel in einem: Auswahl von
netten Doppelzimmern bis zum Schlafsaal
mit Etagenduschen und -WCs.
• Schlesische Str. 18 | 10997 | Kreuzberg
Tel. 611 71 16 | diefabrik.com

💬 **MITWOHNZENTRALEN**

Wer lieber privat wohnen möchte oder vorhat, länger zu bleiben, kann sich an folgende
Agenturen wenden:
• **bed&breakfast Berlin**
Kontakt: Markusstr. 9 | 20355
Hamburg | Tel. 0 40 491 56 66
www.bed-and-breakfast.de
• **fine + mine** 📱 K1
Prenzlauer Allee 52 | 10405
Prenzlauer Berg |
Tel. 235 51 20
www.fineandmine.de
• **Zeitraum Wohnkonzept** 📱 K1
Immanuelkirchstr. 8 | 10405
Prenzlauer Berg
Tel. 441 66 22 und 322 33 00
www.zeit-raum.de

ESSEN & TRINKEN

Die Attraktivität Berlins liegt in dem schier unübersehbaren Angebot an Kneipen, Cafés und Restaurants unterschiedlichster Art.

Über 15 000 gastronomische Einrichtungen laden täglich zu einem Fest der Gaumenfreuden – damit liegt die Metropole bundesweit mit großem Vorsprung auf Platz eins. Die Fluktuation ist groß, es wird experimentiert, Lokale machen hier zu, eröffnen andernorts neu. Es ist schwer, den Überblick zu behalten. Das Zentrum der kulinarischen Erlebniswelt, was die Qualität der Küche und die Vielfalt an Restaurants angeht, hat sich teilweise nach Berlin-Mitte verlagert, schwappt aber auch wieder in den alten Westen. Auch alle anderen Innenstadtbezirke halten viele Überraschungen bereit.

SPITZENGASTRONOMIE

Facil €€€ 🗾 G4

Michael Kempfs kreative 2-Sterne-Küche ist auf das Wesentliche reduziert.

- im Mandala Hotel | Potsdamer Str. 3 10785 | Tiergarten | Tel. 590 05 12 34 www.facil.de | Mo–Fr 12–15, 19–23 Uhr

Hugos €€€ 🗾 E4

Das Restaurant mit traumhafter Aussicht ist seit 1999 mit einem Stern ausgezeichnet.

- im InterContinental | Budapester Str. 2 10787 | Tiergarten | Tel. 260 20 www.hugos-restaurant.de Di–Sa 18.30–22.30 Uhr

Skykitchen €€€ 🗾 M2

Sterneküche von Alexander Koppe in kuschlig-urbanem Ambiente mit grandiosen Blick über die Stadt. Bar (tgl. 18–2 Uhr) eine Etage höher, im 14. Stock.

- Im andel's Hotel | Landsberger Allee 106 10369 | Lichtenberg | Tel. 45 30 53 26 20 www.skykitchen.berlin | Di–Sa 18–23 Uhr

Frühsammers €€–€€€ 🗾 B6

Sonja Frühsammer hat sich in der Berliner Kochszene etabliert – im Tennisklub.

- Flinsberger Platz 8 | 14193 | Grunewald Tel. 89 73 86 28 | www.fruehsammers.de Di–Sa ab 18.30, Sommer tgl. ab 12 Uhr

Horváth €€–€€€ 🗾 K5

Sternekoch Sebastian Frank zeigt, wie ungewöhnlich die österreichische Küche sein kann.

- Paul-Lincke-Ufer 44a | 10999 Kreuzberg | Tel. 61 28 99 92 www.restaurant-horvath.de Mi–So 18.30–22.30 Uhr

Tulus Lotrek €€–€€€ 🗾 J5–6

Urban-junges Speiselokal mit wunderbarer Aromenküche und inzwischen einem Stern.

- Fichtestr. 24 | 10967 | Kreuzberg Tel. 41 95 66 87 | tuluslotrek.de Di–So ab 18 Uhr

TRADITION & NOUVELLE CUISINE

Grill Royal €€€ 🗾 H2

Den Grill Rooms klassischer Grandhotels nachempfundenes Steakhouse mit Spitzenqualität und Promidichte.

- Friedrichstr. 105b | 10117 | Mitte Tel. 28 87 92 88 | grillroyal.com tgl. ab 18 Uhr

The Grand €€€ 🏛 J2

Restaurant, Bar und Klub hinter alten restaurierten Mauern. Bestes Fleisch vom 800 °C heißen South Bend-Grill.

- Hirtenstr. 4 | 10178 | Mitte
  Tel. 27 89 09 95 55 | www.the-grand-berlin.com | tgl. ab 18 Uhr

Le Petit Royal €€€ 🏛 C4

Französisches Restaurant mit Bar.

- Grolmanstr. 59 | 10623 | Charlottenburg
  Tel. 330 06 07 50 | www.lepetitroyal.de
  Mo–Sa ab 18 Uhr

Tim Raue €€€ 🏛 H4

Im eigenen Restaurant offeriert Sternekoch Tim Raue kreativ-geniale Kompositonen. › mehr S. 15 Punkt ⑰

- Rudi-Dutschke-Str. 26 | 10969 | Kreuzberg
  Tel. 259 3 79 30 | tim-raue.com
  Di–Sa 19–24 und Fr/Sa 12–15 Uhr

Weinbar Rutz €€€ 🏛 H2

Unten Weinbar, oben Restaurant, in dem Sternekoch Marco Müller seine hochdekorierte Küche serviert.

- Chausseestr. 8 | 10115 | Mitte
  Tel. 24 62 87 60 | www.rutz-restaurant.de
  Bar: Di–Sa ab 16, Restaurant: ab 18.30 Uhr

Bandol sur Mer €€–€€€ 🏛 H2

Moderne französische Küche in entspannter Atmosphäre.

- Torstr. 167 | 10117 | Mitte
  Tel. 67 30 20 51
  www.bandolsurmer.de

Bieberbau €€–€€€ 🏛 D6

Schmuckes Szenelokal, seit 2015 mit Michelin-Stern, in dem eine hochgelobte Gourmetküche serviert wird.

- Durlacher Str. 15 | 10715 | Wilmersdorf
  Tel. 853 23 90 | Di–Sa 18–24 Uhr

Eins unter Null €€–€€€ 🏛 H2

Küche auf hohem Niveau mit überwiegend regionalen und saisonalen Produkten.

- Hannoversche Str. 1 | 10115 | Mitte
  Tel. 27 57 78 10 | einsunternull.com
  Di–Sa 12–14, Mo–Sa ab 19 Uhr

Markus Semmler – Das Restaurant €€–€€€ 🏛 C5

Zweimal wurde Markus Semmler zum Meisterkoch geadelt, einmal zum Restaurateur des Jahres.

- Sächsische Str. 7 | 10707 | Wilmersdorf
  Tel. 89 06 82 90 | www.semmler-restaurant.de | Mi–Sa ab 17 Uhr

---

💬 **STREET FOOD MARKET**

Wie andere historische Markthallen wurde auch die **Markthalle Neun** 🏛 K4 in Kreuzberg mit einem Wochenmarkt neu belebt (Fr 12–18, Sa 10–18 Uhr). Das kulinarisch-urbane Highlight aber ist der Street Food Thursday: Do 17–22 Uhr – je später, desto voller – kann man an verschiedenen Ständen Köstlichkeiten aus aller Welt probieren, von peruanischem Ceviche über amerikanisches Barbecue bis zu regionalen, mit Wildschweinschinken belegten Broten (Eisenbahnstr. 42/43, 10997, Kreuzberg, www.markthalleneun.de). Fast noch ein Geheimtipp: die ebenfalls mit Marktständen und Gastronomie, z. B. den Fischladen mit Restaurant, bestückte **Arminiusmarkthalle** (Arminiusstr. 2–4, 10551, Moabit, arminiusmarkthalle.com, Mo–Sa 8–22 Uhr).

Christoph Hauser macht Innereien in seinem Restaurant Herz & Niere wieder salonfähig

Nobelhart & Schmutzig €€−€€€ 📱 H4
Da im Gastraum gekocht wird, sitzt man
auf bequemen Stühlen an der Theke.
27 Plätze und nur ein Menü.
• Friedrichstr. 218 | 10969 | Kreuzberg
 Tel. 25 94 06 10 | www.nobelhartund
 schmutzig.com | Di–Sa ab 18.30 Uhr

Pauly Saal €€−€€€ 📱 H2
Top-Gastronomie mit Stern in den stilvoll
restaurierten Räumen der ehemaligen
Jüdischen Mädchenschule. Auch im Haus:
Mogg & Melzer Delicatessen.
• Auguststr. 11–13 | 10117 | Mitte
 Tel. 33 00 60 70 | paulysaal.com
 Di–Sa 12–14, 18–21.30 Uhr,
 Bar bis 2.30 Uhr

Herz & Niere €€ 📱 J5
Die junge, ungewöhnliche Küche holt aus
jedem Produkt das Besondere heraus.
• Fichtestr. 31 | 10967 | Kreuzberg
 Tel. 69 00 15 22 | www.herzundniere.
 berlin | Di–So ab 18 Uhr

Lochner Weinwirtschaft €€ 📱 E5
Moderne Weinstube mit großartiger Wein-
karte und bürgerlicher Küche auf Gour-
metniveau.
• Eisenacher Str. 86 | 10781
 Schöneberg | Tel. 23 00 52 20
 www.lochner-weinwirtschaft.de
 Di–So ab 16–0.30 Uhr

Panama €€ 📱 F4
Angesagtes Restaurant mit moderner
Frischeküche, Metropolen-Flair und internationalem Publikum. Gut ist auch die
angeschlossene Tiger Bar.
• Potsdamer Str. 91 | 10785 | Tiergarten
 Tel. 983 208 435 | oh-panama.com

Schwein €€ 📱 C4
Weinbar mit exzellentem Casual Fine
Dining.
• Mommsenstr. 68 | 10629
 Charlottenburg | Tel. 24 35 62 82
 www.schwein.online
 Mo–Sa ab 18 Uhr

TYPISCHE BERLINER KÜCHE

- **Wirtshaus Knese** €€ 🔖 D4
  Speiselokal mit deftiger Berliner
  Küche im Alt-Berliner Flair, nur
  ein paar Schritte vom Ku'damm.
  Knesebeckstr. 63 | 10719
  Charlottenb. | Tel. 88 41 34 48
  www.plazahotel.de | tgl. 8–1 Uhr
- **Altes Zollhaus** €€ 🔖 H5
  Herbert Beltle interpretiert Berliner Klassiker in seinem charman-
  ten Gasthaus delikat und modern.
  Carl-Herz-Ufer 30 | 10961
  Kreuzberg | Tel. 692 33 00
  www.altes-zollhaus-berlin.de
  Di–Sa ab 18 Uhr
  > mehr S. 13 Punkt ⓫
- **Mutter Hoppe** €–€€ 🔖 J3
  Berliner Küche im Nikolaiviertel,
  am Wochenende Livemusik.
  Rathausstr. 21 | 10178 | Mitte
  Tel. 24 72 06 03 | mutterhoppe.de
  tgl. ab 11.30 Uhr
- **Sophieneck** €–€€ 🔖 H2
  Beliebte Schank- und Speisewirt-
  schaft, in der Gemütlichkeit und
  frische regionale Küche groß ge-
  schrieben werden.
  Große Hamburger Str. 37 | 10115
  Mitte | Tel. 283 40 65 | www.sophien
  eck-berlin.de | tgl. ab 12 Uhr
- **Joseph-Roth-Diele** € 🔖 F4
  Stullen (belegte Brote) gibt es nir-
  gends besser als in der beliebten
  Künstlerkneipe und Gaststube.
  Potsdamer Str. 75 | 10785
  Tiergarten | Tel. 26 36 98 84
  www.joseph-roth-diele.de
  Mo–Fr 10–24 Uhr

Tisk Speisekneipe €€ 🔖 K6
Modernes, authentisches Kneipenambiente
trifft auf regionale Küche mit neu interpretierten Klassikern.
- Neckarstr. 12 | 12053 | Neukölln
  Tel. 398 20 00 00 | www.tisk-speise
  kneipe.de | Di–Sa ab 18 Uhr

ASIATISCH

Dudu €€ 🔖 H2
Vietnamesisches Restaurant, gekocht wird
mit frischen Bioprodukten.
- Torstr. 134 | 10119 | Mitte
  Tel. 51 73 68 54 | dudu-berlin.de
  Mo–Sa 12–24, So 13–24 Uhr

Funky Fisch €€
Neuer Laden mit Frischfischtheke des gastronomischen Tausendsassas The Duc Ngo.
- Kantstr. 135–136 | 10625
  Charlottenburg | Tel. 23 53 16 86
  funky-fisch.de | tgl. 12–23 Uhr

Kuchi €€ 🔖 H2
Sushi und mehr in modernem Ambiente.
- Gipsstr. 3 | 10119 | Mitte
  Tel. 28 38 66 22 | kuchi.de
  Mo–Sa 12–24, So 18–24 Uhr

Kochu Karu €–€€ 🔖 J1
Kleine koreanische Speisestube mit
Tapas-Ideen. Empfehlung!
- Eberswalder Str. 35 | 10437 | Mitte
  Tel. 80 93 81 91 | kochukaru.de
  Mo–Sa 18–4, So 17–23 Uhr

Bun Bao € 🔖 K1
Unbedingt probieren: die asiatischen Bur-
ger mit leichten, weißen Brötchen aus
Reismehl.
- Kollwitzstr. 84 | 10435 | Prenzlauer Berg
  Tel. 23 49 56 41 | bao-burger.de
  So–Do 12–22, Fr/Sa 12–23 Uhr

Long March Canteen € 📕 K4

Szenerestaurant, das die chinesische Küche modern interpretiert.

> mehr S. 13 Punkt **12**

• Wrangelstr. 20 | 10997 | Kreuzberg
  Tel. 01 78 884 95 99
  longmarchcanteen.com | tgl. 18–24 Uhr

FRANZÖSISCH

Chez Maurice €–€€ 📕 L1

Bodenständiger, einfacher Franzose mit Gerichten ohne Schnickschnack; mit Weinhandlung und Feinkostladen.

• Bötzowstr. 39 | 10407 | Prenzlauer Berg
  Tel. 425 05 06 | www.chez-maurice.com
  tgl. ab 18 Uhr, Mittagstisch: Di–Sa
  12–15.30 Uhr

La Cocotte €–€€ 📕 F6

Wunderbarer Szene-Franzose, dessen Spezialität Gerichte in der Cocotte, zu deutsch Schmortopf, auf den Tisch kommen.

• Vorbergstr. 10 | 10823 | Schöneberg
  Tel. 78 95 76 58 | www.lacocotte.de
  tgl. 18–24 Uhr

ITALIENISCH

Grünfisch €€–€€€ 📕 J5

Hier erlebt man eine erstklassige Begegnung der italienischen, sizilianischen und asiatischen Küche, dazu vorzügliche Weine aus Sizilien.

• Graefestr. 26a | 10967 | Kreuzberg
  Tel. 61 62 12 52 | www.gruenfisch.de
  Mo–Sa 18–24 Uhr

Lavanderia Vecchia €€ 📕 K6

In einer ehemaligen Wäscherei sitzt man unter Wäscheleinen. In der offenen Küche wird ein exzellentes, mehrgängiges italienisches Menü gekocht.

• Flughafenstr. 46 | 12053 | Neukölln
  Tel. 62 72 21 52

lavanderiavecchia.wordpress.com
Mo–Sa 12–15 und ab 19.30 Uhr, nur mit Reservierung

ÖSTERREICHISCH

Alpenstueck €€ 📕 H1

Köstliche alpenländische Küche in modernem Ambiente. Die dazugehörige Feinkost-Manufaktur liegt nebenan (Schröderstr. 15, Mo–Sa 10–18 Uhr).

• Gartenstr. 9 | 10115 | Mitte
  Tel. 21 75 16 46 | alpenstueck.de
  tgl. 18–1 Uhr

Ottenthal €€ 📕 D4

Zu den über 200 österreichischen Weinen werden Klassiker des Alpenlands serviert.

• Kantstr. 153 | 10623 | Charlottenburg
  Tel. 313 31 62 | www.ottenthal.com
  tgl. ab 17 Uhr

TÜRKISCH

Honça € 📕 D5

Der Edeltürke zeigt, dass anatolische Küche auch zeitgemäß sein kann.

• Ludwigkirchplatz 12 | 10719 | Wilmersdorf
  Tel. 23 93 91 14 | www.honca.de
  Di–Fr 17–23, Sa/So 13–23 Uhr

CAFÉS

Café Einstein €€ 📕 F4

Wiener-Kaffeehaus-Ambiente in einer alten Jugendstilvilla mit gepflegter österreichischer Küche und Sommergarten.

• Kurfürstenstr. 58 | 10785 | Tiergarten
  Tel. 263 91 90 | tgl. 8–24 Uhr

Café im Literaturhaus €€ 📕 D4

Kaffee trinken im Garten der Gründerzeitvilla, einer Oase der Ruhe mitten im Zentrum. Buchhandlung angeschlossen.

• Fasanenstr. 23 | 10719 | Wilmersdorf
  Tel. 882 54 14 | tgl. 9–24 Uhr

Der Prater an der Kastanienallee ist einer der beliebtesten Biergärten der Stadt

The Barn Coffeebar €  H2
Beste Qualität, schonende Röstungen und
ein Revival des handaufgebrühten Filter-
kaffees. Vier weitere Dependancen in der
Stadt.
- Augustr. 58 | 10119 | Mitte
  thebarn.de | Mo–Fr 7.30–18,
  Sa/So 10–18 Uhr, im Sommer auch länger

Berliner Kaffeerösterei € D4
Kaffeerösterei und Café in einem. Rund
80 Kaffeesorten sind im Angebot.
- Uhlandstr. 173–174 | 10719 | Wilmersdorf
  Tel. 88 67 79 20 | www.berliner-kaffee
  roesterei.de | Mo–Sa 9–20, So 10–19 Uhr

AUSFLUGSLOKALE UND BIERGÄRTEN
Café am Neuen See € E3
Biergarten mit kleiner Speisekarte mitten
im Zentrum und zugleich im Grünen. Bootsverleih nebenan, im Winter Eisstockbahn.
- Lichtensteinallee 2 | 10787 | Tiergarten
  Tel. 254 49 30 | www.cafeamneuensee.de
  tgl. ab 9 Uhr

BRLO €€ G5
Die aus Containern zusammengebaute
Brauerei lockt mit einem großen Biergar-
ten und unzähligen Craft Bieren vom Fass.
> **mehr S. 14 Punkt** ⑮
- Schöneberger Str. 16 | 10963 | Kreuzberg
  Tel. 55 57 76 06 | www.brlo.de
  Di–Fr 17–24, Sa/So 12–25 Uhr

Prater € J1
Die Gaststätte mit deutscher Küche und
der baumbestandene Biergarten vermit-
teln Wohlfühlambiente.
- Kastanienallee 7–9 | 10435 | Pr. Berg
  Tel. 448 56 88 | www.pratergarten.de
  Mo–Sa ab 18, So ab 12 Uhr, April–Sept.
  bei schönem Wetter tgl. ab 12 Uhr

Schönbrunn € K2
Restaurant mit ambitionierter österreichi-
scher Küche und Biergarten im Volkspark.
- Am Schwanenteich im Volkspark Fried-
  richshain | 10249 | Friedrichshain
  Tel. 453 056 525 | www.schoenbrunn.net

SHOPPING

Berlin ist ein wahres Einkaufsparadies. Von luxuriösen Klamotten bis zu skurrilen Merkwürdigkeiten kann man alles nur Erdenkliche erstehen.

Bis 20 Uhr haben Kaufhäuser, Einkaufszentren, viele Supermärkte und Einzelhandelsgeschäfte geöffnet. Große Kaufhäuser haben an manchen Tagen auch bis 22 Uhr geöffnet. Einige Supermärkte schließen erst spätabends und einige wenige sind fast rund um die Uhr geöffnet. Während Bäckereien und Zeitungsläden bereits ab 6 Uhr ihre Dienste anbieten, öffnen die meisten anderen Geschäfte erst zwischen 9 und 10 Uhr, privat geführte Geschäfte oft erst um 11 oder 12 Uhr. In den ruhigeren Wohngegenden ist meist gegen 18 Uhr Feierabend. Samstags ist allgemein von 9 bis 16, teils bis 18 Uhr, oft auch bis 20 Uhr Einkaufszeit. Zu Terminen wie Messen, Volksfesten und Sportveranstaltungen sind viele Geschäfte auch sonntags geöffnet.

Neben den Einkaufsmeilen **Kurfürstendamm** und **Tauentzien** mit dem **Kaufhaus des Westens** (KaDeWe) › S. 46, 122 als Hauptattraktion, aber auch in den Nebenstraßen der Hauptverkehrsadern mit interessanten Geschäften, hat sich die **Friedrichstraße** mit exklusiven Passagen und Boutiquen › S. 77 längst zur Shoppingmeile entwickelt. Hier findet man die internationalen Designernamen genauso wie am oberen Ku'damm (beim Olivaer Platz).

Daneben sind in der Innenstadt populäre Shoppingcenter entstanden wie die **Potsdamer Platz Arkaden** › S. 109 oder die **Mall of Berlin** am Leipziger Platz mit einer Vielzahl an Geschäften unter einem Dach, inklusive Cafés, Restaurants, Kinos etc. Am Alexanderplatz wurde mit **Alexa** › S. 90 eine weitere große Shoppingmall mit 180 Geschäfte eröffnet (Mo–Sa 10– 21 Uhr).

Kleiner und schön zum Einkaufen und Bummeln sind die **Hackeschen Höfe** und Umgebung (Mitte › S. 99), die **Bergmannstraße** (Kreuzberg › S. 139), die **Goltzstraße** (Schöneberg ◨ F5) oder rund um die **Kastanienallee** (Prenzlauer Berg › S. 132). Jeder Bezirk hat zudem seine Einkaufsstraße.

MODE UND ACCESSOIRES

Esther Perbrandt Store & Studio
Androgyne Silhouetten und Kontraste sind das Markenzeichen der Berliner Designerin.
- Almstadtstr. 3 | 10119 | Mitte
  Tel. 88 53 67 91 | estherperbandt.com
  Mo–Fr 10–19, Sa 12–18 Uhr

Fiona Bennett ◨ F4
Sie ist die Königin der Kopfbedeckungen – ihre Hüte sind Kunstwerke.
- Potsdamer Str. 81–83 | 10785
  Tiergarten | Tel. 28 09 63 30
  fionabennett.de | Mo–Sa 10–19 Uhr

Frau Tonis Parfum ◨ H4
In der Manufaktur gibt es nicht nur schöne fertige Düfte, man kann sich auch sein individuelles Parfum zusammenstellen.
- Zimmerstr. 13 | 10969 | Kreuzberg
  Tel. 20 21 53 10 | Mo–Sa 10–18 Uhr
  www.frau-tonis-parfum.com

C 37 📱 J1

Katja Born-Sabottkas hat eine besondere Zielgruppe: Ihr Conceptstore mit coolen Klamotten, ungewöhnlichen Accessoires und Spielzeug richtet sich an Kinder und Jugendliche.

• Choriner Str. 37 | 10435 | Prenzlauer Berg
Tel. 41 72 57 41 | c-37.de
Mo–Fr 10–19, Sa 11–16 Uhr

Lunette Selection

Ob klassische Horn- oder Nickelbrillen, Nerd- oder Designerbrillen, Uta Geyer steht auf Vintage. Es handelt sich um ungetragene Gestelle aus alten Beständen.

• Dunckerstr. 18 | 10437 | Prenzlauer Berg
Tel. 44 71 80 50 | lunettes-selection.de
Mo–Fr 12–20, Mi ab 10, Sa 12–18 Uhr

Lala Berlin 📱 J2

Leyla Piedayesh hat sich mit ihren edlen Strickkollektionen einen Namen gemacht. Inzwischen arbeitet sie auch mit anderen edlen Stoffen.

• Alte Schönhauser Str. 3 | 10119 | Mitte
Tel. 20 09 53 63 | www.lalaberlin.com
Mo–Sa 11–19 Uhr

Maisonnoée 📱 F4

Schöne alltagstaugliche Mode von der Berliner Designerin Sophie Oemus, in Europa gerfertigt.

• Potsdamer Str. 91 | 10785 | Tiergarten
Tel. 80 10 50 28 | www.maisonnoee.com
Mo–Sa 10–20 Uhr

Michael Sontag

Mit seiner von Saison zu Saison aufbauenden Kollektion gehört er zu den wichtigsten Berliner Modemachern.

• Muskauer Str. 41 | 10997 | Kreuzberg
www.michaelsontag.com
Di–Sa 12–18 Uhr

Nix 📱 H2

Die Designerin Barbara Gebhardt kreiert Schlichtes mit Raffinesse.

• Heckmann Höfe | Oranienburger Str. 32
10117 | Mitte | Tel. 281 80 44
www.nix.de | Mo–Sa 11–19 Uhr

Rita in Palma

Zierliche Kragen, Schmuck und Stirnbänder in Handarbeit gefertigt von Frauen aus der Türkei, Syrien, Pakistan.

• Kienitzer Str. 101 | 12049 | Neukölln
Tel. 85 74 89 30 | www.rita-in-palma.com
Mo–Fr 10–17 Uhr

Shoepassion.com 📱 H1

Shoepassion bietet rahmengenähte Lederschuhe für Männer in zeitlos-elegantem Design. Es gibt auch passende Gürtel, Schuhpflegezubehör sowie Schuhpflegeseminare.

• Ackerstr. 23–26 | 10115 | Mitte
Tel. 60 98 37 00 | www.shoepassion.de
Mo–Fr 10–20, Sa 10–19 Uhr

Stereoki 📱 M3

Trendige Kleidung für Männer.

• Gabriel-Max-Str. 18 | 10245 | Friedrichshain | Tel. 53 79 46 67 | www.stereoki.com
Mo–Fr 1.30–20, Sa 11–19 Uhr

SCHMUCK

Aquamarin 📱 H5–6

Individueller Schmuck gefertigt von internationalen Designern – von fantasievoll bis zeitlos.

• Bergmannstr. 20 | 10961 | Kreuzberg
Tel. 693 34 40 | www.schmuckgalerie-aquamarin.de | Mo–Fr 11–19, Sa 11–16 Uhr

Galerie Oona 📱 H2

Ausgefallener Schmuck zeitgenössischer Designer.

• Auguststr. 26 | 10117 | Mitte
Tel. 28 04 59 05 | www.oona-galerie.de
Di–Fr 14–18, Sa 13–18 Uhr

Michaela Binder ▮ H2–J2
Werkstattgalerie, faszinierende Kollektion
aus Silber und farbigen Filzen.
• Gipsstr. 13 | 10119 | Mitte
Tel. 28 38 48 69 | www.michaelabinder.de
Di–Fr 12–19, Sa 12–16 Uhr

Studio Galerie Berlin ▮ M3
Handgefertiger Schmuck, Keramik und Grafik von über Künstlern und Werkstätten.
• Frankfurter Allee 36a | 10247
Friedrichshain | Tel. 291 08 50
www.studio-galerie-berlin.de
Di–Fr 10–19, Sa 10–16 Uhr

GESCHENKE UND MITBRINGSEL
Ampelmann Shop ▮ H3 und D4
Die kultigen DDR-Ampelmännchen in allen
Variationen; insgesamt 8 Filialen u. a.
Gendarmenmarkt (Markgrafenstr. 37) und
im Kranzler Eck (Kurfürstendamm 20)
> mehr S. 17 Punkt **32**.

• Unter den Linden 35 | 10117 | Mitte
Tel. 20 62 52 69 | www.ampelmannshop.
com | Mo–Sa 9.30–22, So 13–18 Uhr

Aufschnitt Berlin ▮ J3
Originell und nicht verderblich: Ob eine
Bockwurst als Brosche, eine Maultasche als
Kissen oder eine Banane aus Plüsch – De-
signerin Silvia Wald produziert Lebens-
mittel dekorativ aus Stoff.
• Boxhagener Str. 32 | 10245 | Friedrichs-
hain | Tel. 63 37 15 48 | aufschnitt.net
Di–Fr 11–19, Sa 12–18 Uhr

Birkholz Perfume Manufacture ▮ D4
Nasyr Birkholz und seine beiden Söhne kre-
ieren eigene Parfüms, Männer, Frauen und
Unisex. Die Düfte werden individuell an der
Parfümbar ausgesucht und abgefüllt.
• Knesebeckstr. 55 | 10179 | Charlotten-
burg | Tel. 88 70 99 59 | www.birkholz-
perfumes.com | Mo–Sa 10–19 Uhr

Blomeyer's Käse ▮ B4
Fritz Lloyd Blomeyer setzt auf edlen Käse
von kleinen Produzenten in Deutschland.

Die Wurst im Laden Aufschnitt ist
nicht zum Essen vorgesehen

• Pestalozzistr. 54a | 10627
Charlottenburg | Tel. 23 92 64 40
Di–Fr 12–19, Sa 10–17 Uhr

Broken English 🏠 J5
Vom Tee bis zu Büchern: alles, was man
fürs britische Wohlbefinden braucht.
• Körtestr. 10 | 10967 | Kreuzberg
Tel. 691 12 27 | Mo–Fr 11–18.30, Sa 11–16 Uhr

CakeVille 🏠 K1
Hier gibt es alles, was man zum Backen
braucht: von Zuckerstreu in allen Farben
bis Keksausstecher und Kuchenformen
vom Typ Barbie bis zur Burg.
• Wörther Str. 23 | 10405
Prenzlauer Berg | Tel. 54 59 35 99
Di–Fr 11.30–19, Sa 11–17 Uhr

The Different Scent 🏠 H2
Gutes für den Körperkult: edle Düfte,
Rasierseifen und Aftershaves etc.
• Krausnickstr. 12 | 10115 | Mitte
Tel. 35 12 29 25
www.thedifferentscent.de
Mo–Fr 12–19, Sa 12–18 Uhr

HanfHaus Berlin 🏠 K4
Riesige Auswahl an Hanfprodukten: Kosme-
tik, Textilien, Accessoires, Nahrungsmittel.
• Oranienstr. 192 | 10999 | Kreuzberg
Tel. 614 81 02 | www.hanfhaus-
kreuzberg.de | Mo–Fr 11–19, Sa 11–17 Uhr

Dr. Kochan Schnapskultur 🏠 K1
Thomas Kochan alias »Dr. Schnaps« offeriert handwerklich hergestellte Brände
und Liköre kleiner Destillerien, aus Fami-
lienbetrieben und aus Klöstern.
• Immanuelkirchstr. 4 | 10405
Prenzlauer Berg | Tel. 34 62 40 76
www.schnapskultur.de
Mo–Fr 12–20, Sa 11–18 Uhr

Luiban 🏠 J2
Michael Ruben Bandt hatte schon als Kind
einen Faible für schöne Schreibwaren, für
Papier und Schreibkultur. Diesen teilt er in
seiner Papeterie mit Gleichgesinnten.
• Rosa-Luxemburg-Str. 28 | 10178 | Mitte
Tel. 88 94 11 92 | www.luiban.com
Mo–Sa 11–20 Uhr

Maître Philippe & Filles 🏠 C5
Zum Sortiment des bekannten Käse- & Fein-
kosthändlers gehört auch die größte Auswahl erstklassiger Dosensardinen in Berlin.
• Emser Str. 42 | 10719 | Wilmersdorf
Tel. 88 68 36 10 | www.maitrephilippe.de
Mi–Fr 10–19, Sa 10–14 Uhr

Schoemig Porzellan
Keramikerin Claudia Schoemig kreiert stilvoll moderne Porzellanbecher, -schüsseln,
-teller und -schalen.
• Raumerstr. 35 | 10437 | Prenzlauer Berg
Tel. 69 54 55 13 | schoemig-porzellan.de
Do, Fr 12–19, Sa 12–17 Uhr

💬 **COMICLÄDEN**

In Berlin gibt es eine lebendige
Comic- und Graphic Novel-Szene:
bei **Grober Unfug** (www.grober
unfug.de, Zossener Str. 33,
10961, Kreuzberg, Mo–Fr 11–19,
Sa 11–18 Uhr und Torstr. 75, 10119,
Mitte, Mo–Fr 11–19, Sa 11–18 Uhr)
oder bei **Modern Graphics**
(modern-graphics.de, Oranien-
str. 22, 10999, Kreuzberg, Mo–Sa
11–20 Uhr, Kastanienallee 79,
10435, Prenzlauer Berg, Mo–Sa
11–20 Uhr, und im Europa-Center,
Tauentzienstr. 9–12, 10789, Charlottenburg, Mo–Sa 11–20 Uhr).

BÜCHER

autorenbuchhandlung berlin 📖 D4
Seit über 40 Jahren jetzt am neuen Standort mit Café (Nr. 601).
- Else-Ury-Bogen 599–601 | 10623 Charlottenburg | Tel. 313 01 51 www.autorenbuchhandlung.com Mo–Fr 10.30–20, Sa 10–19 Uhr

Bibliotheca Culinaria 📖 J1
Das größte deutschsprachige Kochbuchantiquariat mit 30 000 Büchern.
- Zehdenicker Str. 16 | 10119 | Mitte Tel. 47 37 75 70 | bibliotheca-culinaria.de Di–Fr 11–19, Sa 11–16 Uhr

Eckard Düwal 📖 C4
Antiquarisches bis unter die Decke speziell zu Kunst, Literatur und Philosophie sowie Erstausgaben.
- Schlüterstr. 17 | 10625 | Charlottenburg Tel. 313 30 30 | www.duewal.de n. V. oder Klingeln, i. d. R. Mo–Fr 12–18, Sa bis 14 Uhr

Hammett Krimibuchhandlung 📖 H6
Für Krimi- und Thrillerfreunde gibt es hier reichlich Mord und Totschlag zu lesen.
- Friesenstr. 27 | 10965 | Kreuzberg Tel. 691 58 34 | www.hammett-krimis.de Mo–Fr 10–20, Sa 9–18 Uhr

Nicolaische Buchhandlung
Traditionsreiches Haus mit Schwerpunkt Berlin-Literatur.
- Rheinstr. 65 | 12159 | Schöneberg Tel. 852 40 05 | nicolaische-buchhandlung.buchhandlung.de Mo–Fr 10–19, Sa 10–16 Uhr

Kulturkaufhaus Dussmann 📖 H3
Rund 90 000 Medieneinheiten auf fünf Etagen; Bücher, CDs, DVDs, Software etc.

- Friedrichstr. 90 | 10117 | Mitte Tel. 20 25 11 11 | www.kulturkaufhaus.de Mo–Fr 9–24, Sa 9–23.30 Uhr

MUSIK

ZeeDee
An- und Verkauf sowie Verleih von CDs und CD-Spielern.
- Brüsseler Str. 4 | 13353 | Wedding Tel. 45 49 13 63 | www.zeedee.de Mo–Do 12–20, Fr/Sa 12–16 Uhr

ANTIQUITÄTEN

Antik- und Buchmarkt 📖 H2
Am Bodemuseum bieten am Wochenende Händler ein Sortiment von Sammlerobjekten bis zu moderner Antiquariatsware feil.
- Am Kupfergraben/Georgenstraße 10117 | Mitte | Sa–So 11–17 Uhr

Stilbruch 📖 C4
Antiquitäten, Möbel und Schmuck von elegant schlicht bis extravagant.
- Wielandstr. 12 | 10629 | Charlottenburg Tel. 312 83 04 | www.antik-stilbruch.de Mo–Fr 11–19, Sa 11–16 Uhr

ACCESSOIRES ALLER ART

Manufactum Warenhaus 📖 D3
Hier findet man nützliche und schöne Dinge, die sich seit Langem bewährt haben.
- Hardenbergstr. 4–5 | 10623 | Charlottenb. Tel. 24 03 38 44 | www.manufactum.de Mo–Fr 10–20, Sa 10–18 Uhr

FEINKOST UND WEINE

Bonbonmacherei 📖 H2
Handgefertigte Bonbons nach alten Rezepten. Mit Schauküche – unwiderstehlich!
- Heckmann Höfe | Oranienburger Str. 32 10117 | Mitte | Tel. 44 05 52 43 www.bonbonmacherei.de Mi–Sa 12–19 Uhr, Sommerpause Juli/Aug.

Doçura 📕 H5

Süße Verführungen gibt es in dem Laden
im Kolonialwarenladenstil.

• Zossener Str. 20 | 10961 | Kreuzberg
  Tel. 81 79 73 99 | Mo–Fr 11–19, Sa 10–16 Uhr

Galeries Lafayette 📕 H3

In der Feinkostabteilung kann man einkaufen und schlemmen wie Gott in Frankreich.

• Friedrichstr. 76–78 | 10117 | Mitte
  Tel. 20 94 80 | www.galerieslafayette.de
  Mo–Sa 10–20 Uhr

KaDeWe 📕 E4

Austern schlürfen, Champagner trinken,
exquisit einkaufen – die Lebensmittel-
abteilung genießt legendären Ruhm.

• Feinschmeckeretage (6. Stock)
  Tauentzienstr. 21–24 | 10789
  Wilmersdorf | Tel. 212 10 | www.kadewe.de
  Mo–Do 10–20, Fr 10–21, Sa 9.30–20 Uhr

kadó

Herb, süß-mild oder salzig, wie groß das
Lakritzuniversum ist, sehen Sie dort.

• Graefestr. 20 | 10967 | Kreuzberg
  Tel. 69 04 16 38 | www.kado.de
  Di–Fr 9.30–18.30, Sa 9.30–15.30 Uhr

Maison des Champagnes 📕 E5

Freunde des französischen Prickelwassers
finden hier an die 100 Sorten.

• Motzstr. 17 | 10777 | Schöneberg
  Tel. 217 27 96
  maison-des-champagnes.de
  Mo 11–19, Di–Fr 9–19, Sa 9–15 Uhr

Rausch Schokoladenhaus 📕 H3

Riesenauswahl an Schokoladen und
Pralinen direkt am Gendarmenmarkt.

• Charlottenstr. 60 | 10117 | Mitte
  Tel. 75 78 80 | www.rausch.de
  Mo–Sa 10–20, So 11–20 Uhr

Sugafari

Aus Mexiko, Australien oder Finnland –
hier gibt es ungewöhnliche Süßigkeiten
aus aller Welt.

• Kopenhagener Str. 69 | 10437 | Pr. Berg
  Tel. 95 60 97 13 | www.sugafari.com
  Di–Fr 14–19.30, Sa 11–17 Uhr

Süßkramdealer

In einer ehemaligen Zigarrenhandlung
werden heute hochwertige Süßigkeiten
verkauft; auch Kaffeehaus.

• Varziner Str. 4 | 12159 | Friedenau
  Tel. 85 07 77 97 | www.suesskramdealer.de
  Mo–Fr 9–19, Sa/So 10–18 Uhr

Wald Königsberger Marzipan 📕 B4

Der kleine Laden bietet köstliches ge-
flämmtes Marzipan aus eigener Herstellung.

• Pestalozzistr. 54a | 10627
  Charlottenburg | Tel. 323 82 54
  wald-koenigsberger-marzipan.com
  Mo–Fr 10–18.30, Sa 10–15.30 Uhr

Werkstatt der Süße 📕 J1–K1

Patissier Guido Fuhrmann macht aus
Schokolade & Co. kleine Meisterwerke.

> mehr S. 15 Punkt ⑱

• Husemannstr. 25 | 10435 | Pr. Berg
  Tel. 32 59 01 57 | www.werkstatt-der-
  suesse.de | Di–So 10–18 Uhr

WOCHENMÄRKTE

Charlottenburg 📕 C4

Große Auswahl an frischem Obst, Gemüse
und mehr rund um die Trinitatiskirche.

• Karl-August-Platz | 10627
  Mi 7–13.30, Sa 7–14.30 Uhr

Neuköllner Türkenmarkt 📕 K5

Der sogenannte Türkenmarkt bietet ein
wenig orientalisches Flair in Berlin. Berge

von Obst und Gemüse, Oliven, türkischem Brot, Gewürze, Haushaltswaren.
• Maybachufer | 12047 | Di, Fr 11–18.30 Uhr

Prenzlauer Berg J1–K1
• Kollwitzplatz | 10435
Do 12–19 Uhr: Ökomarkt, auf dem Bio-produkte angeboten werden.
Sa 9–16 Uhr: Lebensmittel, Blumen und Angesagtes

Neuköllner Schillermarkt K6
Auf dem kleinen Lebensmittelmarkt ist Neuköllner Lebensgefühl zu spüren. Danach kann man das Erworbene auf dem Tempelhofer Feld > S. 136 verspeisen.
• Herrfurthplatz | 12049 | Sa 10–16 Uhr

MARKTHALLEN
Marheineke Markthalle H5–H6
Gutes Angebot an z. T. regionalen Lebensmitteln. Kaffeerösterei, Weine etc.
• Marheinekeplatz | 10961 | Kreuzberg
meine-markthalle.de
Mo–Fr 8–20, Sa 8–18 Uhr

Arminiusmarkthalle E2
Originelle Halle mit Markt für Lebensmittel, Bier und Weine sowie spannender Gastronomie. > mehr S. 17 Punkt **30**
• Arminiusstr. 2–4 | 10551 | Moabit
arminiusmarkthalle.com
Gastronomie Mo–Sa 12–22 Uhr,
Markt Mo–Fr 10–20, Sa bis 18 Uhr

Markthalle Neun K4
Street Food Thursday – donnerstags ein kulinarisches Paradies > S. 36, 144, auch Plattform für gesunde Lebensmittel.
• Eisenbahnstr. 42 | 10999 | Kreuzberg
markthalleneun.de
Street Food Do 17–22 Uhr
Markt Mo–Fr 12–18, Sa 10–18 Uhr

BUNTE MÄRKTE

• **Berliner Trödelmarkt** D3
> S. 101 Bekanntester Flohmarkt, vom echten Trödel über Kunsthandwerk bis Touristennepp ist für jeden etwas dabei.
Straße des 17. Juni | 10623
Tiergarten | Sa/So 10–17 Uhr
• **Flohmarkt im Mauerpark** J1
Dicht an dicht hangeln sich Touristen und Einheimische von Stand zu Stand, um ein Schnäppchen zu ergattern.
Bernauer Str. 63–64 | 13355
Mitte | So 9–18 Uhr, im Winter bis Einbruch der Dunkelheit.
• **Trödelmarkt auf dem Boxhagener Platz** M3 Junges Publikum, niedrige Preise.
Boxhagener Platz | 10245
Friedrichshain | So 10–18 Uhr
• **Wochenmarkt Winterfeldtplatz** F5
Bunter Markt mit Schöneberg-Flair, im Angebot sind Lebensmittel, Hausrat, Design und Kleidung.
Winterfeldtplatz | 10781
Schöneberg | Mi 8–14, Sa 8–16 Uhr
• **Neuköllner Stoff** K5 > S. 143
Hier bekommt man alles rund ums Nähen, Mode und Design.
Maybachufer | 12047 | Neukölln
www.neukoellner-stoff.de
Sa 11–17 Uhr
• **Flohmarkt Arkonaplatz** H1–J1
Auf dem überschaubaren Areal kann man noch richtig stöbern.
Arkonaplatz | 10435 | Mitte
So 10–18 Uhr

AM ABEND

Auch unter Hauptstadtbedingungen hat sich daran nichts geändert: Berlin hat das ganze Jahr über durchgehend geöffnet.

Mitte, Prenzlauer Berg, Charlottenburg, Schöneberg, Kreuzberg, Friedrichshain, Wilmersdorf, Neukölln und Wedding sind Zentren des Nachtlebens. Ein Hotspot ist rund um die Oranienburger Straße und die Hackeschen Höfe. Die meisten Kneipen in der nördlichen Mitte/Prenzlauer Berg sind vom Rosenthaler Platz bis zum Helmholtzplatz angesiedelt. Kreuzberg, Neukölln und Schöneberg haben ebenfalls eine enorme Kneipendichte, die durch Kleinkunstbühnen, Klubs und Bars erhöht wird. Die Bezirke Friedrichshain, Kreuzberg, Neukölln und Wedding ziehen junge Nachtschwärmer an.

OPER

Staatsoper Unter den Linden 🏠 H3
In dem prächtigen Opernhaus stehen Opern und Konzerte von klassisch bis zeitgenössisch auf dem Spielplan.
- Unter den Linden 7 | 10117 | Mitte
  Tel. 20 35 40 | www.staatsoper-berlin.de

Deutsche Oper Berlin 🏠 C3
Größtes Opernhaus der Stadt, in dem auch das Staatsballett auftritt.
- Bismarckstr. 35 | 10627 | Charlottenburg
  Tel. 34 38 43 43
  www.deutscheoperberlin.de

SCHAUSPIEL

Deutsches Theater Berlin und Kammerspiele 🏠 G2
Bekannte Klassiker und Komödien, junges Theater in den Kammerspielen.
- Schumannstr. 13a | 10117 | Mitte
  Tel. 28 44 12 25
  www.deutschestheater.de

Berliner Ensemble 🏠 G2–H2
Moderne Inszenierungen klassischer Autoren wie Brecht, Shakespeare, Ibsen und Tabori neben aktuellen wie Yasmina Reza.

- Bertolt-Brecht-Platz 1 | 10117 | Mitte
  Tel. 28 40 81 55
  www.berliner-ensemble.de

Maxim Gorki Theater 🏠 H3
Zeitgenössisches Theater, Studiobühne für junge Autoren.
- Am Festungsgraben 2 | 10117 | Mitte
  Tel. 20 22 11 15 | www.gorki.de

Volksbühne 🏠 J2
Derzeit kommisarisch von Klaus Dörr geführt; in den Anbauten Roter und Grüner Salon wird ein spannender Mix geboten: Konzerte, Lesungen, Filme und Performances.
- Rosa-Luxemburg-Platz | 10178 | Mitte
  Tel. 24 06 57 77
  www.volksbuehne-berlin.de

Hebbel am Ufer (HAU) 🏠 H4–H5
Vereinigung der Kreuzberger Bühnen für zeitgenössisches Theater und Tanz; neuer Szenetreff mit HAU 1 (Stresemannstr. 29), HAU 2 (Hallesches Ufer 32), und HAU 3 (Tempelhofer Ufer 10).
- 10963 | Kreuzberg | Tel. 25 90 04 27
  www.hebbel-am-ufer.de

Neuköllner Oper
Originelle Eigenproduktionen, musikalische Raritäten, Uraufführungen.
- Karl-Marx-Str. 131–133 | 12043 Neukölln | Tel. 68 89 07 77 www.neukoellneroper.de

Berliner Kriminal Theater  L3
Krimi-Klassiker von Agatha Christie u. a.
- Palisadenstr. 48 | 10243 Friedrichshain | Tel. 47 99 74 88 www.kriminaltheater.de

Komödie am Kurfürstendamm C3
Das Boulevardtheater mit viel TV-Prominenz im Ensemble.
- Schillertheater | Bismarckstr. 10 10625 | Charlottenburg www.komoedie-berlin.de

Admiralspalast H2
Beste Unterhaltung – Theater und Musicals, Lesungen und Livemusik.
- Friedrichstr. 101 | 10117 | Mitte Tel. 22 60 70 00 | www.mehr.de

MUSICAL UND VARIETÉ
Komische Oper G3
Intendant Barrie Kosky begeistert das Publikum mit seinem Programm restlos.
- Behrenstr. 55–57 | 10117 | Mitte Tel. 47 99 74 00 www.komische-oper-berlin.de

Theater des Westens D4
Renommierte Musicalbühne in wunderschönem Theater (um 1900). Ab April 2019 wird »The Band« gespielt.
- Kantstr. 12 | 10623 | Charlottenburg Tel. 0 18 05 44 44 www.stage-entertainment.de

Friedrichstadtpalast H2
Revuetempel mit Glitzer und Glamour.
- Friedrichstr. 107 | 10117 | Mitte Tel. 23 26 23 26 www.palast.berlin.de

Wintergarten Varieté F4
Varieté-Theater mit Pantomime, Artisten und Zauberern aus aller Welt.

Die Staatsoper erstrahlt buchstäblich in neuem Glanz

- Potsdamer Str. 96 | 10785 | Tiergarten
  Tel. 58 84 33
  www.wintergarten-variete.de

Bar jeder Vernunft 📖 D5
Altes Jugendstilzelt mit viel Holz und Spiegeln und exzellentem Programm.
- Schaperstr. 24 | 10719 | Wilmersdorf
  Tel. 883 15 82
  www.bar-jeder-vernunft.de

COMEDY UND KABARETT
BKA-Theater 📖 H5
Scharfzüngige Kabarettanstalt und »Unerhörte Musik« für neue und zeitgenössische Klänge.
- Mehringdamm 34 | 10961 | Kreuzberg
  Tel. 202 20 07 | www.bka-theater.de

Comedy Club Kookaburra 📖 J1–J2
Allabendliches Comedy- und Kabarettprogramm. Wer sein Talent erproben will, betritt bei »Open Stage« sonntags die Bühne.
- Schönhauser Allee 184 | 10119
  Prenzlauer Berg | Tel. 48 62 31 86
  www.comedyclub.de
  Shows: Mo–Sa 20.30, So 19 Uhr
  So »Open Stage« 5 €

Die Stachelschweine 📖 D4–E4
Etwas gesetzteres Programm.
- Europa-Center | 10789
  Charlottenburg | Tel. 261 47 95
  www.diestachelschweine.de

Die Wühlmäuse 📖 A4
Satirisch-lustiges Kabarett.
- Pommernallee 2–4 | 14052 | Charlottenb.
  Tel. 30 67 30 11 | www.wuehlmaeuse.de

Distel 📖 H2
Einst Renommierkabarett des Ostens, heute politisches Kabarett und Gastspiele.

- Friedrichstr. 101 | 10117 | Mitte
  Tel. 204 47 04 | www.distel-berlin.de

Heimathafen
Vielfältiger Mix aus Slam, den Tresenamazonen »Rixdorfer Perlen« und Konzerten.
- Karl-Marx-Str. 141 | 12043 | Neukölln
  Tel. 56 82 13 40
  heimathafen-neukoelln.de

Prime Time Theater
Schräg und erlebenswert ist die Bühnen-Sitcom »Gutes Wedding, schlechtes Wedding«.
- Müllerstr. 163 | 13353 | Wedding
  Tel. 49 90 79 58 | primetimetheater.de

Quatsch Comedy Club 📖 H2
Im Souterrain des Friedrichstadtpalastes präsentiert Thomas Hermanns seine Show.
- Friedrichstr. 107 | 10117 | Mitte
  Tel. 47 99 74 13
  www.quatsch-comedy-club.de

Scheinbar varieté 📖 F6
Wohnzimmergroßes Varieté, bekannt für seine open stage.
- Monumentenstr. 9 | 10829 | Schöneberg
  Tel. 784 55 39 | www.scheinbar.de

BARS
Saphire Bar 📖 K–L1
Szene-Bar mit gut gemachten Cocktails.
- Bötzowstr. 31 | 10407 | Prenzlauer Berg
  saphirebar.de | Tel. 25 56 21 58
  tgl. ab 20 Uhr

The G&T Bar 📖 H2
G&T (Gin & Tonic) – Top-Eins aus aller Welt, teils von sehr kleinen Produzenten, entführen in die Trinkgenuss-Oberliga.
- Große Präsidentenstr. 6–7 | 10178
  Mitte | www.amanogroup.de
  tgl. ab 18 Uhr

Victoria Bar 📘 F4

Erstklassige Cocktails in einer der beliebtesten Bars der Stadt.

- Potsdamer Str. 102 | 10785 | Tiergarten
  victoriabar.de | So–Do 18.30–3,
  Fr/Sa 18.30–4 Uhr

Windhorst 📘 G3

Kleine Bar von Günter Windhorst, der als einer der besten Barkeeper der Stadt gilt.

- Dorotheenstr. 65 | 10117 | Mitte
  Tel. 20 45 00 70 | www.windhorst-bar.de
  Mo–Fr ab 18, Sa ab 21 Uhr

MUSIK

Konzerthaus 📘 H3

Kammermusik sowie Sinfoniekonzerte, Alte und Neue Musik. Auch Espresso-Konzerte (Mi 14 Uhr, 45 Min.), Rush Hour Konzerte (Do 18 Uhr) und Konzerte für Junioren.

- Gendarmenmarkt | 10117 | Mitte
  Tel. 2 03 09 23 33 | www.konzerthaus.de

Philharmonie/Kammermusiksaal 📘 F4

Heimstatt der Berliner Philharmoniker, u. a. auch Lunchkonzerte (Di 13 Uhr).

- Herbert-von-Karajan-Str. 1 | 10785
  Tiergarten | Tel. 25 48 80
  www.berliner-philharmoniker.de

Pierre Boulez Saal 📘 H3

Kammermusik unterschiedlichster kulturelle und musikalischer Einflüsse. In dem elliptischen Saal mit knapp 700 Plätzen sitzt das Publikum nah an den Musikern.

- Französische Str. 33d | 10117 | Mitte
  Tel. 47 99 74 11 | boulezsaal.de

Radialsystem V 📘 K3

Ein spannendes Kunstzentrum für Konzerte, Tanz, Performances und Partys.

- Holzmarktstr. 33 | 10243 | Friedrichshain
  Tel. 288 78 85 88 | www.radialsystem.de

Verti Music Hall 📘 L4

Veranstaltungsort für Pop-, Rockmusik und Shows neben der Mercedes Benz Arena.

- Mercedes Platz | 10243 | Friedrichshain
  Tel. 20 60 70 88 11
  www.verti-music-hall.de

Waldbühne

Die Open-Air-Arena zählt zu den schönsten Freilichtbühnen Deutschlands.

- Glockenturmstr. 1 | 14053
  Charlottenburg | Tel. 74 73 75 00
  www.waldbuehne-berlin.de

KLUBS

House of Weekend 📘 J2

Entspannt lässiger Klub mit Aussicht im 12. und 15. Stock, Elektromusik.

- Alexanderstr. 7 | 10178 | Mitte
  www.houseofweekend.berlin

Spindler & Klatt 📘 L4

Stylische Location mit Dinner-Klubs, Events, Bar und Lounge.

- Köpenicker Str. 16–17 | 10997 | Kreuzberg
  Tel. 319 88 18 60 | spindlerklatt.com
  Do–Sa Dinner ab 19 Uhr, Klub Fr/Sa ab
  23 Uhr, im Sommer unterschiedlich

💬 EINTRITTSKARTEN

Theater- und Konzertkarten sind bei fast allen Vorverkaufskassen abrufbar, z. B. bei der Theaterkasse im **KaDeWe** > S. 46, im **Bahnhof Friedrichstraße** (Ausgang Reichstagsufer) oder im Shopping-Center **Alexa** > S. 90. Viele Veranstaltungen kann man über ihre Websites oder Last-Minute über die **Hekticket** > S. 177 buchen.

Der Alexanderplatz ist Berlins Mitte und ein wichtiger Knotenpunkt

LAND & LEUTE

STECKBRIEF

- **Geografische Lage:** Auf 52°31′ nördlicher Breite und 13°24′ östlicher Länge, 34–60 m ü. NN. Höchste Erhebung ist der Große Müggelberg im Köpenicker Forst mit 115 m ü. NN.
- **Fläche:** Stadtgebietsfläche knapp 892 km², davon entfallen 55 % auf den West- und 45 % auf den Ostteil der Stadt. Ost-West-Ausdehnung max. 45 km, Nord-Süd 38 km.
- **Wohnbevölkerung:** 3,71 Mio. Einwohner, davon rund 711 000 Ausländer aus um die 200 Staaten.
- **Bevölkerungsdichte:** Der am dichtesten besiedelte Bezirk mit 12 400 Einwohnern pro km² ist Friedrichshain-Kreuzberg, am lockersten besiedelt ist Treptow-Köpenick mit 1400 Einwohnern pro km².
- **Arbeitslosigkeit:** 9 % der Erwerbsbevölkerung (2017).
- **Regierung:** Berlin ist ein Stadtstaat, für den seit dem 3. Oktober 1990 Bundesrecht gilt. Die Regierung ist der Senat mit Sitz im Roten Rathaus. Er besteht aus dem Regierenden Bürgermeister – seit 2014 Michael Müller, SPD – und zehn Senatoren.
- **Parlament:** Das Abgeordnetenhaus mit seinen mindestens 130 Mandatsträgern ist die direkte Volksvertretung der Berliner. Es tagt im ehemaligen Preußischen Landtag.
- **Verwaltung:** Die 23 historisch gewachsenen Verwaltungsbezirke wurden im Zuge der Verwaltungsreform 2001 neu gegliedert und auf zwölf reduziert.
- **Partnerstädte:** u. a. Los Angeles, Moskau, Paris, Madrid, Brüssel, Istanbul, Budapest, Mexiko-Stadt.

LAGE

Berlin ist nicht nur nach Fläche und Einwohnerzahl die größte Stadt in Deutschland, es hat auch die höchste Bevölkerungsdichte, und doch: von Steinwüste keine Spur. Die idyllische von Wasserläufen durchzogene Landschaft mit Wäldern und Parks bildete sich in den Eiszeiten des Pleistozän. Die Lage im Warschau-Berliner-Urstromtal zwischen Gletscherablagerungen und verbliebenem Schmelzwasser hat der Gegend das viele Nass beschert. Seit Jahrtausenden ist der Untergrund feucht und sandig.

An schönen Wochenenden sind die innerstädtischen grünen Oasen wie der Tiergarten von Erholungsuchenden bevölkert. Wer bereit ist, wenige Kilometer vom Zentrum Richtung Norden bis Lübars zu fah-

Ein Trabant, bis heute liebevoll »Trabi« genannt, wurde an der East Side Gallery verewigt

ren, erlebt schon Natur pur. Auch im Spandauer Forst oder in der Wuhlheide bei Köpenick ist es an Frühlingstagen fast menschenleer.

WIRTSCHAFT

Konzerne wie Siemens, Borsig und Osram hatten früher in Berlin ihren Hauptsitz. Der Zweite Weltkrieg bedeutete einen massiven wirtschaftlichen Einbruch. Nach 1949 erschwerte die Isolation Westberlins eine erneute wirtschaftliche Blüte. Viele Betriebe zogen sich nach dem Bau der Mauer ganz zurück. Eine Ausnahme bildete Axel Springer, der sein neues Verlagshochhaus (1961–66) direkt an der Mauer in Kreuzberg errichten ließ. Daneben förderte die öffentliche Hand Investitionen der Industrie. Berlin (West) war bis zur Wende 1989 der größte Industriestandort der Bundesrepublik. In Ostberlin waren zahlreiche wichtige Industriebetriebe der DDR angesiedelt. In beiden Stadthälften waren überproportional viele Menschen im öffentlichen Dienst tätig.

SEIT DER WIEDERVEREINIGUNG

Mit der Vereinigung der beiden deutschen Staaten haben sich die wirtschaftlichen Rahmenbedingungen für die Metropole entschieden verbessert. Ihre geografische Lage macht sie zur Drehscheibe zwischen Ost und West, besonders für den Handel. Der Umzug der Bundesregierung beschleunigte den Ausbau der Infrastruktur. Dennoch hat Berlin nach Bremen die höchste Arbeitslosenquote unter allen Bundesländern.

Als Industriestandort verliert die Hauptstadt weiter an Boden. Ein wichtiger Faktor sind dabei die hohen Gewerbeimmobilienpreise im Stadtgebiet. Dennoch nimmt die Wirtschaftsleistung zu, innovative Unternehmen siedeln sich an, der Dienstleistungsbereich verzeichnet wachsende Umsätze. Der Hauptstadttourismus boomt: Bereits im ersten Quartal 2018 stieg die Zahl der Gäste auf 2,8 Mio. an, was einem Zuwachs von etwa 6 % gegenüber dem Vorjahr entspricht.

GESCHICHTE IM ÜBERBLICK

6./7. Jh. Im Spreegebiet entstehen zwei slawische Siedlungen.

Um 1160 Albrecht der Bär gründet eine askanische Burg in Spandau, die heutige Zitadelle.

1237 Die Kaufmannssiedlung Cölln auf einer Spreeinsel wird erstmals urkundlich erwähnt. Am Ostufer entsteht die Siedlung Berlin.

1307 Zum Schutz gegen raublustige Landadlige bilden beide Städte einen gemeinsamen Rat.

1359 Die Doppelstadt Berlin Cölln wird Mitglied der Hanse.

1415 König Sigismund macht Friedrich von Nürnberg aus dem Geschlecht der Hohenzollern zum Kurfürsten von Brandenburg.

1486 Berlin wird kurfürstliche Residenz.

1539 Kurfürst Joachim II. bekennt sich zur Lehre Luthers, Brandenburg wird protestantisch.

1618–1648 Die Schrecknisse des Dreißigjährigen Krieges erschüttern Berlin. Bei Kriegsende lebt nur noch die Hälfte der 12 000 Bewohner in der Stadt.

1642 Friedrich Wilhelm, der Große Kurfürst, beschließt den Ausbau zur Residenz.

1700 Gottfried Wilhelm Leibniz wird erster Präsident der Preuß. Akademie der Wissenschaften.

1701 Kurfürst Friedrich III. krönt sich in Königsberg zum König von Preußen, Berlin avanciert zur königlichen Residenzstadt.

1740–1786 Unter Friedrich II., dem Großen, erlangt die preußische Hauptstadt europäische Geltung. Nach seinen Vorstellungen konzipieren die Architekten Knobelsdorff und Gontard das Forum Fridericianum Unter den Linden.

1806 Napoleon zieht am 27. Oktober in Berlin ein und besetzt die Stadt mehr als zwei Jahre lang. Sieben wohlhabende Bürger verwalten die Stadt unter französischen Direktiven.

1807 Freiherr vom Stein leitet sein umfassendes Reformwerk zur Belebung des politischen und wirtschaftlichen Lebens in Preußen ein.

1810 Wilhelm von Humboldt gründet die später nach ihm benannte Berliner Universität.

1848 Berlin ist ein Brennpunkt der Märzrevolution. Arbeiter, Handwerker und Studenten fordern die lange versprochene Verfassungsreform und Pressefreiheit.

1918 Kaiser Wilhelm II. dankt am 9. November ab, Philipp Scheidemann ruft vom Reichstag die Republik und Karl Liebknecht vom Balkon des Berliner Stadtschlosses die Freie Sozialistische Republik aus.

1920 Die preußische Landesversammlung vereinigt kleinere Städte, Landgemeinden und Gutsbezirke zur neuen Stadtgemeinde Groß-Berlin mit 3,9 Mio. Einwohnern.

1926 Tausende von Besuchern strömen zur ersten »Internationalen Grünen Woche«.

1933 Adolf Hitler wird Reichskanzler, die Nationalsozialisten veranstalten am 10. Mai auf dem

Opernplatz die öffentliche Bücherverbrennung »Wider den undeutschen Geist«.

1936 Berlin ist Austragungsort der XI. Olympischen Sommerspiele.

8. Mai 1945 Die Oberbefehlshaber der Deutschen Wehrmacht unterzeichnen im sowjetischen Hauptquartier Karlshorst die Kapitulation. Von den 4,3 Mio. Einw. zu Beginn des Krieges leben noch 2,3 Mio.

24. Juni 1948 Die UdSSR startet die Blockade der Westsektoren. Die Alliierten versorgen Berlin elf Monate lang über die Luftbrücke.

7. Okt. 1949 Gründung der DDR. Hauptstadt der sozialistischen Republik wird der Ostteil Berlins.

13. Aug. 1961 Beginn des Mauerbaus.

23. Juni 1963 US-Präsident John F. Kennedy bekundet seine Solidarität vom Balkon des Schöneberger Rathauses mit den Worten: »Ich bin ein Berliner.«

9. Nov. 1989 Öffnung der Mauer.

3. Okt. 1990 Wiedervereinigung Deutschlands.

20. Juni 1991 Der Bundestag beschließt den Umzug nach Berlin.

1994 Verabschiedung der Alliierten Streitkräfte mit Volksfesten.

1999 Die Bundesregierung nimmt ihre Arbeit in der Hauptstadt auf. Die Reichstagskuppel wird zum Wahrzeichen. Die Museumsinsel wird UNESCO-Weltkulturerbe.

2004 Das Berliner Olympiastadion wird nach vierjährigem Umbau feierlich wiedereröffnet.

2005 Das Holocaust-Mahnmal wird am 10. Mai mit einem Staatsakt eingeweiht.

2006 Eröffnung des neuen Hauptbahnhofs am 28. Mai.

2009 Der Abriss des Palastes der Republik wird vollendet.

2011 In der Wahl zum Abgeordnetenhaus behauptet sich die SPD und ihr Regierender Bürgermeister Klaus Wowereit.

2012 Berlin feiert 775. Geburtstag.

2013 Bundespräsident Joachim Gauck legt den Grundstein für den Wiederaufbau des Stadtschlosses.

2014 Im Dezember wird Michael Müller zum Regierenden Bürgermeister von Berlin gewählt.

2015 Der langjährige Regierende Bürgermeister und Alt-Bundespräsident Richard von Weizsäcker stirbt.

2016 In der Wahl zum Abgeordnetenhaus erhält die SPD die meisten Stimmen.

2018 Fahrverbote für Dieselfahrzeuge ab Mitte 2019: auf acht Straßen bzw. elf Abschnitten, kaum länger als 100 bis 200 m.

Das Holocaust-Mahnmal liegt wenige Gehminuten vom Brandenburger Tor entfernt

NATUR & UMWELT

Das Territorium der Metropole besteht zu über 40 % aus Wäldern, Parks, Feldern oder Wasser.

Das bedeutet etwa 111 m² offene Freifläche pro Einwohner. Besonders die morastigen Niederungen wie der Tiergarten, der Plänterwald im Treptower Park, der Grunewald und der Charlottenburger Schlosspark blieben unbebaut und bilden die beliebten grünen Inseln der Stadt. In keiner Stadt Europas stehen so viele Grünflächen zur Verfügung und säumen so viele Bäume die Straßen wie in Berlin – rund 439 000. Überall sind die berühmten Linden zu sehen. Sie stellen mit einem Anteil von fast 40 % am Baumbestand die vorherrschende Gattung. Im Sommer sollte man wegen ihrer klebrigen Absonderungen nicht unter den Linden parken.

Wo Millionen von Menschen leben, bleiben Umweltbelastungen nicht aus. Zwar kann der häufig wehende Wind von Bergen ungehindert frischen märkischen Sauerstoff in die Stadt hineintragen – das traditionelle Lob für die »Berliner Luft« kennt man aus so manchem Schlagerlied. Trotzdem erreicht die Schadstoffbelastung mitunter hohe Werte: Im Sommer sind es vor allem die Autoabgase, im Winter wird die Luft zusätzlich »angeheizt« durch Kohleofenheizungen, die in manchen Altbauwohnungen noch immer ihren Dienst tun. Allerdings haben die vom Senat geförderte Umstellung auf moderne Erdgasanlagen und Fernwärme sowie die allgemein durchgesetzten Katalysatoren seit den 1990er-Jahren zu einem spürbaren Rückgang der

---

💬 EIN »KLEIN-VENEDIG«

Fast 1700 Brücken überspannen Berlins Wasserläufe, das sind mehr als in der Lagunenstadt Venedig, die im Wasser steht, und das will schon etwas heißen! Seit dem Ausbau der Wasserstraßen im 17. und 18. Jh. liegt die Stadt im Zentrum des mitteleuropäischen Fluss- und Kanalsystems. Dadurch ist sie mit Oder und Weichsel verbunden. Zu Wasser kann man bis zur Weser und zum Rhein und sogar in die Ostsee gelangen.

Ohne Spree und Havel ist Berlin undenkbar. Kurvenreich kommt die Spree aus der Lausitz daher und durchfließt in Köpenick den Müggelsee. Später umschlingt sie die Museumsinsel in der City und macht sich weiter auf nach Spandau, wo sie an der Zitadelle in die Havel mündet. Die Havel selbst ist ein mäandrierender Fluss, sich ständig verengend und wieder verbreiternd zum Wannsee, zum Tegeler See oder zum Stößensee. Berlin ist also eine richtige Wasserstadt. Wo gibt es denn heutzutage noch einen Sandstrand in einer Millionenstadt? Am Strandbad Wannsee, in Tegel und am Müggelsee zum Beispiel.

Schadstoffwerte geführt. Smogalarm musste schon seit Jahren nicht mehr ausgelöst werden. Seit Einführung der Umweltzone innerhalb des S-Bahn-rings dürfen dort nur PKW mit einer gültigen grünen Umweltplakette fahren. Ab Mitte 2019 wird es Fahrverbote für Diesel-Pkw und Diesel-Lkw der Schadstoffklassen Euro 1–5 auf Abschnitten folgender Straßen geben: Leipziger Straße, Reinhardtstraße, Brückenstraße, Friedrichstraße, Kapweg, Stromstraße und Leonorenstraße.

DIE MENSCHEN

Die Zusammensetzung der Bevölkerung zeigt es: Berlin ist der reinste Schmelztiegel.

Den Grundstein für diese Entwicklung legte Anfang des 17. Jhs. Friedrich Wilhelm, der Große Kurfürst. Um seiner verwüsteten Mark Brandenburg nach dem Dreißigjährigen Krieg auf die Beine zu helfen, förderte er die Ein-wanderung von Händlern und Gewerbetreibenden. Als Erste kamen Frie-sen und Holländer, anschließend jüdische Familien aus Wien; in späteren Jahrhunderten glaubensflüchtige Hugenotten aus Frankreich, dazu verfolg-te Pfälzer und Welschschweizer.

Als sich im 19. Jh. in Berlin viele große Industriebetriebe ansiedelten, zo-gen Tausende von Bewohnern aus ländlichen Gebieten jenseits der Elbe, vornehmlich aus Ostpreußen, Pommern und Schlesien, in die aufstrebende Millionenstadt. Auch heute hält der Zuzug an. Manchmal trifft man unter all den Neuberlinern aber noch einen waschechten Hauptstädter. Erken-nungszeichen ist die berühmte »Berliner Schnauze«, ein Markenzeichen für Schlagfertigkeit, durchmischt mit Durchsetzungsvermögen und Gefühl. Seitdem die Mauer gefallen ist, hört man wieder mehr Dialekt. Das ist den Bewohnern der östlichen Bezirke zu verdanken, wo sich das angestammte Mundwerk anscheinend besser behaupten konnte. Im Westen hingegen wird geschwäbelt, genordelt, gehesselt, gerheinelt und – wenn auch selte-ner – bayerisch geredet.

NATIONALITÄTEN UND RELIGIONEN

In den 60er-Jahren des 20. Jhs. wurden auch für Berlin Gastarbeiter in großer Zahl angeworben, unter ihnen zahlreiche Türken, Jugoslawen und Polen. Sie ließen sich hauptsächlich in den Bezirken Wedding, Neukölln und Kreuzberg nieder. Heute sind knapp 19 % der Bewohner Berlins aus-ländischer Herkunft. Unter ihnen sind die Türken mit 98 000 die größte Bevölkerungsgruppe, gefolgt von den Polen mit 57 000. Insgesamt leben Menschen aus über 190 Nationen in Berlin. Das bunte Gemisch der Natio-

JÜDISCHES LEBEN IN BERLIN

Die Jüdische Gemeinde in Berlin ist die größte Deutschlands

Schon einmal war Berlin die deutsche Metropole jüdischen Lebens. Seit dem Ausgang des 19. Jhs. siedelten sich zahlreiche vor den Pogromen in Osteuropa Flüchtende im Scheunenviertel, nordwestlich des Alexanderplatzes, an. Allmählich entstand dort ein Zentrum ostjüdischen Glaubens und ein entsprechendes kulturelles Leben. Bis in die 30er-Jahre wurde das Geistesleben von jüdischen Persönlichkeiten wie Walther Rathenau, Albert Einstein, Franz Werfel u.a. getragen. Dem setzte die Verfolgung der Juden im Dritten Reich ein Ende.

Heute ist der Jüdische Kulturverein Einwanderern bei der Integration behilflich.

Viele Stadtführungen folgen den »Spuren jüdischen Lebens«. Beliebte Restaurants sind das **Mogg,** ein Deli mit New Yorker Esskultur in der ehemaligen Jüdischen Mädchenschule (Auguststr. 11–13, 10117, Mitte, www.moggmogg.com, Mo–Fr 11–22, Sa/So 10–22 Uhr), das **Beth Café** (Tucholskystr. 40, 10117, Mitte, www.adassjisroel.de/beth-cafe, Mo–Do 11–18, Fr 11–15 Uhr) und das **Bleibergs** mit kleiner Feinkostabteilung (Nürnberger Str. 45a, 10789, Wilmersdorf, www.bleibergs.de, Mo–Do 10–21, Sommer: Fr 9–16, Winter: Fr 9–13 Uhr). Koscher einkaufen kann man auch bei der Bäckerei **Kädtler** (Danziger Str. 135, 10407, Prenzlauer Berg, Mo–Fr 6–18.30, Sa 7 bis 12 Uhr). Gute israelische Küche offeriert **Feinberg's** (Fuggerstr. 37, 10777, Schöneberg, www.feinbergs.de, Di–So 12–23 Uhr).

Tradition haben das **Jüdische Filmfestival Berlin & Potsdam** im Juni/Juli (www.jfbb.de) und die **Jüdischen Kulturtage** im Nov. (www.juedische-kulturtage.org). Das **Centrum Judaicum** u.a. in der Neuen Synagoge (Oranienburger Str. 28-30, 10117, Mitte) präsentiert eine Dauerausstellung zur Geschichte der Berliner Juden. Ende 1998 erhielt das **Jüdische Museum** einen Neubau (www.jmberlin.de) › S. 142.

nalitäten spiegelt sich auch in der Vielfalt der Religionen wider. In Berlin hat jede denkbare Gemeinschaft die Möglichkeit, ihren Glauben zu leben. In der Brienner Straße in Wilmersdorf steht sogar eine Moschee nach dem Vorbild des indischen Taj Mahal. Ansonsten dominiert die Evangelische Kirche mit ca. 585 000 Mitgliedern, die Katholiken leben mit knapp 332 000 Gläubigen quasi in der Diaspora. Islamischen Religionsgemeinschaften gehören etwa 330 000 Gläubige an, zudem gibt es viele Konfessionslose.

KUNST & KULTUR

MITTELALTER UND RENAISSANCE

Aus der Zeit des Mittelalters haben sich kaum Zeugnisse sakraler Kunst erhalten. Etliches fiel dem Bildersturm der Reformation zum Opfer. Anderes ging im Zweiten Weltkrieg verloren. Einige Kirchen und Ausstattungsstücke haben die Jahrhunderte überdauert, etwa das Fresko »Der Totentanz« in der Marienkirche oder spätgotische Tafelbilder in der Nikolaikirche. Viel verdankt die Berliner Kunst dem Haus Hohenzollern als 500-jährigem Mäzen. Kurfürst Joachim II. ließ das Stadtschloss im Stil der Renaissance ausbauen und beauftragte Lucas Cranach d. Ä. und d. J. mit Gemälden, die im Jagdschloss Grunewald zu sehen sind.

BAROCKE BLÜTEZEIT

Eine Blüte erlebte die Residenz im Barock, als der Große Kurfürst und sein Sohn Friedrich I. ihrem absolutistischen Machtanspruch in repräsentativen Bauwerken Ausdruck verliehen. Das Stadtschloss wurde erweitert, die Schlösser in Köpenick, Friedrichsfelde und Niederschönhausen neu gebaut. Als bedeutendster Künstler dieser Zeit wirkte der Bildhauer und Architekt Andreas Schlüter. Er schuf das Reiterstandbild des Großen Kurfürsten vor dem Charlottenburger Schloss sowie viele plastische Werke für das Zeughaus.

FRIDERIZIANISCHES ROKOKO

Im 18. Jh. verstand es Friedrich der Große, das Vorbild des französischen Rokoko zur eigenen Kunstrichtung in Preußen auszuprägen. Die Ära bekam den Namen friderizianisches Rokoko. Nach seinen Vorgaben errichtete Georg W. von Knobelsdorff die Staatsoper Unter den Linden und den Ostflügel von Schloss Charlottenburg.

KLASSIZISMUS UND 19. JAHRHUNDERT

Reich vertreten in der Stadt sind Bau- und Kunstwerke aus der Zeit des Klassizismus. Hauptvertreter dieser Stilrichtung waren Carl Gotthard Langhans, der Erbauer des Brandenburger Tores, und Karl Friedrich Schinkel, dessen immenser Schöpferkraft Berlin klassische Gebäude wie die Neue Wache, das Schauspielhaus am Gendarmenmarkt und das Alte Museum verdankt.

Meisterleistungen im Bereich der klassizistischen Plastik gelangen den Bildhauern Johann Gottfried Schadow – durch die Skulptur der Quadriga für das Brandenburger Tor – sowie Christian Daniel Rauch: Dieser ging mit seinem Grabmal der Königin Luise (Mausoleum im Schlosspark Charlottenburg) als Begründer der Berliner Bildhauerschule in die Kunstgeschichte ein. Im Wilhelminischen Zeitalter, dem ausgehenden 19. Jh., entstanden in der neuen Hauptstadt des Deutschen Reiches zahlreiche Prachtbauten des Historismus wie der Dom und das Reichstagsgebäude.

20. JAHRHUNDERT

Vor dem Ersten Weltkrieg kam es zu Aufsehen erregenden Neuerungen in der Malerei v. a. in Gestalt der expressionistischen Kunst, vertreten besonders durch Edvard Munch, und die junge Avantgarde der »Berliner Secession« um Max Liebermann und Walter Leistikow. Berühmtes Mitglied der Künstlergruppe war auch die Grafikerin und Bildhauerin Käthe Kollwitz. Die Stadt erblühte als Zentrum internationaler Gegenwartskunst, und das war vor allem das Verdienst der Galeristen Alfred Flechtheim, Paul Cassirer, Karl Nierendorf. In der **Galerie Nierendorf** haben die Expressionisten und andere Richtungen der Klassischen Moderne bis heute ein Domizil (Hardenbergstr. 19, 10623, Tel. 832 50 13, Di–Fr 11–18 Uhr).

Nach dem Zweiten Weltkrieg gingen West- und Ostberlin auch künstlerisch eigene Wege. Ausländer sorgten für frischen Wind in der Westberliner Szene, im Osten brachte die Kunsthochschule Weißensee außer den sowje-

---

💬 DIE UNESCO-SIEDLUNGEN

Im Juli 2008 hat die UNESCO sechs Berliner Wohnsiedlungen, die zwischen 1913 und 1931 entstanden sind, in die Welterbeliste aufgenommen: die **Gartenstadt Falkenberg** (Treptow), die **Siedlung Schillerpark** (Wedding), die **Großsiedlung Britz**, Hufeisensiedlung genannt (Neukölln), die **Wohnstadt Carl Legien** (Prenzlauer Berg), die **Weiße Stadt** (Reinickendorf) und die Großsiedlung **Siemensstadt** (Charlottenburg). Man bezeichnet die im gesamten Stadtgebiet verteilten Siedlungen auch als Wohnsiedlungen der Berliner Moderne. Allein vier wurden vom Architekten Bruno Taut erbaut. Sie waren beispielhaft für die damalige Zeit und zeichneten sich durch rationell geschnittene, helle, modern ausgestattete und bezahlbare Wohnungen aus. Alle hatten Küche, Bad und Balkon sowie viel Grün vor der Haustür. Eingang fanden auch Einflüsse der künstlerischen Avantgarde und linke Ideen der Gewerkschafts- und Genossenschaftsbewegung.

Der Hamburger Bahnhof ist heute das Berliner Museum für Gegenwartskunst

tisch beeinflussten Dogmatikern auch eigenwillige Künstler wie die Plasti-
ker Waldemar Grzimek und Theo Balden hervor. Nach der Wiedervereinigung bietet Berlin über 170 Museen, Sammlungen und Archive.

Unter ihnen gehört das Landesmuseum für Moderne Kunst, Fotografie
und Architektur – kurz: **Berlinische Galerie** – zu den innovativsten (Alte
Jakobstr. 124–128, www.berlinischegalerie.de, Mi–Mo 10–18 Uhr › S. 142);
ebenso der **Hamburger Bahnhof – Museum für Gegenwart** (Invalidenstr.
50–51, www.smb.museum, Di–Fr 10–18, Do bis 20, Sa/So 11–18 Uhr
› S. 95). Das **Museum Berggruen** präsentiert gegenüber vom Schloss Charlottenburg Werke von Pablo Picasso, Paul Klee, Henri Matisse und Alberto
Giacometti (www.smb.museum, Di–Fr 10–18, Sa/So 11–18 Uhr › S. 127).

DIE AKTUELLE KUNSTSZENE

Es gibt verschiedene Zentren, in denen sich die aktuelle Berliner Kunstszene
angesiedelt hat. Die **Auguststraße** und ihre Umgebung in Mitte gelten inzwischen als alteingesessene Galeriemeile, hier präsentieren u. a. die Gale-

rien **Eigen + Art** (Nr. 26, www.eigen-art.com, Di–Sa 11–18 Uhr) und **Kunst-Werke Berlin** mit schönem Innenhof (Nr. 69, www.kw-berlin.de, Mi–Mo 11–19, Do 11–21 Uhr) zeitgenössische Kunst. Andere, neue Kunstquartiere liegen in Kreuzberg, rund um den Springer-Verlag an der ehemaligen Kochstraße, die inzwischen Rudi-Dutschke-Straße heißt. So die **Galerie Alexander Levy** (Nr. 26, alexanderlevy.de, Di–Sa 11–18 Uhr) oder ganz in der Nähe in der Lindenstraße z. B. die **Konrad Fischer Galerie** (Nr. 35, www.konradfischergalerie.de, Di–Sa 11–18 Uhr).

In Tiergarten, unweit der Neuen Nationalgalerie (vorr. bis 2020 geschl.), kann man ebenfalls einen Galeriebummel unternehmen, so zu Ausstellungsräumen an der Potsdamer Straße, etwa zur Galerie **Esther Schipper** (Nr. 81E, www.estherschipper.com, Di–Sa 11–18 Uhr) oder zur Galerie **Jarmuschek + Partner** (Nr. 81b, www.jarmuschek.de, Di–Sa 11–18 Uhr).

Der **Hamburger Bahnhof** (der ehemalige Kopfbahnhof von 1847) beherbergt das Museum für Gegenwart sowie in den Rieckhallen, die Friedrich Christian Flick Collection. An der Heidestraße, einst »Niemandsland« mit ehemaligen Lager- und Fabrikhallen hinter dem Hamburger Bahnhof, ist das neue Areal Europacity noch im Bau. U. a. die der Kunst gewidmete »Halle am Wasser«, ein ehemaliges Speditionslager am Spandauer Schifffahrtskanal, musste dafür weichen. Geplant ist jedoch, auch weiterhin Kunst hier zu etablieren.

Im Galeriehaus am Kupfergraben widmet sich die **Galerie Bastian** in wechselnden Ausstellungen der klassischen Moderne wie Werken der zeitgenössischen Kunst (www.galeriebastian.com, Do–Fr 11–17.30, Sa 11 bis 16 Uhr). Der britische Architekt David Chipperfield hat es für den Kunstsammler Heiner Bastian entworfen.

Schräg gegenüber des Bahnhofs Zoologischer Garten in der City-West ist das **C/O Berlin** im ehemaligen Amerika Haus als Ausstellungshaus für Fotografie ein Muss (Hardenbergstr. 22–24, 10623, www.co-berlin.org), tgl. 11–20 Uhr > S. 120). In der Nähe ist die international für ihre Gegenwartskunst bekannte **Galerie Contemporary Fine Arts**, zu finden (Grolmanstr. 32/33, 10623, cfa-berlin.de, Di–Sa 11–18 Uhr).

Einer der ungewöhnlichsten Kunstorte dürfte die **Sammlung Boros** des Privatsammlers Christian Boros sein, er präsentiert sie in einem ehemaligen Luftschutzbunker in Berlin-Mitte (Reinhardtstr. 20, 10117, Tel. 27 59 40 65, www.sammlung-boros.de, Besuch nur mit Anmeldung, Do–So 1,5-stündige Führungen, 15 €).

KUNST-EVENTS

An verschiedenen Orten – von Museen über Galerien bis zu Bunkern und Hochhäusern – zeigt die **Berlin Biennale** im Frühjahr/Sommer mehrere Wochen lang Gegenwartskunst (www.berlinbiennale.de). Mittlerweile etabliert hat sich das Ende April stattfindende **Gallery Weekend Berlin**. Rund

50 zeitgenössische Galerien öffnen dann für Kunstinteressierte ihre Türen. Ein seit Jahren beliebtes Highlight ist zweimal jährlich (Jan./Feb. und August) die **Lange Nacht der Museen** – viele Kulturinstitutionen haben bis nach Mitternacht geöffnet. Die einst wichtigste Messe für zeitgenössische Kunst, das Art Forum Berlin, ist in einer anderen Kunstmesse, der **art berlin contemporary,** aufgegangen. Sie findet im September in der Station Berlin (www.artberlincontemporary.com), dem ehemaligen Postbahnhof am Gleisdreieck in Kreuzberg statt und gibt einen guten Überblick über die aktuellen Kunstentwicklungen.

LITERATUR

Zu allen Zeiten haben sich geistvolle und kritische Köpfe in der Hauptstadt ganz besonders wohl gefühlt. In der Goethezeit bildeten die Salons der selbstbewussten Frauen Rahel Varnhagen von Ense und Henriette Herz den belebenden Mittelpunkt des literarischen Berlins. Die Brüder Alexander und Wilhelm von Humboldt, der Philosoph Johann Gottlieb Fichte, der Theologe Friedrich Schleiermacher und Bettina von Arnim frönten hier ihrer weltoffenen Debattierlust.

Auch in den 1920er-Jahren gab es kaum einen bedeutenden Autor, der nicht wenigstens zeitweilig in Berlin gelebt hätte. Eine geradezu magneti-

---

💬 LESUNGEN

Lesungen finden im **Literaturhaus** (Fasanenstr. 23, 10719, Tel. 887 28 60, literaturhaus-berlin.de) und im **Buchhändlerkeller** (Carmerstr. 1, 10623, Tel. 791 88 97, www.buchhaendlerkeller-berlin.de) regelmäßig statt. Das **Literaturforum im Brecht-Haus** (Chausseestr. 125, 10115, Tel. 282 20 03, www.lfbrecht.de) hat sich vor allem der zeitgenössischen Literatur verschrieben, ebenso das **Haus für Poesie,** die ehemalige Literaturwerkstatt Berlin (KulturBrauerei, Knaackstr. 97, 10435, Tel. 485 24 50, www.haus-fuer-poesie.org). Eine Institution ist auch das **Literarische Colloquium** (Am Sandwerder 5, 14109, Tel. 816 99 60, www.lcb.de). In der **Jägerklause** (Grünberger Str. 1, 10245, www.jaegerklause-berlin.de) liest So um 20 Uhr die legendäre Truppe »Reformbühne Heim & Welt«. Die **Brauseboys** präsentieren Do um 20.30 Uhr in den Osramhöfen (Carreé Seestraße, Oudenarder Str. 16-20, 13347, www.brauseboys.de) ihre neuen Texte. **Der Literarische Salon** von Britta Gansebohm (www.salonkultur.de) ist ein Forum für junge Autoren und Gegenwartsliteratur. In der **Z-Bar** finden spannende Lesungen und Kulturabende statt (Bergstr. 2, 10115, Tel. 28 38 91 21, www.z-bar.de). Das »Gipfeltreffen der Berliner Vorlesebühnen« findet in der **Alten Kantine der KulturBrauerei** statt (Knaackstr. 97, 10435, Tel. 53 00 57 66, www.kantinenlesen.de, Sa 20 Uhr). › mehr S. 12 Punkt ❹

sche Anziehungskraft auf die junge Avantgarde der Moderne hatte das legendäre »Romanische Café« an der Kaiser-Wilhelm-Gedächtniskirche. Arnold Zweig und Kurt Tucholsky saßen hier stundenlang bei einer Tasse Kaffee. Der Puls der vitalen Metropole fand Eingang in das schriftstellerische Schaffen – besonders augenfällig in Alfred Döblins Roman »Berlin Alexanderplatz« oder Erich Kästners Lyrik. Ab Ende der 1950er-Jahre sorgten Günter Grass und Uwe Johnson für literarische Weltläufigkeit.

Radikal und experimentierfreudig brachen dann Thomas Hürlimann und Bodo Morshäuser von Kreuzberg aus verkrustete Strukturen auf.

Im Osten wurden die vielen subjektiv getönten Facetten der Literatur im Prenzlauer Berg in privaten Wohnungen gepflegt. Daran vermochte auch die Ausbürgerung Wolf Biermanns im Jahr 1976 nichts zu ändern.

FESTE & VERANSTALTUNGEN

Detaillierte Veranstaltungsinfos für das ganze Jahr erhält man bei der Berlin Tourismus & Kongress GmbH (www.visitberlin.de). Viele Events wie die Filmfestspiele oder das Theaterfestival werden von den Berliner Festspielen organisiert (www.berlinerfestspiele.de).

Von Ostern bis in den Frühherbst finden vielerorts die Berliner Bezirks- und Straßenfeste statt.

FESTKALENDER

Januar: Internationale Grüne Woche: Kulinarische Genüsse aus aller Welt. **Berliner Sechstagerennen** im Velodrom an der Landsberger Allee. **Berlin Fashion Week** an verschiedenen Standorten (auch im Juli) u. a. mit **Mercedes-Benz Fashion Week** und der **Premium** auf dem Gelände der Station Berlin mit nationalen und internationalen Highfashionlabels (auch im Juni).

Ende Januar/Anfang Februar: transmediale: Festival der digitalen Kultur.

Februar: Internationale Filmfestspiele Berlin: Drittgrößtes Filmfestival der Welt, Berlin ist 11 Tage lang im Filmfieber.

März: MaerzMusik: Festival für aktuelle Musik. **ITB:** Weltgrößte Tourismusmesse.

März/April: Berliner Frühlingsfest am Kurt-Schumacher-Damm, **achtung berlin –**

new berlin film award, drittgrößtes Berliner Filmfestival zur kreativen Filmszene Berlin-Brandenburg.

Mai: Theatertreffen Berlin: Aufführung ausgewählter Inszenierungen deutschsprachiger Bühnen.

Ende Mai/Anfang Juni: Karneval der Kulturen: Viertägiges multikulturelles Straßenfest mit schillerndem großem Umzug in Kreuzberg.

Juni: Fête de la Musique: Musikevents in der ganzen Stadt. **Christopher Street Day:** Schwulen- und Lesbenparade durch die Innenstadt. **Mercedes-Benz Fashion Week** und **Premium** auf dem Gelände der Station Berlin > Januar.

Juli/August: Classic Open Air: Klassik-Konzertwoche am historischen Gendar-

Berlinale – großer Auftritt internationaler Stars auf dem roten Teppich am Potsdamer Platz

menmarkt. **Berlin Fashion Week** im ehe-
maligen Flughafen Tempelhof › Januar.
**Ende Juli/Anfang August: Deutsches
Traber-Derby.**
August: Tanz im August: Int. Tanzfestival.
Lange Nacht der Museen: Zahlreiche Mu-
seen und Institutionen sind bis nach Mit-
ternacht geöffnet.
**August/September: Tag der offenen Tür
der Bundesregierung** Das Kanzleramt und
einige Ministerien öffnen ihre Pforten.
Lange Nacht der Museen: Viele Berliner
Museen öffnen teils bis Mitternacht.
Internationale Funkausstellung: Messe der
Unterhaltungselektronik.
**September: Internationales Literatur-
festival:** Bekannte und noch unbekannte
Schriftsteller stellen ihre Werke vor. Zudem
findet Leseförderung und Literaturver-
mittlung statt.
Ende September: Berlin-Marathon: Über
40 000 Teilnehmer aus rund 120 Ländern
sind jährlich am Start.
3. Oktober: Tag der Deutschen Einheit:
Feiern zur Wiedervereinigung u. a. am
Brandenburger Tor.
Oktober: Festival of Lights: Großes Licht-
kunst- und Illuminationsfestival.
**Ende Oktober–Anf. November: JazzFest
Berlin**: Seit rund 55 Jahren eine Institution.
Dezember: Weihnachtsmärkte u. a. auf
dem Gendarmenmarkt, am Potsdamer
Platz, um die Gedächtniskirche, in der So-
phienstraße, zwischen Hauptbahnhof und
Kanzleramt und in Rixdorf (Neukölln). **Sil-
vesterparty** am Brandenburger Tor.

Auf dem Gendarmenmarkt findet
im Sommer das Classic Open Air,
im Winter der stimmungsvolle
Weihnachtsmarkt statt

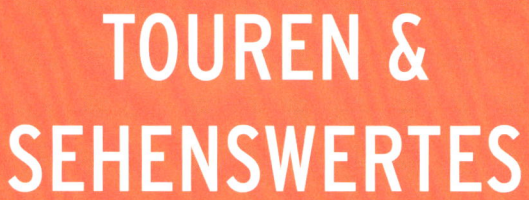

TOUREN & SEHENSWERTES

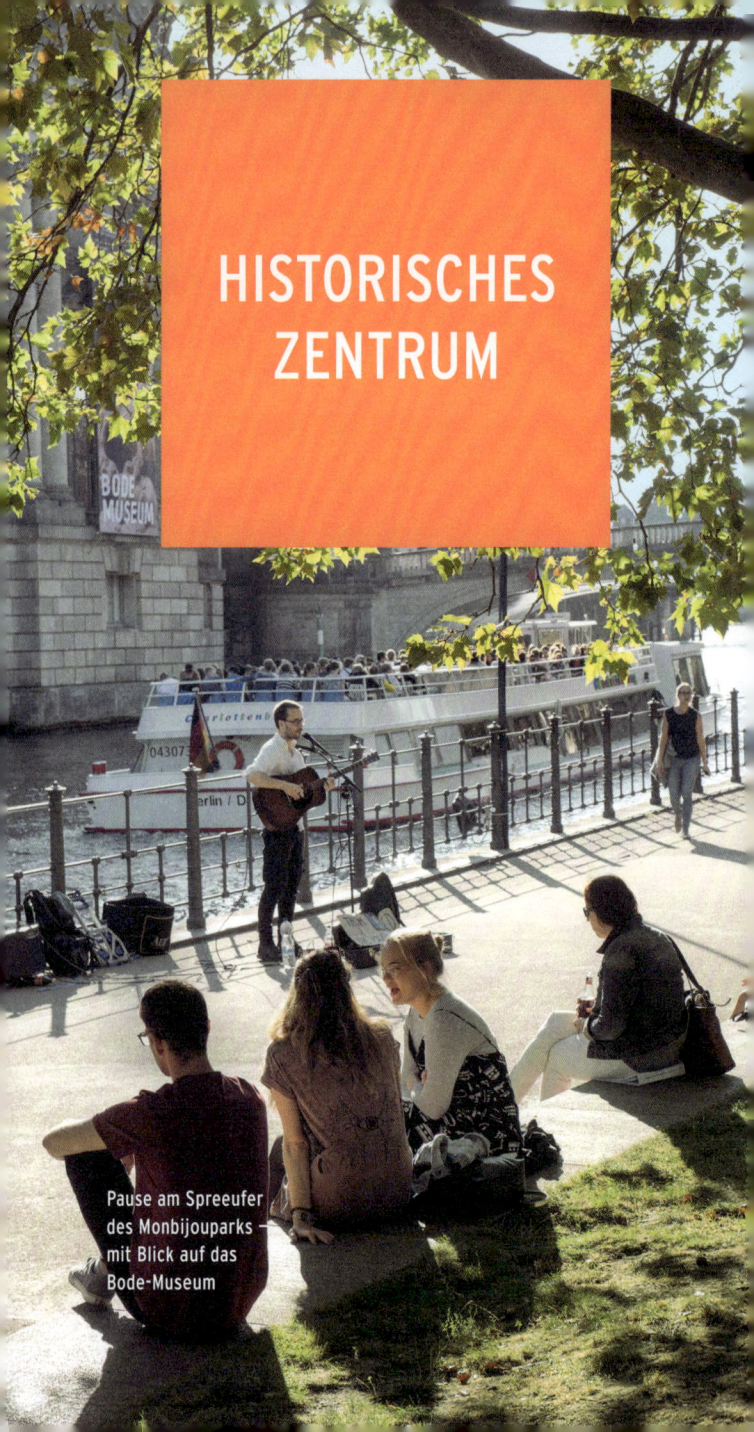

HISTORISCHES ZENTRUM

Pause am Spreeufer
des Monbijouparks –
mit Blick auf das
Bode-Museum

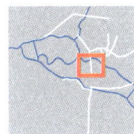

Hier trifft man auf Architekturdenkmäler von Weltruhm: das Brandenburger Tor am Pariser Platz, den Gendarmenmarkt sowie die Museumsinsel. Mit Spannung erwarten die Berliner die Eröffnung ihres Stadtschlosses.

Die historische Mitte der Stadt wird geprägt von großartigen Bauwerken von Weltrang und gehört zu den Höhepunkten eines Berlinbesuchs. Einen Tag sollte man sich für das historische Zentrum, das wie eh und je pulsierende Herz der Stadt, vornehmen – wer Museen besuchen möchte, sollte mindestens einen weiteren Tag einplanen.

Eingangstor zur historischen Mitte ist eine der Hauptsehenswürdigkeiten Berlins, das **Brandenburger Tor** und der dahinter gelegene **Pariser Platz** mit dem Hotel Adlon, der Amerikanischen und Französischen Botschaft sowie der Akademie der Künste.

Vom Brandenburger Tor führt die berühmte Allee **Unter den Linden** bis zum Dom bzw. Schlossplatz.

Die **Friedrichstraße** knüpft inzwischen schon fast wieder an ihre große Zeit als Einkaufs- und Vergnügungsmeile an. Immer mehr hochwertige Geschäfte haben sich in den letzten Jahren hier niedergelassen, und auch der Genuss kommt nicht zu kurz. In der nördlichen Friedrichstraße liegen mit dem Friedrichstadtpalast und dem Admiralspalast zwei berühmte Vergnügungstempel. Gut essen kann man z. B. rund um den **Gendarmenmarkt** mit Französischem und Deutschem Dom, dem wohl schönsten Platz der Hauptstadt.

Museumsinsel – so wird der nördliche Teil der Berliner Spreeinsel, der halbe Kilometer zwischen Lustgarten und Monbijoupark, wegen seiner fünf weltberühmten Kunsttempel genannt. Die kleine Welt inmitten der Hektik des Großstadtverkehrs strahlt viel Ruhe und Würde aus. Ein großer Teil der Bauten ist eingerüstet, die Umbau- und Sanierungsarbeiten werden sich noch lange hinziehen. 1999 wurde die Museumsinsel gleichwohl von der UNESCO zum Weltkulturerbe erklärt. In der kleinen grünen Oase des **Monbijouparks** kann man sich im Sommer gut erholen.

Französischer Dom und Schillerdenkmal

TOUREN IM HISTORISCHEN ZENTRUM

VOM BRANDENBURGER TOR ZUM SCHLOSSPLATZ

VERLAUF: Brandenburger Tor ›
Holocaust-Mahnmal › Pariser Platz ›
Unter den Linden › Friedrichstraße ›
Gendarmenmarkt › Staatsoper ›
Schlossplatz/Humboldt Forum ›
Berliner Dom

KARTE: Seite 74
DAUER: 4 Stunden
PRAKTISCHE HINWEISE:

• Ausgangspunkt ist der Pariser
Platz vor dem Brandenburger Tor,
der bequem mit der Ⓢ 1 oder der
Ⓢ 2, 25 (Station Brandenburger
Tor) zu erreichen ist, alternativ
auch mit den Sightseeing-Busli-
nien 100 und 200. Mit beiden Buslinien (Richtung Zoologischer Garten) kommt man vom Schlossplatz
auch zurück zum Pariser Platz.

TOUR-START: BRANDENBURGER TOR 1 ⭐ 📖 G3

Jahrzehntelang galt hier »Durch-
gang verboten« – die Mauer verlief
in Sichtweite zum Brandenburger
Tor. Als 1989 zwei Tage vor Weihnachten das erste Mauerstück am
Tor fiel, wurde die Anlage zum
Symbol und Wahrzeichen der wie-
dervereinigten Stadt. Bei der Ein-
weihung 1791 erhielt der Bau den
Namen »Friedenstor«: Johann Gottfried Schadows Siegesgöttin bringt
mit ihrer Quadriga den Frieden in
die Stadt. Ein Relief zeigt den Zeus-
Sohn Herakles als mythischen
Wohltäter der Menschheit. Politischer Hintergrund der Darstellung
ist die Huldigung Friedrichs des
Großen als siegreichen Feldherren
und Friedenskönig. Beim Entwurf
des Sandsteintors hielt sich der Architekt Carl Gotthard Langhans an
das Vorbild der Propyläen auf der
Athener Akropolis. Damit leitete er
die Zeit des Berliner Klassizismus
ein, den Karl Friedrich Schinkel so
glanzvoll zur Blüte bringen sollte.

Napoleon fand solchen Gefallen
an dem Viergespann, dass er es
nach dem Sieg über Preußen 1807
als Beutegut nach Paris bringen ließ.
In den Befreiungskriegen kam es
1814 nach Berlin zurück. Friedrich
Wilhelm III. gab den Auftrag, das
Eiserne Kreuz und den Preußen-
adler hinzuzufügen. Seit seiner Sanierung blieb das Brandenburger
Tor für Fahrzeuge geschlossen. Frei-
en Durchlass haben nur Fußgänger
und Radler. › mehr S. 12 Punkt ❶

HOLOCAUST-MAHNMAL 2 ⭐ 📖 G3

Südlich der Behrenstraße wurde im
Jahr 2005 mit dem Denkmal für

Die Quadriga auf dem Brandenburger Tor blickt auf den Pariser Platz

die ermordeten Juden Europas die zentrale Holocaust-Gedenkstätte Deutschlands eröffnet. Das von dem Amerikaner Peter Eisenman entworfene und mehrfach überarbeitete Mahnmal mit seinen rund 2700 Betonstelen auf 19 000 m² ist frei zugänglich. Der angeschlossene **Ort der Information** dokumentiert in unterirdischen Räumen die Stationen des Holocausts sowie Einzelschicksale (Ebert-/Ecke Wilhelmstr., Tel. 28 04 59 60, April–Sept. Di bis So 10–20, Okt.–März Di–So 10 bis 19 Uhr, Eintritt frei; www.holocaust-denkmal-berlin.de).

Im südlichen Tiergarten, direkt gegenüber dem Holocaust-Mahnmal, erinnert ein **Gedenkstein an die im Nationalsozialismus verfolgten Homosexuellen.** Entworfen wurde die Gedenkstele von dem in Berlin lebenden Künstlerduo Michael Elmgreen und Ingar Dragset. Im Inneren des Mahnmals läuft eine Filmprojektion mit einer scheinbar endlosen Kussszene eines gleichgeschlechtlichen Paares; alle zwei Jahre wechseln sich Männer und Frauen ab (www.stiftung-denkmal.de).

PARISER PLATZ ▪ G3

Vor dem Brandenburger Tor erstreckt sich der Pariser Platz. Für die Randbebauung einigte man sich auf einen historisierenden Baustil: nach

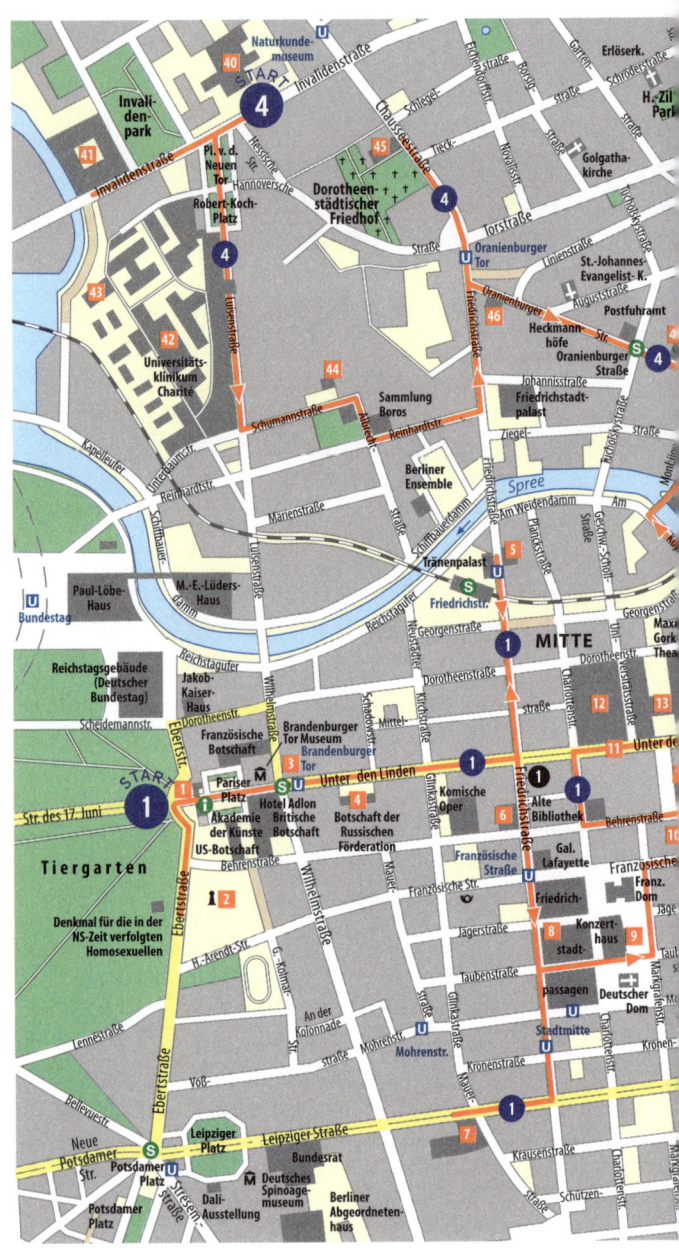

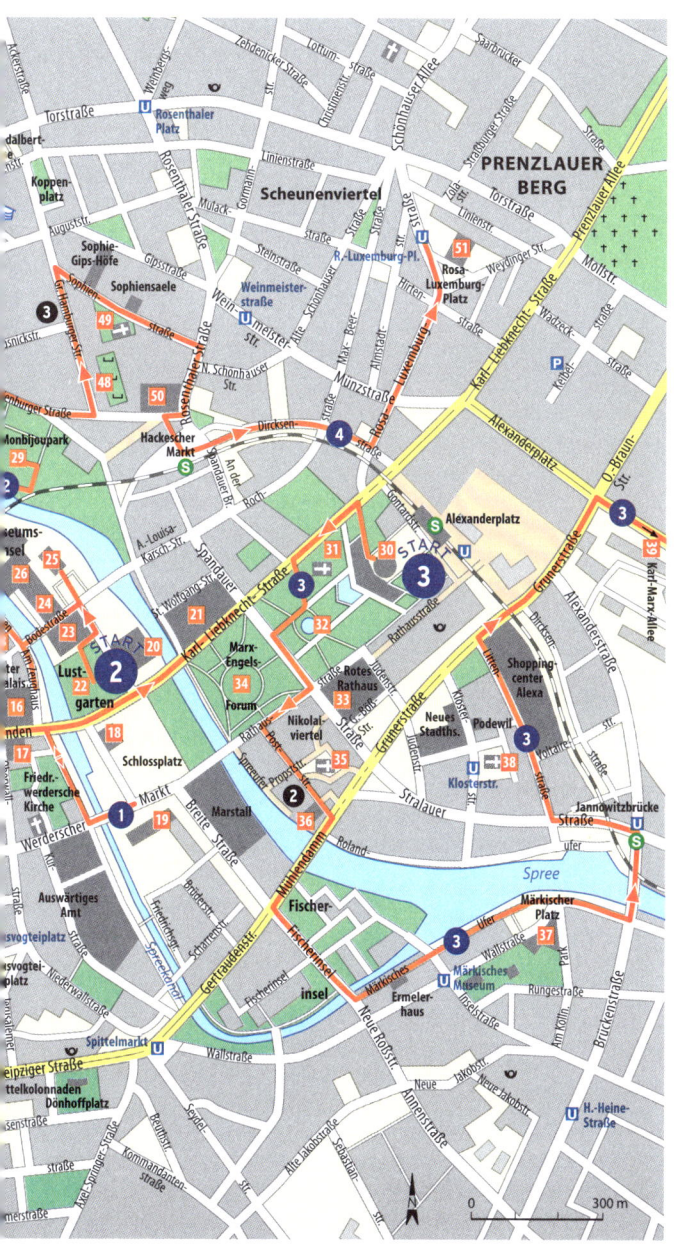

außen traditionell, im Inneren architektonisch individuell – wie das **Haus Liebermann,** ehemals der Wohnsitz des Malers, heute Sitz der Stiftung Brandenburger Tor, rechts daneben finden sich die Neubauten der **Französischen Botschaft** (Pariser Platz 5). Wer eine Zeitreise durch die Geschichte der Stadt multimedial erfahren möchte, besucht das **Brandenburger Tor Museum** (Pariser Platz 4a, Tel. 236 07 84 36, www.brandenburgertor-museum.de, Sa/So 10–20 Uhr, Mo–Fr nur für Gruppen, 5 €).

Auf der Südseite des Tors ist im **Haus Sommer** heute der Sitz einer Bank. Linker Hand folgt die **Amerikanische Botschaft,** die **DZ-Bank,** deren Innenhof eine begehbare Skulptur des Architekten Frank O. Gehry einnimmt (Pariser Platz 3, Tel. 20 24 10, www.dzbank.de) und die Akademie der Künste.

TOUREN IM HISTORISCHEN ZENTRUM

TOUR ❶

VOM BRANDENBURGER TOR BIS ZUM SCHLOSSPLATZ

1 Brandenburger Tor
2 Holocaust-Mahnmal
3 Madame Tussauds
4 Russische Botschaft
5 Admiralspalast
6 The Westin Grand
7 Museum für Kommunikation
8 Friedrichstadt-Passagen
9 Gendarmenmarkt

10 St.-Hedwigs-Kathedrale
11 Reiterstandbild Friedrichs des Großen
12 Staatsbibliothek
13 Humboldt-Universität
14 Staatsoper Unter den Linden
15 Neue Wache
16 Deutsches Historisches Museum
17 Prinzessinnen- und Kronprinzenpalais
18 Schlossplatz und Humboldt Forum

19 DDR-Staatsratsgebäude
20 Berliner Dom
21 AquaDom & Sea Life

TOUR ❷

DIE MUSEUMSINSEL

22 Lustgarten
23 Altes Museum
24 Neues Museum
25 Alte Nationalgalerie
26 Pergamonmuseum
27 Bode-Museum
28 Galeriehaus am Kupfergraben
29 Monbijoupark

TOUREN IN MITTE

TOUR ❸

RUND UM DEN ALEXANDERPLATZ

30 Fernsehturm
31 Marienkirche
32 Neptunbrunnen
33 Rotes Rathaus
34 Marx-Engels-Forum
35 Nikolaikirche
36 Ephraimpalais
37 Märkisches Museum

38 Parochialkirche
39 Karl-Marx-Allee

TOUR ❹

DIE NÖRDLICHE MITTE

40 Museum für Naturkunde
41 Hamburger Bahnhof
42 Charité
43 Berliner Medizinhistorisches Museum

44 Deutsches Theater
45 Brecht-Weigel-Gedenkstätte
46 Kunsthaus Tacheles
47 Neue Synagoge
48 Alter Jüdischer Friedhof
49 Sophienkirche
50 Hackesche Höfe
51 Volksbühne

Das berühmte Nobelhotel **Adlon** am Südwestende, am alten Ort erbaut, knüpft mit üppiger Eleganz und exklusivem Service an die eigene Legende der wilhelminischen Kaiserzeit an. Es lohnt sich, in der Lobby Lounge & Bar auf Kaffee und Kuchen einzukehren, wer wenig Zeit hat, nimmt im Adlon To Go Platz (Unter den Linden 77, Tel. 226 10, www.kempinski.com).

Noch immer sperren Poller die Zufahrt zur **Britischen Botschaft** ab (Wilhelmstr. 70/71).

ZWISCHENSTOPP: RESTAURANT

Im Volkswagen-Forum »Drive« **❶** ▮ H3 werden unten im **Mainly Food Store** Frühstück, belegte Brote und Suppen serviert.

• Friedrichstr. 84, Ecke Unter den Linden 10117 | Tel. 20 92 13 17
Food Store: Mo–Fr 8–20, Sa/So ab 9 Uhr

UNTER DEN LINDEN ▮ G–H3

1647 ließ der Große Kurfürst den Weg von seinem Schloss zum Jagdrevier im Tiergarten mit sechs Reihen von Linden und Nussbäumen bepflanzen und verlieh der Straße so ihren Namen. Schon zu Zeiten Friedrichs des Großen galt der Boulevard als Schaufenster von Berlin. Die Bäume wurden mehrfach gefällt – zuletzt 1936 für den U-Bahnbau anlässlich der Olympischen Spiele – aber jedes Mal pflanzte man nach. Heute bilden neue Bundestagsabgeordnetenbüros am Pariser Platz den Auftakt der Allee.

Im ersten deutschen **Madame Tussauds ❸** sind rund 125 Wachsfiguren zu sehen: etwa die Abbilder von Kaiserin Sisi, Marlene Dietrich,

Romy Schneider, Angela Merkel oder Boris Becker (Unter den Linden 74, Tel. 018 06 54 58 00, www.madametussauds.com, tgl. 10 bis 19 Uhr, Einlass bis 1 Std. vorher, am besten Tickets vorab online kaufen).

Die **Russische Botschaft ❹**, ein Musterbau der Stalin-Ära, wurde 1950–53 von einem deutsch-russischen Architektenkollektiv errichtet. Vorher stand hier das Gebäude der Russischen Gesandtschaft, die 1878 in die Schlagzeilen geriet, als in unmittelbarer Nähe ein Attentäter auf Kaiser Wilhelm I. geschossen hatte (Unter den Linden 63–65).

FRIEDRICHSTRASSE ▮ H2–3

An der Ecke Unter den Linden/Friedrichstraße lassen sich bei Berlin Souvenirs allerlei Andenken erstehen. ▶ S. 17 Punkt **❸❸**, S. 18 Punkt **❸❼** Nach Norden führt ein kleiner Abstecher zum **Admiralspalast ❺** am Bahnhof Friedrichstraße (Friedrichstr. 101, Tel. 22 50 70 00, www.admirals_palast.de). Der Berliner Vergnügungstempel der vorletzten Jahrhundertwende wurde saniert und als Kulturadresse wiederbelebt.

Wer die Friedrichstraße Richtung Süden abbiegt, trifft auf das Nobelhotel **The Westin Grand ❻**, 1987 als Grand Hotel Berlin und Devisenbringer der DDR erbaut. Sein weniger anziehendes Äußeres steht im Kontrast zu seinem prächtigen Inneren; besonders beeindruckend ist das sechsstöckige Atrium mit Freitreppe und Restaurant Relish & Bar (Friedrichstr. 158–164, www.westin-berlin.com, Restaurant: Tel. 20 27 31 77).

Das Quartier 206 ist im Stil des Art déco den goldenen Zwanzigerjahren nachempfunden

Einen Umweg wert ist das **Museum für Kommunikation** 7, das sich der Geschichte der Nachrichtenübermittlung vom Faustkeil bis zum Smartphone widmet (Leipziger Str. 16, Tel. 20 29 40, www.mfkberlin.de, Di 9–20, Mi–Fr 9–17, Sa/So 10–18 Uhr, 5 €, erm. 3 €).

Die **Friedrichstadt-Passagen** 8 locken mit eleganten Geschäften. Magnetwirkung hat die Feinkostabteilung im Untergeschoss der Galeries Lafayette. Von dort führt ein Gang in das **Quartier 206** mit seinen Luxusgeschäften (Friedrichstr. 76–78 bzw. 71, www.galerieslafayette.de; www.q206berlin.de; beide Mo bis Sa 10–20 Uhr).

GENDARMEN-MARKT 9 3 H3

Hinter den Friedrichstadtpassagen liegt der Gendarmenmarkt, der mit seinem Flair als der schönste Platz Berlins gilt. Würdevoll ruht das alte Schauspielhaus in der Mitte, links und rechts gerahmt vom Deutschen und Französischen Dom. An warmen Sommerabenden sitzen die Besucher auf der großen Freitreppe vor dem Konzerthaus mit Blick auf das Schiller-Denkmal, und lassen sich von Straßenmusikanten auf den Abend einstimmen; empfehlenswert ist das Classic Open Air › **S. 67**.

Seinen Namen verdankt der Gendarmenmarkt dem Umstand, dass hier Friedrich Wilhelm I. einst Wachgebäude und Stallungen für sein Kürassierregiment »Gens d'Armes« anlegen ließ. Die prächtige Gestalt erhielt er 1780 unter Friedrich (II.) dem Großen, der den bestehenden Kirchenbauten vom Anfang des 18. Jhs. die beiden Domtürme hinzufügen ließ.

Der **Französische Dom,** das Wort Dom hat keinen kirchlichen Bezug, sondern kommt vom französischen Wort *dôme* für Kuppel, wurde für die immigrierten Hugenotten errichtet, denen Ludwig XIV. Ende des 17. Jhs. in ihrer Heimat die freie Religionsausübung untersagt hatte. Über die Geschichte der *réfugiés* informiert das Hugenottenmuseum im Turmbau des Doms. In der Kuppel erklingt das 60-teilige Glockenspiel (franzoesischer-dom.de, Dom und Hugenottenmuseum derzeit wegen Sanierung geschl.). Im **Deutschen Dom,** dem architektonischen

Pendant zum Französischen, dokumentiert die interessante Ausstellung »Wege – Irrwege – Umwege« die Entwicklung der parlamentarischen Demokratie in Deutschland (www.bundestag.de, Okt.–April Di bis So 10–18, Mai–Sept. bis 19 Uhr).

Das ehemalige Schauspielhaus zwischen den Dombauten, heute seiner neuen Funktion wegen **Konzerthaus** genannt, ist ein Meisterwerk Karl Friedrich Schinkels. Einen künstlerischen Höhepunkt erlebte das Theater in den 1930er-Jahren, als Gustaf Gründgens in Goethes »Faust« in seiner Rolle als Mephisto brillierte. Der Zweite Weltkrieg verwandelte das prächtige Gebäude in eine Ruine. Beim Wiederaufbau ab 1967 wurde nur das Äußere originalgetreu nachgebildet (Tickets: Tel. 203 09 21 01, www.konzerthaus.de).

Rund um den Gendarmenmarkt haben sich mehrere exklusive Restaurants angesiedelt, in denen man gut und teuer speist, unter anderem das Aigner, Borchardt, Lutter & Wegner sowie das Charlotte & Fritz.

FORUM FRIDERICIANUM 🎫 H3

Gleich nach seiner Thronbesteigung wollte Friedrich II. einen städtebaulichen Schwerpunkt schaffen. Mit seinem Jugendfreund Knobelsdorff konzipierte er das Forum Fridericianum, eine repräsentative Platzanlage. Zu ihm gehören das Opernhaus, die St.-Hedwigs-Kathedrale, die Alte (königliche) Bibliothek, heute die Jura-Bibliothek, und gegenüber das Prinz-Heinrich-Palais, heute das Hauptgebäude der

Humboldt-Universität. Nach starken Zerstörungen im Zweiten Weltkrieg wurde das Ensemble in den 1960er-Jahren originalgetreu rekonstruiert. Alle Gebäude liegen rund um den heutigen Bebelplatz.

Vom Gendarmenmarkt geht man zur sanierten **St.-Hedwigs-Kathedrale** 🔟, die durch das leuchtende Grün ihrer Kuppel auffällt. Sie gehört schon zur Gebäudegruppe des Forum Fridericianum und entstand 1747 nach Plänen Friedrichs des Großen und seines Hofarchitekten Georg Wenzeslaus von Knobelsdorff. Vorbild war das Pantheon in Rom, das als »Tempel aller Götter« für Friedrich ein Symbol der Toleranz gegenüber anderen Religionen war (Hinter der Katholischen Kirche 3, Tel. 203 48 10, www.hedwigs-kathedrale.de).

Zum Gedenken an den großen Regenten errichtete man am Opernplatz 1851 das **Reiterstandbild Friedrichs des Großen** 11️⃣, das als bedeutendstes Berliner Denkmal des 19. Jhs. gilt (Unter den Linden/Universitätsstr.). Das Fundament ist mit Bronzefiguren bestückt: Von Leopold Fürst von Anhalt-Dessau bis hin zu Immanuel Kant und Gotthold Ephraim Lessing umgeben den Monarchen wichtige preußische Feldherren und Persönlichkeiten der Aufklärung.

STAATSBIBLIOTHEK 12️⃣ 🎫 H3

Die Staatsbibliothek links daneben, 1903–14 errichtet und im Zweiten Weltkrieg schwer beschädigt, wurde mit ihrer westlichen Schwestereinrichtung am Potsdamer Platz zusammengelegt. Sie führt u. a. den Altbestand, rund 6 Mio. Bücher, Noten, Karten und Handschriften, die vor 1945 erschienen sind, sowie laufende Zeitungen und Zeitschriften. Seit Ausbau und Sanierung präsentiert sie sich als eine mit modernster Technik ausgestattete Bibliothek. Führungen sind buchbar (Eingang Dorotheenstr. 27, Tel. 266 43 38 88, staatsbibliothek-berlin.de, Mo–Fr 9–21, Sa 10–19 Uhr).

HUMBOLDT-UNIVERSITÄT 13 🔖 H3

Direkt gegenüber der Staatsoper hat die Humboldt-Universität ihren Sitz. Das Gebäude wurde 1748 bis 1766 für Prinz Heinrich, den jüngeren Bruder Friedrichs des Großen, errichtet. Nach Heinrichs Tod wurde 1809 der Bau der ersten Berliner Universität auf Betreiben ihres Gründers Wilhelm von Humboldt zugesprochen. Den Ruf der Anstalt begründeten Geistesgrößen wie Albert Einstein, Georg Wilhelm Friedrich Hegel und Max Planck (Unter den Linden 6, Tel. 209 30, www.hu-berlin.de).

STAATSOPER UNTER DEN LINDEN 14 🔖 H3

Das erste Gebäude, das Friedrich der Große in Auftrag gab, war die Staatsoper Unter den Linden (1741–43). Carl Gotthard Langhans baute es 1843 nach einem Brand wieder auf. Hier sang Enrico Caruso, und Richard Strauss stand am Dirigentenpult. Friedrich hatte eine Vorliebe für die italienische Oper und verachtete deutschsprachigen

Gesang. »Ein deutscher Sänger! Da möchte ich lieber mein Pferd wiehern hören«, soll er gesagt haben. Nach langer Sanierung wird sie seit 2017 wieder bespielt (Unter den Linden 7, www.staatsoper-berlin.de, Tel. 20 35 40).

NEUE WACHE 15 🔖 H3

Friedrich Wilhelm III. gab 1816 Order, eine neue Wachstube zu bauen. Preußen war in Geldnot, Schinkel musste Seiten- und Rückwände in unverkleidetem Backsteinmauerwerk belassen. Geschickt verbarg er den Mangel in einem Kastanienwäldchen. Der klassizistische Tempel fungiert heute als Zentrale Gedenkstätte für die Opfer von Krieg und Gewaltherrschaft. Im Innern ist die nachgebildete Pietà »Mutter und Sohn« von Käthe Kollwitz »Allen Opfern von Krieg und Gewalt« gewidmet (Unter den Linden 4, tgl. 10–18 Uhr).

Das **Palais am Festungsgraben** hinter dem Wäldchen beherbergt das Theater im Palais (Am Festungsgraben 1, Tel. 201 06 93, www.theater-im-palais.de).

DEUTSCHES HISTORISCHES MUSEUM 16 ⭐ 🔖 H3

Das einstige Zeughaus, der bedeutendste Barockbau Berlins direkt neben der Neuen Wache, ist Sitz des Deutschen Historischen Museums. Der Komplex diente ursprünglich als Waffenarsenal. Davon zeugen im Innenhof die 22 Maskenköpfe sterbender Krieger, wichtige Werke europäischer Barockplastik des Architekten und Bildhauers Andreas

Das Deutsche Historische Museum mit der Glasspindel von I. M. Pei

Schlüter. Unter den 8000 Original-Exponaten der Dauerausstellung zu 2000 Jahren deutscher Geschichte befindet sich u.a. ein Hut von Napoleon und Hitlers Schreibtisch. In dem modernen gläsernen Erweiterungsbau von I. M. Pei werden Wechselausstellungen gezeigt (Unter den Linden 2, Tel. 20 30 40, www.dhm.de, tgl. 10–18 Uhr).

PRINZESSINNEN- UND KRONPRINZENPALAIS 17 ❚ H3

Im Prinzessinnenpalais ist ein neues Forum für Kunst, Kultur und Sport auf 3000 m² Fläche entstanden, das **Palais Populaire.** Neben anderen Ausstellungen präsentiert hier auch die **Deutsche Bank** ihre Sammlung internationaler Gegenwartskunst. Zudem finden Debatten und Dia-

loge, so der PalaisTalk statt, für Kinder gibt es Workshops und im ClubPopulaire legen DJs unterschiedlicher Genres auf. Das Restaurant LePopulaire im Haus knüpft an Kaffeehaustradition an, serviert aber auch moderne Küche (Unter den Linden 5–7, www.db-palaispopulaire.de, Mi–Mo 9–19, Do bis 21 Uhr, 9 €, erm. 6 €).

Wegen der Nachbarschaft zum Musentempel wurde das Prinzessinnenpalais auch Opernpalais genannt. Über einen Brückenbogen sind die Gemächer der Töchter Friedrich Wilhelms III. mit dem **Kronprinzenpalais** verbunden. Friedrich Wilhelm I. ließ 1732 das Privatgebäude als Wohnsitz für Kronprinz Friedrich herrichten. Die Palais wurden 1969 rekonstruiert,

Der Altar im Berliner Dom

auf der Rückseite zur Oberwallstraße fügte man die Kopie eines Portals der zerstörten Schinkelschen Bauakademie ein.

Die **Friedrichswerdersche Kirche** dahinter enthält eine Abteilung der Nationalgalerie mit klassizistischen Marmorskulpturen der Berliner Bildhauerschule (Am Werderschen Markt 1, Tel. 266 42 42 42, derzeit geschl.).

SCHLOSSPLATZ UND HUMBOLDT FORUM 18 ■ H3

Von Schinkel stammen die Marmorstatuen auf der Schlossbrücke, die auf die Spreeinsel zum Schlossplatz führt. Hier veranlasste Walter Ulbricht 1950 die Sprengung des Hohenzollernschlosses, an Stelle des Ostflügels entstand der **Palast der Republik,** Tagungsort der DDR-Volkskammer, in dem das erste frei gewählte Parlament der DDR 1990 den Beitritt zur BRD besiegelte. 2006 begann der Abriss.

Der Wiederaufbau des **Stadtschlosses** wurde 2013 begonnen, 600 Mio. Euro wurden dafür bewilligt. In dem Schlossensemble nach Plänen von Franco Stella entsteht das **Humboldt Forum** (www.humboldtforum.com). Das Ethnologische Museum, das Museum für Asiatische Kunst sowie u. a. die Berlin Ausstellung finden hier ihren Platz. Ab dem 14. September 2019, zum 250. Geburtstag von Alexander von Humboldt, soll es schrittweise eröffnet werden.

Am Südende des Platzes erstreckt sich das ehemalige **DDR-Staatsratsgebäude** 19. Zierde der nüchternen Fassade ist das eingebaute Portal IV des gesprengten Stadtschlosses. Von dessen Balkon soll Karl Liebknecht 1918 die Freie Sozialistische Republik ausgerufen haben.

BERLINER DOM 20 📖 H3

1894 beauftragte Kaiser Wilhelm II. Julius Raschdorff mit der Errichtung des gewaltigen Kuppelbaus des Berliner Doms. Zu besichtigen sind die Tauf- und Traukirche des Prachtbaus der Hohenzollern, das kaiserliche Treppenhaus, die Sarkophage des Großen Kurfürsten samt Gemahlin Dorothea, die Hohenzollerngruft und der Kuppelumgang (kein Fahrstuhl!), von dem aus man einen schönen Rundblick auf die historische Mitte Berlins hat (Am Lustgarten, Tel. 20 26 91 36, www.berlinerdom.de, tgl. ab 9 Uhr, 7 €, erm. 5 €).

AQUADOM & SEA LIFE UND DDR-MUSEUM 21 📖 J2

Ein faszinierendes maritimes Erlebnis bietet das Hotel **Dom Aquarée:** Mit einem gläsernen Aufzug fährt man mitten durch eine Riesenaquariumsäule (Spandauer Str. 3, Tel. 0 18 06/66 69 01 01, www.visitsealife.com, Online-Tickets ab 13,60 €, Einlass bis 18 Uhr).

Das **DDR-Museum** lässt 40 Jahre Sozialismus Revue passieren (Karl-Liebknecht-Str. 1, www.ddr-museum.de, Tel. 847 12 37 31, tgl. 10–20, Sa bis 22 Uhr, 9,80 €, erm. 6 €).

MUSEUMSINSEL ⭐

VERLAUF: Lustgarten > Altes Museum > Neues Museum > Alte Nationalgalerie > Pergamonmuseum > Bode-Museum > Galeriehaus am Kupfergraben > Monbijoupark

KARTE: Seite 74
DAUER: 2 Std., mit Museumsbesuchen bis 2 Tage
PRAKTISCHE HINWEISE:
- Die Insel wird angefahren von S-Bahn (Station Hackescher Markt), U-Bahn (Station Alexanderplatz), verschiedene Straßenbahnlinien sowie den Buslinien 100 und 200.
- Öffnungszeiten: Altes Museum und Alte Nationalgalerie, Am Lustgarten, Bodestr. 1–3; Bodemuseum, Am Kupfergraben: Di–So 10–18 Uhr, Do bis 20 Uhr; Neues Museum und Pergamonmuseum zusätzlich Mo 10–18 Uhr.
- In den Museen und den Touristeninformationen ist der **Berliner Museumspass** > S. 175 erhältlich, eine Drei-Tage-Karte für über 30 Museen für 29 €, erm. 14,50 €.
- Am besten Tickets mit genauem Termin vorab online kaufen: www.smb.museum (keine Wartezeiten).
- Infos und Anmeldung zu den **Führungen** für alle Häuser auf der Museumsinsel: Tel. 266 42 42 42 (Mo–Fr 9–16 Uhr) oder per Buchungsanfrage auf der Website.

TOUR-START:
LUSTGARTEN 22 📖 H3

Das Entree zur Museumsinsel ist der Lustgarten mit der großen runden Granitschale, die Schinkel 1830 aus einem Findling hatte schleifen lassen. Ursprünglich war das Terrain eine zum ehemaligen Stadtschloss gehörende Grünanlage mit einem Gewürzgarten. Schon der Große Kurfürst ließ hier seine Kräuter züchten. Doch Friedrich Wilhelm I., genannt der Soldatenkönig, machte einen Paradeplatz daraus.

Drei Königsgenerationen später gestaltete der große preußische Gartenarchitekt Peter Joseph Lenné hier einen wunderschönen Park, der zum Treffpunkt der Berliner Bevölkerung wurde. 1934 hatten die Nationalsozialisten nichts Eiligeres zu tun, als den Platz mit großen Natursteinplatten zu pflastern und ihn für Kundgebungen und Aufmärsche zu nutzen; dasselbe tat der Ostberliner Magistrat.

Inzwischen veränderte der Lustgarten wieder sein Gesicht und sieht so aus, wie ihn einst Karl Friedrich geplant hatte: Die weiten Rasenflächen sind von Hecken gesäumt.

ALTES MUSEUM 23 📖 H2–H3

Das Alte Museum wurde ab 1825 unter Leitung von Karl Friedrich Schinkel erbaut. Mit der Freitreppe und seinen 18 ionischen Säulen an der Vorderseite gehört es zu den bedeutendsten klassizistischen Bauwerken. Dass es im Zweiten Weltkrieg niederbrannte und 1966 neu aufgebaut wurde, sieht man ihm heute nicht an. Das Museum beherbergt die Antikensammlung mit Kunst der Griechen und Römer (Mo geschl.).

NEUES MUSEUM 24 📖 H2

Nach Schinkels Plan verband ein Bogengang ursprünglich das Alte mit dem Neuen Museum. Das einst strahlend schöne Gebäude wurde durch den Zweiten Weltkrieg zur Ruine und von der DDR nur behelfsmäßig gesichert.

Der Italiener Georgio Grassi hatte den ersten Wettbewerb zum Wiederaufbau gewonnen. Nach heftigen Kontroversen und diversen Überarbeitungen leitet jetzt David Chipperfield die Neugestaltung auf der Museumsinsel. Ein Ergänzungsbau soll alle Service-Einrichtungen aufnehmen und zum zentralen Eingang werden. Eine »archäologische Promenade« soll die einzelnen Museumsbauten unterirdisch verbinden. Das Neue Museum wurde aufwendig restauriert und ist derzeit Heimat des **Ägyptischen Museums** und der Papyrussammlung sowie des **Museums für Vor- und Frühgeschichte** inklusive Objekten der Antikensammlung. › mehr S. 16 Punkt **24**

ALTE NATIONAL-GALERIE 25 📖 H2

Die Alte Nationalgalerie, früher einfach Nationalgalerie genannt, musste sich nach 1990 den Zusatz gefallen lassen, damit sie nicht mit der Neuen Nationalgalerie des Kulturforums › S. 114 verwechselt wird. Die umlaufenden Kolonnaden, teilweise direkt am Wasser, strukturie-

MUSEUMSINSEL

Der Kolonnadenhof und der Eingang der Alten Nationalgalerie

In den 1920er-Jahren wurden Räume für die Königliche Kunstsammlung Friedrich Wilhelms III. benötigt. Das Resultat war ein Ensemble aus fünf Museumstempeln – Altes und Neues Museum, Alte Nationalgalerie, Pergamon- und Bode-Museum.

Die überwältigende Fülle der Exponate auf der Museumsinsel reicht von Zeugnissen der alten Hochkulturen der Welt über frühchristlichen Byzantinismus und barocke Pracht bis hin zur deutschen und europäischen Kunst des 19. Jhs. Seit 1992 sind die Ost- und Westberliner Sammlungen unter dem Dach der »Staatlichen Museen zu Berlin – Preußischer Kulturbesitz« vereint. Die Bestände der Museumsinsel wurden dabei thematisch mit dem Kulturforum sowie den übrigen Museen abgestimmt.

Diese Neuordnung im Rahmen eines Masterplans für die Museumsinsel soll bis 2025 umgesetzt werden; während der Umbau-, Sanierungs- und Erweiterungsbauten bleiben einzelne Häuser oder Abteilungen geschlossen. Nach Abschluss der Arbeiten soll die Museumsinsel die Kunst und Kultur neu strukturiert von über 6000 Jahre Menschheitsgeschichte präsentieren. Zudem werden Freiflächen auf der Museumsinsel neu gestaltet und Höfe für die Besucher geöffnet. Im Herbst 2013 wurde der Grundstein für die **James-Simon-Galerie** gelegt, das neue Eingangsgebäude zur Museumsinsel. Am Ende der Bauarbeiten, vermutlich im Herbst 2019, werden die historischen Gebäude zur »Archäologischen Promenade« verbunden.

ren das Areal um das stolze, tempelähnliche Gebäude (1876 eröffnet): Bei der aufwendigen Generalsanierung wurde es technisch auf den neuesten Stand gebracht.

Seit der Wiedereröffnung wird hier die Malerei des 19. Jhs. ausgestellt, ergänzt durch die Galerie der Romantik aus dem Schloss Charlottenburg mit ihrer beeindruckenden Sammlung von Gemälden Caspar David Friedrichs (Mo geschl.).

PERGAMONMUSEUM 26 ▮ H2

Der Gebäudekomplex des Pergamonmuseums wurde 1912–30 von Alfred Messel und Ludwig Hoffmann im neoklassizistischen Stil errichtet, die Vorhalle kam 1981 hinzu. Seit 2008 wird das Haus im laufenden Betrieb abschnittsweise saniert und soll um einen vierten Flügel erweitert werden.

Hauptattraktionen des Museums sind der weltberühmte Pergamonaltar und das Markttor von Milet. Der Pergamonaltar wurde zwischen 1878 und 1886 von dem deutschen Ingenieur Carl Humann in mehreren Grabungen freigelegt. Der Altar stammt vom 300 m hohen Burgberg von Pergamon an der Westküste Kleinasiens. Dort erbauten die Attalidenherrscher 180 bis 159 v. Chr. diesen riesigen Marmoraltar als Weihgabe für die Götter. Seine Aufstellung in einem Museum verlangte einen großen Raum mit Oberlicht. Das Museum erlangte internationalen Ruhm nicht nur durch diese außergewöhnlichen Exponate, die beide im Mitteltrakt des hufeisenförmigen Gebäudes aufgebaut sind,

sondern auch durch ihre gelungene betrachterfreundliche Präsentation. (Der mittlere Gebäudeteil mit dem Pergamonaltar-Saal ist wegen Baumaßnahmen geschl.).

Im Grunde sind vier Einzelmuseen im Pergamonmuseum untergebracht: Der linke und mittlere Gebäudeflügel zeigen Teile der Antikensammlung; das Haupt- und Obergeschoss des rechten Flügels die Schätze des Vorderasiatischen Museums und des Museums für Islamische Kunst (z. B. die bunte Prozessionsstraße von Babylon mit dem Ischtar-Tor) sowie das (antike) Münzkabinett.

BODE-MUSEUM 27 ▮ H2

An der Nordspitze der Museumsinsel erhebt sich der neobarocke Bau des Bode-Museums über der Spree. Ursprünglich Kaiser-Friedrich-Museum getauft, wurde es später nach dem damals bedeutendsten deutschen Museumsfachmann und Kunsthistoriker Wilhelm von Bode benannt, der den Bau des Hauses 1897 bei Kaiser Wilhelm II. durchgesetzt hatte. Bode führte hier das sogenannte Epochenprinzip ein, nach dem Bilder, Skulpturen und Mobiliar aus jeweils einer Ära zusammen gezeigt werden. In das Museum eingebaut ist das Modell einer Basilika nach dem Vorbild von San Salvatore al Monte in Florenz.

Das Haus beherbergt die Skulpturensammlung und das Museum für Byzantinische Kunst, ferner das Münzkabinett (v. a. Mittelalter) sowie etwa 150 Werke der Gemäldegalerie (Mo geschl.).

Die Skulpturensammlung im Bode-Museum präsentiert Werke vom Mittelalter bis zum späten 18. Jahrhundert

GALERIEHAUS AM KUPFERGRABEN 28 H2

Der britische Architekt David Chipperfield errichtete für den Sammler Heiner Bastian ein privates Galeriehaus. 2017 gab die Familie Bastian ihre Schenkung des Galeriehauses an die Stiftung Preußischer Kulturbesitz bekannt. Es wird nun als Zentrum für kulturelle Bildung genutzt und trägt den Namen »Haus Bastian der Staatlichen Museen zu Berlin – Preußischer Kulturbesitz«.

Gegenüber dem Bodemuseum werden Liebhaber von Bibliophilem auf dem Antik- und Buchmarkt am Bodemuseum fündig (www.antik-buchmarkt.de, Sa/So 11–17 Uhr).

MONBIJOUPARK 29 H2

Wer Erholung sucht, geht über die Monbijoubrücke in die große Parkanlage, in der das 1958 abgerissene Schloss Monbijou stand. Kronprinzessin Sophie Dorothea erhielt es von ihrem Gemahl Friedrich Wilhelm I. zum Geschenk.

Das **Monbijou Theater** hat nun mit dem Amphitheater eine feste Open-Air-Spielstätte. In dem hölzernen Theaterbau, nach italienischem Renaissancevorbild gestaltet, werden im Sommer Komödien aufgeführt. Danach kann man in der zugehörigen **Strandbar** › S. 176 Pizza essen, entspannen oder ebenfalls unter freiem Himmel auf der Fläche am Ufer das Tanzbein schwingen (www.monbijou-theater.de).

Im Winter lädt das Theater in die angeschlossene **Märchenhütte** zu Inszenierungen für Kinder und Erwachsene (auf dem Bunkerdach im Monbijoupark, Monbijoustraße 3b, Tel. 288 86 69 99, www.maerchen huette.de).

MITTE

Der Hinterhof der Rosenthaler Straße 39 ist heute noch Hotspot kreativer Subkultur

Alexanderplatz und Nikolaiviertel, vibrierende Szenelokale und Läden, anspruchsvolle Bühnen und moderne Kunst zwischen Hamburger Bahnhof und Hackeschem Markt locken viele Besucher in den Bezirk Mitte.

In den 1920er-Jahren pulsierte rund um den **Alexanderplatz** das großstädtische Leben. Die vitale Stimmung, die Alfred Döblin in seinem Roman »Berlin Alexanderplatz« beschreibt, wird wohl kaum wieder aufleben. Der Zweite Weltkrieg hinterließ hier eine Trümmerwüste, die die DDR-Oberen abräumen ließen, um das Areal für ihre Aufmärsche und Truppenparaden zu nutzen.

Eines aber hat sich nicht geändert: Verkehrsknotenpunkt ist der Alex nach wie vor. Der Platz war also in den letzten Jahren alles andere als Berlins gute Stube. Das soll sich ändern, rund um den Platz wird fleißig gebaut, und das Einkaufszentrum Alexa hat sich inzwischen zu einem Besuchermagneten entwickelt – auch wenn es von außen alles andere als hübsch aussieht, wie der frühere Regierende Bürgermeister Wowereit feststellte. Das Kino Cubix ist schon nicht mehr wegzudenken – es zählt u. a. zu den Berlinale-Spielstätten.

Auch das **Nikolaiviertel** ist nicht unumstritten. Für die einen reizvoll, ist es für die anderen ein historisierender Abklatsch eines Altstadtviertels. Aber die vielen Restaurants und Kneipen in der Gegend bieten sich hervorragend für eine Verschnaufpause an.

Unweit davon schlägt im **Roten Rathaus** das politische Herz Berlins, hier hat der Regierende Bürgermeister seinen Sitz. Die Parade der sozialistischen Prachtbauten im Zuckerbäckerstil können Sie in der etwa 2 km langen **Karl-Marx-Allee** zwischen Strausberger Platz und Frankfurter Tor bewundern.

In der **nördlichen Stadtmitte** zieht es Kulturfans besonders in den Hamburger Bahnhof. Abseits des Kunst-Mainstreams lohnt sich auch eine Entdeckungsreise durch die zahlreichen kleinen Galerien.

Vibrierendes Zentrum von Mitte ist zumindest für die junge Szene die Gegend rund um die **Oranienburger Straße** und den **Hackeschen Markt.** Hier hat sich in den letzten Jahren viel verändert, wurden bröckelnde Fassaden herausgeputzt und haben Szenegänger ein Revier gefunden. Besonders im Sommer brodelt hier das Straßenleben, Cafés und Restaurants wird man unterwegs in großer Auswahl finden. Langsam setzt hier bereits die nächste Verdrängungswelle ein. Restaurants und Cafés müssen mancherorts den Shops bekannter Marken und Verkaufsketten weichen, zudem siedeln sich immer mehr reine Touristenrestaurants an.

In dem Viertel kann man gut jüdisches Leben nachvollziehen, insbesondere in der **Neuen Synagoge**, im Centrum Judaicum oder auf dem Alten Jüdischen Friedhof.

TOUREN IN MITTE

TOUR 3

RUND UM DEN ALEXANDERPLATZ

VERLAUF: Fernsehturm › Rotes Rathaus › Nikolaiviertel › Märkisches Museum › Karl-Marx-Allee

KARTE: Seite 74
DAUER: 4–6 Stunden
PRAKTISCHE HINWEISE:
- Start- und Endpunkt ist Ⓢ/Ⓤ Alexanderplatz, an dem sich zahlreiche Linien kreuzen.
- Für den Ausflug zur Karl-Marx-Allee, wo die frühsozialistischen monumentalen Arbeiterpaläste beeindrucken, fährt man vom »Alex« zwei Stationen bis Strausberger Platz mit der Ⓤ 5 Richtung Hönow.

TOUR-START:

Am Alex wird neu gebaut. Damit soll der recht triste Platz in den nächsten Jahren ein neues Gesicht erhalten. Bereits etabliert hat sich das **Einkaufszentrum Alexa** mit 180 Geschäften und einem Food Court (Grunerstr. 20, www.alexacentre.com, Mo–Sa 10–21 Uhr).

FERNSEHTURM 30 ⭐5 ◨ J2

Der Fernsehturm ist mit seinen 365 m das höchste Berliner Bauwerk. Er entstand 1969 als östliches Pendant zum Funkturm am Messedamm. Bei Sonnenschein erscheint ein Lichtkreuz auf der in Nirosta glänzenden Außenhaut der Aussichtskugel. Zu atheistischen DDR-Zeiten soll alles versucht worden sein, das Kreuz zu beseitigen – doch ohne Erfolg. Im Obergeschoss der Eingangshalle gibt es eine Galerie mit wechselnden Ausstellungen, die bei freiem Eintritt besichtigt werden können. Das sich drehende Telecafé (€€) in 207 m Höhe erlaubt einen einmaligen Rundblick über ganz Berlin bis weit ins Brandenburger Umland (Panoramastr. 1A, Tel. 247 57 50, tv-turm.de, März–Okt. 9–24, Nov.–Feb. 10–24 Uhr, um lange Wartezeiten zu vermeiden, vorab Online-Tickets kaufen).

MARIENKIRCHE 31 ◨ J2

Unproportioniert wirkt der gigantische Betonturm im Verhältnis zu der zierlichen Marienkirche an der Karl-Liebknecht-Straße 8. Der Bau entstand Mitte des 13. Jhs. und wurde in den nachfolgenden Jahrhunderten mehrmals verändert. Der entscheidende Eingriff geschah 1790 mit dem Aufsatz des neogotischen Turmhelms durch Carl Gotthard Langhans. Im Innern ist ein spätgotisches Fresko von kunsthistorischer Bedeutung, der »Totentanz«, hervorzuheben.

Auf dem Platz an der Marienkirche steht der **Neptunbrunnen** 32, ein fantasievolles Zeugnis der neu-

Berliner Küche im Traditionslokal Zur Rippe im Nikolaiviertel

barocken Kunst eines Reinhold Begas. Der bärtige Neptun thront in der Mitte auf einem Felsblock, umgeben von seinen Nymphen. Im Zuge des Wiederaufbaus des Berliner Stadtschlosses wird diskutiert, ob der Brunnen an seinen historischen Standort auf den Schlossplatz zurückkehren soll.

ROTES RATHAUS 33 📖 J3

Auf der anderen Seite der Rathausstraße erhebt sich das Rote Rathaus, offiziell Berliner Rathaus. Seit 1991 ist es wieder Sitz des Regierenden Bürgermeisters von Berlin. Der Name geht auf die rote Klinkerbauweise zurück. Stilistisch ist das Gebäude aus der zweiten Hälfte des 19. Jhs. von der Renaissance-Auffassung italienischer und flandrischer Rathäuser beeinflusst. Außen illustriert ein umlaufender Terrakottafries die Berliner Geschichte von ihren Anfängen bis zur Reichsgründung 1871. In der Vorhalle haben sich alle 23 Berliner Bezirks-

wappen in leuchtendem Fensterglas erhalten (Rathausstraße, Tel. 902 60, Mo–Fr 9–18 Uhr, nicht zugänglich bei Veranstaltungen).

MARX-ENGELS-FORUM 34 📖 J3

Einsam und allein auf der begrünten Weite des Marx-Engels-Forums findet sich das Doppelstandbild von Karl Marx und Friedrich Engels. Unerschütterlich blicken die beiden Väter des Kommunismus – Engels stehend, Marx sitzend – gemeinsam nach Osten.

NIKOLAIVIERTEL 📖 J3

Im Nikolaiviertel, in dem sich reizvoll Häuser mit Giebeln und Erkern und mit nostalgischem Charme ducken, scheint die Zeit stehen geblieben zu sein. Etliche originale Geschäfte laden zum Einkaufsbummel ein. Hier stand Berlins älteste Ansiedlung. Schon 1228 erhob sie Markgraf Johann I. zur Stadt. Im Zweiten Weltkrieg wurde das alte Herz Berlins fast vollkommen zerstört, in den 1980er-Jahren nach dem Vorbild historischer Bürgerhäuser neu gebaut und saniert – zuweilen mit der guten alten Platte und nicht immer ganz gelungen.

ZWISCHENSTOPP: RESTAURANT

Mit dem **Balthazar 2** €€ ❷ ◫ J3 bringt Holger Zurbrüggen eine urbane neudeutsche Küche ins Nikolaiviertel – reservieren!

• Spreeufer 2 | 10178 | Tel. 30 88 21 56
www.balthazar-restaurant.de
Di–Sa ab 18–22 Uhr

MUSEUM NIKOLAIKIRCHE 35 ◫ J3

Über die Dächer des Viertels ragen die Zwillingstürme der Nikolaikirche. Der Vorgängerbau, dessen Form durch Grabungen bekannt ist, entstand um 1230, nachdem deutsche Siedler sich hier niedergelassen hatten. Man kann deshalb vom ältesten christlichen Gotteshaus Berlins sprechen. Nach einem Brand folgte 1380 der heutige Feldsteinbau, doch erst 1877 konstruierte Baustadtrat Hermann Blankenstein

┌─────────────────────────────────┐

🗨 **VELOTAXIS**

In den wärmeren Jahreszeiten sind in der Berliner City die Velotaxis unterwegs – knuffige »Eier« auf Rädern, eine Art moderne Fahrradrikscha. Sie verkehren auf vier festen Linien (Unter den Linden, Potsdamer Platz, Tiergarten und Ku'damm), können aber auch für Individualtouren als Taxi gemietet werden (Tel. 01 78/800 00 41, www.velo taxi.de).

└─────────────────────────────────┘

die Backsteintürme dazu. Das im Zweiten Weltkrieg schwer zerstörte und anschließend wieder aufgebaute Denkmal wurde zur 750-Jahr-Feier umfassend saniert und versteht sich seitdem als Museum. Eine Ausstellung dokumentiert die Geschichte der Kirche und der Stadt (Nikolaikirchplatz, Tel. 24 00 21 62, tgl. 10–18 Uhr; Nikolai-Musik Fr 17 Uhr, 6 €; erm. 4 €).

EPHRAIM-PALAIS 36 ⭐ ◫ J3

Die Ecke Poststraße/Mühlendamm prägt das Ephraim-Palais, das sich Hofjuwelier Veitel Heine Ephraim 1764 erbauen ließ. Die stilvoll abgerundete Ecke des Hauses galt als etwas Besonderes. Man nannte sie »die schönste Ecke Berlins«. Wegen der Erweiterung der Mühlendammbrücke musste das Rokokogebäude 1935 abgetragen werden. 1987 wurde es, örtlich versetzt, wieder aufgebaut. Das Haus beherbergt jetzt als Museum die Graphische Sammlung des Stadtmuseums. Es zeigt sehenswerte, wechselnde Ausstellungen zur Kunst- und Kulturgeschichte Berlins (Poststr. 16, Tel. 24 00 21 62; www.stadtmuseum.de/ephraim-palais, Di und Do–So 10–18, Mi 12 bis 20 Uhr, 7 €, erm. 5 €).

MÄRKISCHES MUSEUM 37 ◫ J3

Das Märkische Museum wartet nahe dem Spreeufer mit seiner umfangreichen Sammlung zur Geschichte Berlins und Brandenburgs auf. Es wurde 1874 auf Anregung von Rudolf Virchow und Ernst Friedel errichtet. Eine facettenreich konzipierte Dauerausstellung ist der

Geschichte Berlins gewidmet, Wechselausstellungen ergänzen diese Präsentation. Eine echte Rarität ist die Sammlung mechanischer Musikinstrumente, sogenannte Automatophone, die sonntags um 15 Uhr gespielt werden.

Ludwig Hoffmann leitete 1907 die Erbauung des Komplexes vornehmlich aus rotem märkischem Backstein. Eine interessante Besonderheit ist das Zusammenspiel von Architektur und Ausstellungsinhalten. Eindrucksvoll sind die »Gotische Kapelle« mit ihrer reichen Sammlung mittelalterlicher Skulpturen und die rekonstruierte »Große Halle«. Sie ist 14 m hoch und ähnelt der Gestalt eines Kirchenschiffs (Am Köllnischen Park 5, Tel. 24 00 21 62, www.stadtmuseum. de/maerkisches-museum, Di–So 10 bis 18 Uhr, 7 €, erm. 4 €, jeden 1. Mi im Monat Eintritt frei).

PAROCHIALKIRCHE 38 ◧ J3

Über die Jannowitzbrücke erreicht man die Klosterstraße, wo sich Berlins bedeutendstes barockes Gotteshaus erhebt. Der schöne Zentralbau nach holländischem Vorbild wurde 1695–1703 nach Plänen von Johann Arnold Nering erbaut. Seit 1715 ertönte über zwei Jahrhunderte lang in dem von Jean de Bodt entworfenen Turmaufsatz halbstündlich ein Glockenspiel. Die Tradition der Klangkunst wird mit regelmäßigen Veranstaltungen fortgesetzt (Klosterstr. 67, www.parochialkirche.de, Mo–Fr 9–15.30 Uhr).

In der Nachbarschaft ist ein Rest der mittelalterlichen Berliner Stadt-

NIGHTLIFE IN BERLIN

- **Berghain** ◧ L3
  Einer der angesagtesten Techno-Klubs mit Türpolitik.
  Am Wriezener Bahnhof | Friedrichshain | www.berghain.de
  Do 22–5, Fr 23.59–9, Sa ab 23.59 bis So 24 Uhr
- **Puro Sky Lounge** ◧ D4
  Im 20. Stock des Europa-Centers befindet sich der Nachtklub über drei Etagen mit ordentlich Glamour und hohem VIP-Faktor.
  Tauentzienstr. 9–10 | Charlottenburg | www.puroberlin.de
- **Havanna** ◧ E6–F6
  Auf vier Dancefloors wird zu Latino- und Black Music getanzt.
  Hauptstr. 30 | Schöneberg
  www.havanna-berlin.de
  Mi ab 21, Fr/Sa ab 22 Uhr
- **Quasimodo** ◧ D4
  Restaurant und Club – ob Rock, Jazz, Funk oder Swing – eine renommierte Adresse für Livemusik.
  Kantstraße 12A | Charlottenburg
  www.quasimodo.de
- **Salon zur Wilden Renate**
  Mehrere Floors, Mottopartys, Musik von Elektro bis House.
  Alt-Stralau 70 | Friedrichshain
  www.renate.cc
- **Amber Suite**
  Gute Adresse für Nachtschwärmer ab 27 Jahren, die das Tanzbein schwingen wollen.
  Mariendorfer Damm 1 | Tempelhof
  www.ambersuite.de

mauer zu sehen. Der Schutzwall stammt aus dem 14. Jh. (tgl. ab 10 Uhr bis zur Dämmerung).

KARL-MARX-ALLEE 39 📖 K3–L3
Die Karl-Marx-Allee zwischen Alexanderplatz und Frankfurter Tor gilt als ein Renommierprojekt der frühen monumentalen DDR-Architektur. Die großen Wohnblocks stammen von 1949 bis 1960. Die prächtigsten Gebäude stehen zwischen dem Strausberger Platz und Frankfurter Tor. › mehr S. 12 Punkt ③

RESTAURANT
A Mano 📖 K3
Traditionelle italienische Küche und aufmerksamer Service.
• Strausberger Platz 2 | 10243
  Tel. 95 59 82 43
  www.amano-ristorante.de | tgl. ab 12 Uhr

TOUR 4

DIE NÖRDLICHE MITTE

VERLAUF: Museum für Naturkunde › Hamburger Bahnhof › Brecht-Weigel-Gedenkstätte › Oranienburger Straße › Neue Synagoge › Hackesche Höfe › Volksbühne

KARTE: Seite 74
DAUER: 1 Tag (inkl. Museumsbesuche)
PRAKTISCHER HINWEIS:
• Ausgangspunkt: U-Bahnhof Naturkundemuseum Ⓤ 6; der Spaziergang endet am U-Bahnhof Rosa-Luxemburg-Platz Ⓤ 2.

💬 **SOZIALISTISCHER BOULEVARD IM ZUCKERBÄCKERSTIL** ⭐

Fürstliche 90 m ist die Karl-Marx-Allee breit. Den östlichen Auftakt zu dieser Straße bilden die beiden imposanten Rundtürme am Frankfurter Tor. Das Ganze mündet in das Rund des Strausberger Platzes mit dem Brunnen in der Mitte. Als Prachtboulevard im Wartestand, so konnte man diesen Teil der vormaligen Stalinallee lange Zeit bezeichnen. Die Fliesen fielen von den Fassaden, Läden standen leer, waren mit Brettern vernagelt. 1994 wurde der denkmalgeschützte Straßenzug mit den hoch aufragenden Wohngebäuden an die Deutsche Pfandbriefbank verkauft. Die Mammutsanierung lässt die alte Schönheit der Nobelmeile wieder erkennen. Entstanden ist der 1,7 km lange Abschnitt in den 1950er-Jahren auf Grundlage des »Nationalen Aufbauwerks«, das die DDR verkündet hatte. Von dieser Großbaustelle ging u. a. der Arbeiter-Aufstand am 17. Juni 1953 aus.

Ältere Anwohner berichten noch heute gern von den Hausfesten, die in der Hochstimmung der Anfangszeit stattfanden. Und Chefarchitekt Hermann Henselmann zeigte später Verbitterung darüber, dass er aus Kostengründen so nicht bis zum Alexanderplatz weiterbauen durfte, denn bald darauf kam die Platte!

Das Museum für Naturkunde ist ein Publikumsmagnet

TOUR-START: MUSEUM FÜR NATURKUNDE 40 📘 G1–2

Die Tour beginnt mit dem Museum für Naturkunde als erstem Highlight, wo unter anderem ein 22 m langer Dinosaurier ausgestellt ist – der größte in einem Museum (Invalidenstr. 43, Tel. 20 93 85 91, Einzeltickets auch online: www.museumfuernaturkunde.berlin, Di–Fr 9.30 bis 18, Sa/So ab 10 Uhr, 8 €, erm. 5 €).

HAMBURGER BAHNHOF 41 ⭐6 📘 G2

Im ehemaligen Hamburger Bahnhof betreibt die Neue Nationalgalerie mit dem Museum für Gegenwart einen zweiten Ausstellungsort mit Schwerpunkt zeitgenössische Kunst ab 1950: Malerei, Skulpturen, Grafik, Fotografie, Installationen. Einen Teil der Bestände stellte der Sammler Erich Marx als Dauerleihgabe mit Werken von Andy Warhol, Robert Rauschenberg, Roy Lichtenstein, Cy Twombly, Anselm Kiefer und Joseph Beuys zur Verfügung.

Das Museum wurde um einen Westflügel erweitert. In den Rieckhallen, ehemaligen Speditionshallen, ist die einzigartige Friedrich Christian Flick Collection mit Wechselausstellungen eingezogen. Mit ca. 1500 Werken von etwa 150 Künstlern ist die Flick Collection die größte Privatsammlung zeitgenössischer Kunst. Zusätzlich sind regelmäßig Ausstellungen anderer Künstler zu sehen (Invalidenstr. 50–51, Tel. 266 42 42 42, Tickets auch online: www.smb.museum, Di–Fr 10–18, Do bis 20 Uhr, Sa/So 11–18 Uhr, 14 €, erm. 7 €, nur eine Ausstellung 8 €, erm. 4 €).

CHARITÉ 42 📖 G2

Als kleine Stadt in der Stadt erstreckt sich zwischen Humboldthafen und Luisenstraße die älteste Berliner Klinik. Das durch Prof. Ferdinand Sauerbruch berühmt gewordene Krankenhaus besteht aus dem braunen Hochhaus des Chirurgischen Zentrums aus den 1970er-Jahren und einer Reihe märkischer Backsteingebäude. Die Charité (frz. für Nächstenliebe) ging aus einem Pestkrankenhaus hervor, das Friedrich I. 1710 vor den Toren der Stadt bauen ließ. Im Jahr 1810 wurde das Hospital der Humboldt-Universität angegliedert. Das Terrain besticht durch seine Gebäude im Stil der Neogotik und den von der Panke durchflossenen Park (Charitéplatz 1, www.charite.de).

BERLINER MEDIZINHISTO-RISCHES MUSEUM 43 📖 G2

Nichts für schwache Nerven sind die Exponate in dem 1899 von Rudolf Virchow gegründeten Museum, in dem eine 1000 Präparate umfassende pathologisch-anatomische Sammlung zu bestaunen ist (Charitéplatz 1, www.bmm-charite.de, Tel. 450 53 61 56, Di–So 10–17, Mi/Sa 19 Uhr, bis 16 Jahre nur in Begleitung Erwachsener, 9 €, erm. 4 €).

HOTEL/RESTAURANT

Arte Luise Kunsthotel €€
Alle 50 Zimmer wurden von Künstlern gestaltet. Das Restaurant Habel am Reichstag ist ein Mix aus Brasserie und Weinhandlung.
• Luisenstr. 19 | 10117 | Tel. 28 44 80 www.luise-berlin.com

DEUTSCHES THEATER 44 ⭐ 📖 G2

Den recht intimen Theaterplatz an der Schumannstraße schmücken das **Deutsche Theater** und die angrenzenden **Kammerspiele,** die zu den führenden Sprechbühnen in Berlin gehören. Begründet wurde der Ruf des Deutschen Theaters in den 1920er-Jahren durch Max Reinhardt, der mit bahnbrechenden Inszenierungen Bühnengeschichte machte. Während sich das Haupthaus den Klassikern verschrieben hat, inszenieren junge Regisseure in den Kammerspielen zeitgenössische Werke (Schumannstr. 13a, Tel. 28 44 12 25, Tickets auch online: www.deutschestheater.de).

BRECHT-WEIGEL-GEDENKSTÄTTE 45 📖 G2

In der Chausseestraße 125 verbrachte Bertolt Brecht gemeinsam mit seiner Lebensgefährtin Helene Weigel die letzten Lebensjahre. Bei einer Führung können die Wohnräume besichtigt werden (Tel. 200 57 18 44, www.adk.de, ein Besuch ist nur mit Führung möglich: Di–Fr 10–11.30, Di auch 14–15.30, Do auch 17–18.30, Führungen alle 30 Min.; Sa 10–15.30 Uhr alle 30/60 Min., So 11–18 Uhr alle 60 Min.).

ZWISCHENSTOPP: RESTAURANT

Cordobar € ❸ 📖 H2
Weinbars liegen im Trend, das beweist die deutsch-österreichische Bar mit sehr guter Küche.
• Große Hamburger Str. 32 | 10115 Tel. 27 58 12 15 | www.cordobar.net Di–Sa 18–2 Uhr

DOROTHEENSTÄDTISCHER FRIEDHOF ◾ G2

Neben der Brecht-Weigel-Gedenkstätte findet man auf einem maleri-
schen kleinen Friedhof die schlich-
ten Grabsteine Brechts und Weigels
sowie die Gräber zahlreicher anderer Persönlichkeiten wie Karl
Friedrich Schinkel, Georg Wilhelm
Friedrich Hegel, Johann Gottlieb
Fichte, Heinrich Mann und Heiner
Müller. Im Café Doro kann man
eine Pause einlegen (Chaussestr.
126, tgl. ab 8 Uhr bis zur Dämmerung, Café Fr–So ab 13 Uhr).

ORANIENBURGER STRASSE ⭐ ◾ H2

Zuerst von der jungen Szene er-
obert, sind die Straße und ihre Umgebung – **vor allem die Tor- und
die Auguststraße** – nach wie vor
»in«, gehören jedoch längst auch in

jede Sightseeing-Tour. Sehenswert
sind zwei restaurierte Hinterhöfe:
der **Kunsthof** (Nr. 27, www.kunst
hof-berlin.de) und die **Heckmann-
Höfe** (Nr. 32, heckmannhoefe.de).

Das **Kunsthaus Tacheles** 46 war
ein multikulturelles Besetzerhaus,
es machte seinem jiddischen Namen (»offene Rede«) alle Ehre. Das
Gebäude, in der Kaiserzeit ein Kaufhaus, wurde saniert, teils blieb aber
der marode Charme erhalten. Rund
30 Ateliers befanden sich hier bis
zur finalen Räumung (Nr. 54–56a).

Im **meCollectors Room Berlin**
wird neben zeitgenössischen Ausstellungen in der »Wunderkam-
mer« die Tradition der Kunst- und
Wunderkammern der Renaissance
und des Barocks neu belebt (Auguststr. 68, Tel. 86 00 85 10, www.
me-berlin.com, Mi–Mo 12–18 Uhr,
10 €, erm. 8 €).

Goldene Sternrippen zieren die Kuppel der Neuen Synagoge in der Oranienburger Straße

RESTAURANTS

An Restaurants, Bars und Cafés besteht in dieser Gegend wahrlich kein Mangel; eine Auswahl, alle 📘 H2: das indische Restaurant **Amrit** (Oranienburger Str. 45, tgl. ab 12 Uhr), das **Bötzow-Privat** (Linienstr. 113, Di–So ab 17.30 Uhr) mit Berliner Küche und die schwäbisch-badischen **Schwarzwaldstuben** (Tucholskystr. 48, Mo–Fr ab 12, Sa/So ab 9 Uhr). Die phänomenalen Käsekuchenkreationen »Dancing with Merengue« oder »Strawberry Kisses« im Café **Princess Cheesecake** zergehen auf der Zunge (Tucholskystr. 37, Tel. 28 09 27 60, tgl. 10–20 Uhr).

JÜDISCHE GEDENKSTÄTTEN 📘 H2

Die Gegend um die Oranienburger Straße war bis zur Machtergreifung der Nationalsozialisten eines der Zentren jüdischen Lebens in Berlin. Neben neu belebten jüdischen Institutionen gibt es noch Spuren der Vergangenheit.

NEUE SYNAGOGE 47 📘 H2

Über den Dächern der Umgebung glänzt die goldverzierte Mittelkuppel der Neuen Synagoge. Das prächtige Gotteshaus wurde 1866 errichtet. Der Architekt Friedrich August Stüler wählte stark orientalisierende Bauformen; so sehen die beiden Seitentürmchen wie Minarette aus.

Bis zur Pogromnacht 1938 wurden hier jüdischer Glaube und jüdische Kultur gelebt. Albert Einstein spielte bei den Synagogenkonzerten die Geige. Eine Bombennacht machte das Bauwerk 1943 zur Ruine. Erst 1988 wurde die Aufbauarbeit begonnen.

1995 wurde das **Centrum Judaicum** eröffnet, ein Museum zur Geschichte der Berliner Juden und der Synagoge (Oranienburger Str. 28-30, Tel. 88 02 83 00, www.centrumjudaicum.de; April–Sept. Mo–Fr 10–18, So bis 19 Uhr, Okt.–März So–Do 10–18, Fr 10–15 Uhr).

ALTER JÜDISCHER FRIEDHOF 48 📘 H2

Etwa 20 Grabsteine mit hebräischen Inschriften auf dem Friedhof in der Großen Hamburger Straße sind die letzten Zeugnisse, die die Zerstörungsaktionen der Nazis 1943 überstanden. An Moses Mendelssohn, Berlins berühmten Philosophen, erinnert ein Grab (Große Hamburger Str. 26).

SOPHIENSTRASSE ⭐ 📘 H2–J2

Einige Schritte weiter steht die protestantische **Sophienkirche** 49 mit dem einzigen Barockturm Berlins. Das von neubarocken Wohnhäusern gerahmte Gotteshaus wurde 1712 von Königin Sophie Luise, der Gattin Friedrichs I., gestiftet. Auf dem Kirchhof liegen Berliner Geistesgrößen wie Carl Friedrich Zelter und Leopold von Ranke begraben (Große Hamburger Str. 29–30).

Die Altbauten der Sophienstraße verbergen verwinkelte Höfe: Lichtinstallationen weisen durch die angesagten **Sophie-Gips-Höfe** den Weg (Nr. 21, www.sophie-gips.de).

Kunstfans können sich für eine Führung durch die **Sammlung von Erika und Rolf Hoffmann** anmelden (Tel. 28 49 91 20, sammlunghoffmann.de, Sa 11–16 Uhr, 10 €).

Die **Sophiensaele** im ehemaligen Handwerkervereinshaus verstehen sich als Schnittstelle von Theater, Tanz, Performance, Musik und Bildende Kunst (Nr. 18, Tel. 283 52 66, www.sophiensaele.com).

HACKESCHE HÖFE 50 ⭐ 📕 J2

Um die Ecke führt der Haupteingang der Hackeschen Höfe in ein Labyrinth von acht Innenhöfen. Auf dem ersten Platz bringen weiße und farbige Glasursteine an den Fassaden den Jugendstil zur Geltung. Der Roman »Berlin Alexanderplatz« spielt im schrägen Milieu dieser Wohn- und Gewerbeanlage. Zahlreiche Cafés, Restaurants und schöne Geschäfte haben sich hier etabliert (Rosenthaler Str. 40–41).

Im Restaurant **Hackescher Hof** (Hof I) wird in schönem Ambiente bis 2 Uhr regionale, warme Küche serviert (Tel. 283 52 93, www.hackescher-hof.de, Mo–Fr ab 8, Sa/So ab 9 Uhr).

Die Kleinkunstbühne **Chamäleon** bietet leichte Muse: Musik-Theater-Varieté (Tel. 400 05 90, www.chamaeleonberlin.com). Für Kinder und Erwachsene gleichermaßen spannend ist das **Galli Theater** (galli-berlin.de).

ANNE-FRANK-ZENTRUM 📕 J2

In einem historischen Gebäude gleich neben den Hackeschen Höfen wird mit der Ausstellung »Alles über Anne« an die Verbrechen der Nazis erinnert. Das Kulturzentrum trägt mit zahlreichen Veranstaltungen die Botschaft von Annes Tagebuch in die heutige Zeit (Rosenthaler Str. 39, www.annefrank.de, Di bis So 10–18 Uhr, 5 €, erm. 3 €).

HACKESCHER MARKT 📕 J2

In und um die S-Bahnbögen am S-Bahnhof Hackescher Markt hat sich eine bunte Kneipenszene herausgebildet. Der mit Klinkersteinen dekorierte Viadukt entstand 1878 unter dem Namen Bahnhof Börse; in der nahen Burgstraße florierte bis 1943 die Berliner Börse.

VOLKSBÜHNE 51 📕 J2

Die Volksbühne am Rosa-Luxemburg-Platz machte in den 1920er-Jahren als proletarisches Theater Furore. Man versucht in der Tradition von Erwin Piscator und Benno Besson eine Synthese aus Avantgarde und sozial engagiertem Theater (Tel. 24 06 57 77, www.volksbuehne.berlin).

💬 DAS SCHEUNENVIERTEL

Die Gegend nordwestlich der Volksbühne um Gormann- und Mulackstraße erhielt diesen inoffiziellen Namen auf Grund einer Feuerschutzordnung des Großen Kurfürsten, der 1672 das leicht brennbare Stroh und Getreide vor die Stadtmauer verbannen ließ. So entstanden hier Scheunen zur Lagerung.

Die Bezeichnung Scheunenviertel weiteten erst die Nationalsozialisten auf die Gegend um die Oranienburger Straße aus, um die hier lebenden Juden zu diskriminieren.

RUND UM DEN TIERGARTEN

Die innere Säule der Siegessäule ziert
ein umlaufendes Glasmosaik zur Reichsgründung, Blattgold die Kassettendecke

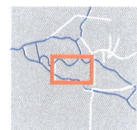

Hochkultur zwischen Philharmonie und Gemälde-galerie, Unterhaltung und aufregende Architektur am Potsdamer Platz sowie zahlreiche Regierungs-neubauten und Botschaften prägen den Bezirk Tiergarten.

Der Tiergarten ist mit großzügigen 200 ha Wiesenfläche und 25 km Spazierwegen der größte Park Berlins. Baumgruppen, Blumenbeete, kleine und größere Teiche schaffen eine idyllische Atmosphäre, um die Inseln des Neuen Sees kann man sogar mit dem Boot paddeln. Für viele Berliner, die keinen Garten haben, ist das Areal im Sommer ein beliebter Treffpunkt. Quer durchs Grüne führt die **Straße des 17. Juni,** deren Name an den Ostberliner Arbeiteraufstand von 1953 erinnert. Samstags und sonntags gehört sie zwischen Bachstraße und Einsteinufer den Trödlern und Sammlern: Dann findet hier der Original Berliner Trödelmarkt statt (10–17 Uhr).

Im **Tiergarten** befinden sich Sehenswürdigkeiten wie die **Siegessäule, Schloss Bellevue** oder der **Zoologische Garten** – aber auch Kultureinrichtungen wie das **Haus der Kulturen der Welt** oder **Tipi am Kanzleramt** sowie schöne Cafés und Biergärten. Ganz im Nordwesten die **Akademie der Künste** und das **Hansaviertel** mit Wohnbauten bedeutender Architekten der klassischen Moderne wie Walter Gropius. Am östlichen Rand liegt das Machtzentrum der Bundesrepublik mit **Reichstag** und **Kanzleramt,** südlich das **Kulturforum** mit **Philharmonie** und **Neuer Nationalgalerie**

sowie weiteren hochkarätigen Museen, aber auch das **Botschaftsviertel** und die **Gedenkstätte Deutscher Widerstand.**

Das Kulturforum schafft zudem heute, nachdem es zu Zeiten der Mauer isoliert im Schatten der Mauer gelegen hat, die Verbindung zum **Potsdamer Platz.** Dieser schließt somit die Lücke zwischen City-West und City-Ost. Anfangs besonders architektonisch umstritten, zeigt sich das Viertel heute einer Metropole würdig und präsentiert sich mit vielfältigen Möglichkeiten von Shopping bis Kultur voller vitalem urbanem Leben.

Walter-Gropius-Haus im Hansaviertel

TOUREN RUND UM DEN TIERGARTEN

TOUR 5

EIN GANG DURCH DEN TIERGARTEN

VERLAUF: Sowjetisches Ehrenmal ›
Reichstag › Bundeskanzleramt ›
Haus der Kulturen der Welt › Schloss
Bellevue › Akademie der Künste ›
Siegessäule › Zoologischer Garten

KARTE: Seite 104
DAUER: 6 Stunden
PRAKTISCHER HINWEIS:
- Startpunkt: Ⓢ 1, 2, 25/Ⓤ 55 Brandenburger Tor.
- Man kann den Spaziergang durch eine Busfahrt abkürzen: Am besten besteigt man am Reichstag den Bus 100 Richtung Zoologischer Garten und fährt am Haus der Kulturen der Welt vorbei bis Schloss Bellevue. Dann geht es vom Schloss zu Fuß durch den Tiergarten zur Akademie der Künste im Hansaviertel und zur Siegessäule. Von dort entweder zu Fuß oder mit dem Bus 100 zum Bahnhof Zoo.

TOUR-START: SOWJETISCHES EHRENMAL 1 ◼ G3

Von der S/U-Bahnstation Brandenburger Tor passiert man das Brandenburger Tor und steht auf der Straße des 17. Juni bald am Ehrenmal, das nach der Besetzung Berlins 1945 errichtet wurde. Dort fanden 2500 russische Soldaten ihre letzte Ruhestätte.

Das Gelände lag im Sektor der britischen Besatzer, die es den Sowjets auf unbestimmte Zeit zur Verfügung stellten. Zu Zeiten der Mauer war der Wachwechsel eine Touristenattraktion. 1990 hat sich die Bundesrepublik im deutsch-sowjetischen Vertrag über gute Nachbarschaft zur Pflege der Stätte verpflichtet (Straße des 17. Juni).

REICHSTAG 2 ★ 7 ◼ G3

Der ehemalige Reichstag vor dem Platz der Republik geht auf die Zeit der Gründung des Deutschen Reiches zurück, wurde jedoch erst 1894 durch Paul Wallot fertig gestellt. Kaiser Wilhelm II. missfiel das mächtige Symbol der parlamentarischen Demokratie, und er nannte den Reichstag eine »Quasselbude«. 1918 rief Philipp Scheidemann hier die Republik aus. 1933 ging es durch Brandstiftung in Flammen auf – die Nazis nahmen den Anschlag zum Anlass, gegen politisch Andersdenkende vorzugehen und die Pressefreiheit einzuschränken. 1945 hisste die Rote Armee die sowjetische Flagge über der eingestürzten Kuppel. Während der Teilung beherbergte das auf Westberliner Seite stehende Gebäude ein Museum.

Der Reichstag wurde 1894 erbaut und nach der Wende wiederbelebt

Am 20. Dezember 1990 konstituierte sich hier das Parlament des wiedervereinten Deutschland.

Im Juni 1995 wurde der Reichstag von den Verhüllungskünstlern Christo und Jeanne-Claude zum modernen Kunstwerk stilisiert. Danach setzte ihm der Londoner Architekt Sir Norman Foster eine 23 m hohe begehbare Glaskuppel auf – als moderne Antwort auf das verlorene Original. Nach umfangreicher Sanierung wurde der Deutsche Bundestag im Mai 1999 eröffnet. Die Kuppel avancierte sofort zum Wahrzeichen des neuen Berlin und zum Besuchermagneten (Platz der Republik 1).

Kuppel und Aussichtsterrasse des Reichstags sind mit vorheriger Anmeldung über den Deutschen Bundestag zugänglich › S. 105 und bei freien Kapazitäten, Anmeldung mit Ausweisdokument bis zwei Stunden vorab (tgl. 8–24 Uhr, letzter Einlass 21.45 Uhr). › mehr S. 15 Punkt ㉒ Es werden auch Führungen durch den Deutschen Bundestag außerhalb der Sitzungszeiten des Parlaments (tgl. 10.30, 13.30, 15.30 und 18.30 Uhr); sowie den Besuch einer Plenarsitzung, Familien- und Kunstführungen angeboten, Anmeldung über den Deutschen Bundestag › S. 105.

JAKOB-KAISER-HAUS 📱 G3
Zu den Bundestagsneubauten gehört auch das Jakob-Kaiser-Haus hinter dem Reichstag mit Abgeordnetenbüros und Fraktionsräumen (Führungen Sa/So 16 Uhr, Anmeldung › S. 105, Platz der Republik 1).

PAUL-LÖBE-HAUS 3 📱 G2
Das Gebäude im Spreebogen dient als Tagungsort für Bundestagsausschüsse – der Namensgeber Paul Löbe war von 1920–1932 Reichstagspräsident der Weimarer Republik. Beim Betrachter entsteht der faszinierende Eindruck einer 200 m langen Wandscheibe, in die vier Lichthöfe eingeschnitten sind. Un-

ter einem imposanten Vordach tritt man durch eine Glasfassade in eine kathedralenhafte, 200 m lange Halle mit acht Rotunden, einer lichtdurchfluteten Betonrasterdecke und durchgehenden Glaswänden an den Stirnseiten. Draußen ziehen an den Politikern die Schiffe auf der Spree in Augenhöhe vorbei. In den Fußboden der Halle sind Sätze von Ricarda Huch und Thomas Mann graviert (Platz der Republik 1).

275 Bundestagsabgeordnete haben hier ihre Büros, hinzu kommen 21 Sitzungssäle und 450 Büros für Parlamentsausschüsse, insgesamt

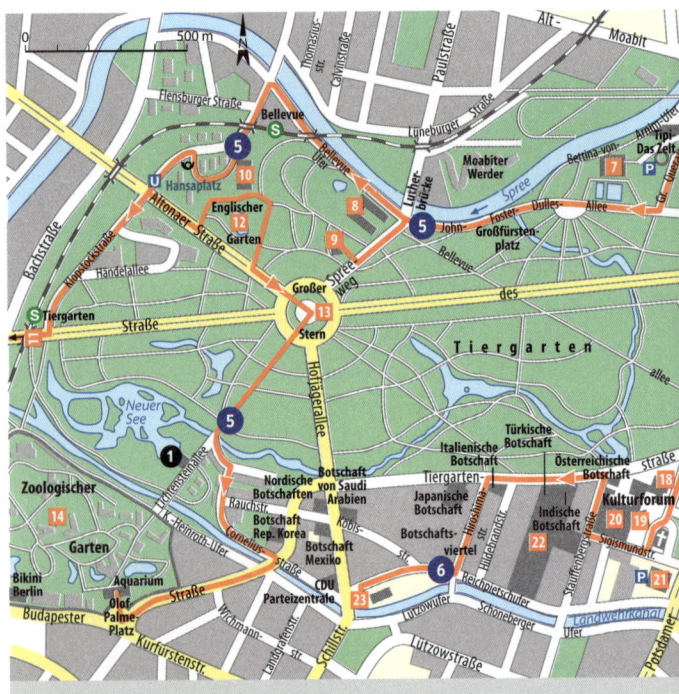

TOUREN RUND UM DEN TIERGARTEN

TOUR ❺

EIN GANG DURCH DEN TIERGARTEN

1 Sowjetisches Ehrenmal

2 Reichstag

3 Paul-Löbe-Haus

4 Marie-Elisabeth-Lüders-Haus

5 Bundespressekonferenz

6 Bundeskanzleramt

7 Haus der Kulturen der Welt

8 Schloss Bellevue

9 Bundespräsidialamt

10 Akademie der Künste

11 Königliche Porzellan-Manufaktur

12 Englischer Garten

13 Siegessäule

14 Zoologischer Garten

1700 Räume. Es werden z. B. Kunst-
und Architekturführungen angeboten (Sa/So 14 Uhr, Anmeldung
› s. u.), anschließend kann die Kuppel besucht werden. Unten am Fluss
lädt eine öffentlich zugängliche
Promenade zum Flanieren ein. In
der östlichen Rotunde gewähren

große Fenster Einblick in die Bun-
destagskantine.

MARIE-ELISABETH-LÜDERS-HAUS 4 ▮ G2

Auf der anderen Spreeseite setzt
sich das sogenannte Band des Bun-
des fort. Der Sitz von Bundestags-
bibliothek, Poststelle und Fahr-
diensten ist nach der Staatsrechtlerin
Marie Elisabeth Lüders (1878 bis
1966) benannt, die als erste Frau an
einer deutschen Universität einen
Doktortitel erlangte (Adele-Schrei-
ber-Krieger-Straße 1).

BUNDESPRESSE-KONFERENZ 5 ▮ G2

Nur wenige Meter sind es zum Haus
der Bundespressekonferenz (Schiffbauerdamm 40, www.bundespresse
konferenz.de). An der Ecke Schiff-
bauerdamm/Albrechtstraße zischt
mancher Politiker in der »Ständigen
Vertretung«, kurz Stäv, gern ein
Kölsch (Schiffbauerdamm 8, www.
staev.de, tgl. 10.30–1 Uhr).

INFO REGIERUNGSVIERTEL

Deutscher Bundestag Besucherdienst
Informiert über Besuchsmöglichkeiten und
Führungen. Anmeldung am besten online.
• Platz der Republik 1 | 11011 Berlin
  Fax 22 73 64 36
  www.bundestag.de/besuche

Buchtipp für Interessierte an
politischer Entscheidungsfindung
und Machtspielen: Heinrich We-
fing, KULISSE DER MACHT, Das
Berliner Kanzleramt. DVA, Stutt-
gart/München 2001 (über Ver-
sandhandel und Antiquariate).

BUNDESKANZLERAMT 6

📱 F2– G2

Der von den Architekten Axel Schultes und Charlotte Frank geschaffene Sitz des Bundeskanzlers gegenüber dem Reichstag war und ist bis heute nicht unumstritten. Viele reiben sich an seiner Monumentalität (»Kohlosseum!«) – das Weiße Haus in Washington passt viermal hinein, Downing Street 10 in London bequem in einen Seitenflügel. An den 36 m hohen Kanzlerkubus sind beidseitig 18 m hohe und 335 m lange Verwaltungsflügel angeflanscht, deren Sandsteinfassaden von Wintergärten durchbrochen sind. Fast schon verspielt wirkt der Haupteingang mit 14 m hohen Betonstelen, einem geschwungenen Textildach und in Betonsäulen gepflanzten Felsenbirnbäumen, Raseninseln und der Skulptur »Berlin« von Eduardo Chillida. Das Foyer

---

💬 **KAHLSCHLAG**

Der **Tiergarten** war kurfürstliches Wildgehege, bis ihn Preußens bedeutender Gartenarchitekt Peter Joseph Lenné 1839 zum englischen Landschaftspark umgestaltete. Von der ursprünglichen Anlage ist nur noch an manchen Stellen etwas zu erahnen, denn nach 1945 benötigten die Berliner dringend Brennmaterial und holzten die Bäume ab. Erst im Jahr 1949 wurde mit Unterstützung der westlichen Besatzungsmächte wieder aufgeforstet.

---

wird bestimmt vom großen Konferenzraum und der eindrucksvollen Treppenanlage mit der Skulptur »Die Philosophin« von Markus Lüpertz.

TIPI AM KANZLERAMT 📱 F3

Das Zweitzelt der **Bar jeder Vernunft** › S. 50 zwischen Kanzleramt und Haus der Kulturen der Welt bietet vielfältige Veranstaltungen aus den Bereichen Kabarett, Chanson und Artistik (Große Querallee, Tel. 39 06 65 50, www.tipi-am-kanzleramt.de; mit Restaurant).

HAUS DER KULTUREN DER WELT 7 📱 F3

Nur einen Steinwurf vom Bundeskanzleramt an der John-Foster-Dulles-Allee liegt das Haus der Kulturen der Welt, das wegen seiner Platzierung in einem Wasserbecken und wegen des geschwungenen Daches im Berlin-Jargon »Schwangere Auster« genannt wird. Es entstand im Jahr 1957 als amerikanischer Beitrag zur Messe Interbau. Das Gebäude beherbergt ein Auditorium mit einer auf drei Größen erweiterbaren Bühne, Sitzungssäle, und eine Ausstellungshalle für zeitgenössische Künste. Hier erhalten außereuropäische Kulturen ein Forum für Kunst, Musik, Tanz, Literatur etc. (John-Foster-Dulles-Allee 10, Tel. 39 78 70, www.hkw.de, Mi bis Mo 10–19 Uhr, Mo Eintritt frei).

SCHLOSS BELLEVUE 8 📱 E3

Entlang der Spree mit Blick auf die schwungvolle Bebauung auf dem Moabiter Werder (Wohnungen für

Schloss Bellevue, der Amtssitz des Bundespräsidenten

Bundesbedienstete) erreicht man Schloss Bellevue, seit 1993 Amtssitz des Bundespräsidenten. Die frühklassizistische Anlage wurde 1785 für Prinz Ferdinand von Preußen, jüngster Bruder Friedrichs des Großen, errichtet. Nach schweren Kriegszerstörungen wurde es mit verändertem Inneren wieder aufgebaut. Nur der 1791 von Carl Gotthard Langhaus eingebaute ovale Saal blieb erhalten (Spreeweg 1).

BUNDESPRÄSIDIALAMT 9 ▌ E3

Zwischen Schloss Bellevue und Siegessäule liegt der ellipsenförmige Neubau des Bundespräsidialamtes. 1998 bezogen die Bonner Beamten das außen dunkelgrün polierte und innen in Weiß erstrahlende Gebäude. Den Bauwettbewerb hatte Ex-Bundespräsident Herzog zugunsten der Frankfurter Architekten Martin Gruber und Helmut Kleine-Kraneburg entschieden (Spreeweg 1, www.bundespraesident.de).

HANSAVIERTEL UND AKADEMIE DER KÜNSTE 10 ▌ E3

Ein Spaziergang durch den Tiergarten entlang der Spree führt zum Hanseatenweg 10, wo man in der **Akademie der Künste** in eine formschöne Welt aus Glas, Klinker, Holz, Beton und Schiefer eintauchen kann. Das dreiteilige 1960er-Jahre-Ensemble besteht aus dem kubischen Ausstellungsgebäude, dem spitzen Studiobau und dem fünfgeschossigen Blauen Haus. Die Institution selbst geht auf das Jahr 1696 zurück, als Kurfürst Friedrich III. die dritte Kunstakademie Europas nach Paris und Rom gründete (Tel. 200 57 20 00, www.adk.de, tgl. 10 bis 22 Uhr und während der Veranstaltungen).

Zum **Hansaviertel** gehören neben den Akademiegebäuden die Siedlungsbauten entlang der **Klopstockstraße,** der **Bartning-** und der **Händelallee.** Unter der Beteiligung namhafter Architekten wie

Walter Gropius und Max Taut entstanden die Gebäude in den 1950er-Jahren als westliche Antwort auf die Stalinallee im Ostteil der Stadt. Locker sind Flachbauten mit Hochhäusern kombiniert, die Grünanlagen des Tiergartens mit einbezogen.

Die originellen Theaterstücke des am Hansaplatz gelegenen **Grips Theaters** sind bei Kindern, Jugendlichen und Erwachsenen beliebt (Tel. 39 74 74 77, www.grips-theater.de; Spielstätten: Grips Hansaplatz, Altonaer Str. 22, und Grips Podewil, Klosterstr. 68, Mitte).

KÖNIGLICHE PORZELLAN-MANUFAKTUR 11 D3

Ein Abstecher führt in die Wegelystraße 1, nahe der S-Bahnstation Tiergarten: Gut 250 Jahre ist die Geschichte der KPM alt. In der Traditionswerkstatt wurde die Dauerausstellung KPM Welt über die Geschichte des Porzellans eingerichtet (Tel. 39 00 94 72, www.kpm-berlin.com, Mo–Sa 10–18 Uhr, 10 €, erm. 5 €; Führungen durch die KPM Welt Sa 15 Uhr, 12 €, erm. 7 €).

Zu kaufen gibt es das edle Porzellan in Berlin vor Ort und in den KPM-Galerien in der Friedrichstraße 158 (Tel. 20 45 58 35) sowie am Ku'damm 27 (Tel. 88 62 79 61), jeweils Mo–Sa 10–20 Uhr).

ENGLISCHER GARTEN 12 E3

Die Anlage gehörte früher zum Schlosspark Bellevue, der einmal einer der schönsten Parks Berlins war. Im Zweiten Weltkrieg wurde das Parkgelände völlig zerstört und in den 1950er-Jahren im Rahmen einer Spendenaktion der Shropshire Horticultural Society aus dem englischen Shrewsbury neu angelegt (Straße des 17. Juni 100).

SIEGESSÄULE 13 E3

Inmitten des »Großen Sterns«, wie die fünfachsige Kreuzung heißt, wird die Siegessäule vom Verkehr umbraust. Oben steht die 35 t schwere Figur der Viktoria auf einer Zehenspitze. »Gold-Else«, die diesen Namen ihrer kostbaren Umhüllung verdankt, konnte 1985 gerade noch rechtzeitig vor dem Absturz gerettet werden. Bei der Sanierung des Denkmals wurde sie neu vergoldet. Im Innern kann man auf einer Wendeltreppe bis zur 48 m hohen Aussichtsplattform hinaufsteigen (Großer Stern, April–Okt. tgl. 9.30 bis 18.30, sonst bis 17.30 Uhr, 3 €, erm. 2,50 €). › mehr S. 12 Punkt 6

ZWISCHENSTOPP: RESTAURANT

Am Zoo bietet sich eine Pause im Biergarten **Café am Neuen See** € 1 E3 an – mit Bootsverleih nebenan.

• Lichtensteinallee 2 | 10787
Tel. 25 44 93 00
www.cafeamneuensee.de | tgl. ab 9 Uhr

ZOOLOGISCHER GARTEN 14 ⭐ D4–E4

Mit über 4,5 Mio. Besuchern im Jahr ist der Zoo einer der meistbesuchten Sehenswürdigkeiten der Hauptstadt. 1842 schenkte Friedrich Wilhelm IV. den Berlinern seine königliche Tiersammlung als Grundstock des Zoos. Für jede Art wurden z. T. reizvolle Häuser gebaut. Mit 1400 Arten und über 18 600 Tieren ist dies der artenreichste Zoo der Welt (Budapester Str. 34, www.zoo-berlin.de, 26. März bis 23. Sept. tgl. 9–18.30, sonst kürzer, 15,50 €, erm. 10,50 €, Kinder bis 15 J. 8 €, Familienticket 26/41 €, mit Aquarium 21 €, 10,50 €, 35/51 €, Ⓤ/Ⓢ Zoologischer Garten). › mehr S. 16 Punkt ㉗ Für Regentage empfiehlt sich das **Zoo-Aquarium** – einzigartig in Deutschland sind die drei Ganges-Gaviale (Budapester Str. 32, www.aquarium-berlin.de, tgl. 9–18 Uhr, 15,50 €, erm. 10,50 €, bis 15 J. 8 €).

RUND UM DEN POTSDAMER PLATZ

VERLAUF: Potsdamer Platz › Musikinstrumenten-Museum › Philharmonie › Kunstgewerbemuseum › Kupferstichkabinett › Gemäldegalerie › Neue Nationalgalerie › Gedenkstätte Dt. Widerstand › Bauhaus-Archiv

KARTE: Seite 104
DAUER: 6 Stunden; mit Museumsbesuchen 1–2 Tage
PRAKTISCHE HINWEISE:
- Startpunkt U-Bahnhof Potsdamer Platz Ⓤ 2 oder S-Bahnhof Potsdamer Platz Ⓢ 1, 2, 25 oder mit den Buslinien M 41, M 48, M 85 und 200.
- Vom Bauhaus-Archiv fährt der Bus 100 in die West- oder Ost-City.

TOUR-START: POTSDAMER PLATZ 15 ★ 8 ▌ G3–G4

Auf den 67 000 m² Brachland an der einstigen Mauer entstand in weniger als zehn Jahren ein völlig neuer Stadtteil. Der Mailänder Renzo Piano baute für das Daimler-Chrysler-Unternehmen Debis, Georgio Grassi entwarf Hochhäuser für ABB, Helmut Jahn schuf für Sony einen gigantischen Komplex aus Wohn- und Gewerbeflächen. Über 600 exklusive Wohnungen entstanden, ein Spielcasino, das schicke Grand Hyatt Hotel, das CinemaXX Kinocenter für rund 3500 Besucher, Schauplatz der Filmfestspiele, das Shoppingcenter **Potsdamer Platz Arkaden,** Bars und Restaurants. Eine bautechnische Sensation war die Versetzung des Esplanade-Kaisersaals um 75 m mit einem Luftpolster.

Im Sony Center ist die **Deutsche Kinemathek – Museum für Film und Fernsehen** untergebracht. Das **Beisheim-Center** beherbergt die Luxushotels Ritz-Carlton und Marriott sowie Wohnungen und Büros. Das Verkehrschaos mindert der 2,4 km lange Tiergartentunnel unter dem Potsdamer Platz und Regierungsviertel.

Den besten Überblick hat man vom **Panoramapunkt** in der 24./25. Etage des **Kollhoff-Towers** in 100 m Höhe (Potsdamer Platz 1, Tel. 25 93 70 80, www.panoramapunkt. de, tgl. 11–19 Uhr, im Winter 11 bis 17 Uhr, 7,50 €, erm. 6 €).

»Faîtes votre jeu!« heißt es auf den vier Etagen der **Spielbank Berlin** (Marlene-Dietrich-Platz 1, Tel.

DIE NEUE MITTE

Der Potsdamer Platz ist die wahre Mitte Berlins

Kann sich noch jemand an die Diskussionen vor wenigen Jahren über Berlins Zentrum erinnern? Ku'damm oder Friedrichstraße? Friedrichstraße oder Ku'damm?

Die Wahrheit liegt in der Mitte, auf dem Potsdamer Platz also. Der macht eindeutig das Rennen – mit dem Sony Center oder dem Beisheim-Center, mit seinen Büros, Luxuswohnungen und den Luxushotels Ritz-Carlton und Mariott, mit Spielbank, Shopping-Arkaden und einer bunten gastronomischen Mischung.

NEUE WEGE

Erst der Potsdamer Platz verbindet die beiden ehemaligen Stadthälften West und Ost, verzahnt die Stadträume bis hin zum Regierungsviertel. Eingefahrene Wege lösen sich auf, neue Strecken entstehen: vom Tiergarten über Potsdamer Platz zum Brandenburger Tor, von der Friedrichstraße über Martin-Gropius-Bau und Potsdamer Platz zum Kulturforum. Der Potsdamer Platz liegt in der Mitte, er gefällt, und alle gehen hin. Man kauft in den Potsdamer Platz Arcaden ein, lässt sich in die Sessel des IMAX-Kinos sinken, riskiert ein paar Euros beim Roulette in der Spielbank, trinkt ein Weißbier im Lindenbräu, besucht mit den Kindern das Legoland Discovery Centre oder genießt den Ausblick vom Panoramapunkt im Kollhoff-Tower.

IT'S A SONY

Sony, der Weltkonzern, beglückt Berlin nicht nur mit einem spektakulären Zeltdach des amerikanischen Stararchitekten Helmut Jahn, sondern auch mit dem **Sony Entertain-**

POTSDAMER PLATZ | 111

ment Center (www.sonycenter.de) und dem Filmhaus, das unter einem Dach die **Deutsche Kinemathek – Museum für Film und Fernsehen**, die **Deutsche Film- und Fernsehakademie** und das Filmkunstkino **Arsenal** vereint.

- **CineStar IMAX** 📘 G3
  Sony Center | Potsdamer Str. 4
  Tel. 26 06 64 00 | www.cinestar.de
- **Legoland Discovery Centre** 📘 G3
  Sony Center | Potsdamer Str. 4 | 10785
  www.legolanddiscoverycentre.de/berlin
  tgl. 10–19 Uhr (letzter Einlass um 17 Uhr, Online-Tickets ab 13 €)
- **Deutsche Kinemathek – Museum für Film und Fernsehen** 📘 G3
  Ein Muss für Fans ist die Marlene-Dietrich-Kollektion des Museums mit privaten Filmaufnahmen.
  Potsdamer Str. 2 | Tel. 300 90 30
  www.deutsche-kinemathek.de
  Mi–Mo 10–18, Do bis 20 Uhr
  Eintritt 8 €, erm. 5 €, Schüler 2 €

DA KOMMT DAIMLER

Nicht nur das Sony, auch das Daimler Center hat Besuchern einiges zu bieten. So z.B die Aussichtsplattform **Panoramapunkt** auf der 24./25. Etage des Kollhoff-Gebäudes › S. 109 und auch die **Daimler Contemporary** im **Haus Huth,** die vor allem abstrakte und minimalistische Kunst des 20. Jhs. präsentiert (Alte Potsdamer Str. 5, art.daimler.com, tgl. 11–18 Uhr, Eintritt frei).

KUNSTSZENE

- Dem genialen spanischen Surrealisten **Salvador Dalí** ist eine **Dauerausstellung** mit rund 450 Exponaten gewidmet.

Leipziger Platz 7 | www.daliberlin.de
tgl. 12–20 Uhr, Juli/Aug. ab 10 Uhr
- Das multimediale und interaktive **Deutsche Spionagemuseum** verschafft Einblicke in geheime Missionen.
  Leipziger Platz 9 | Tel. 398 20 04 51
  www.deutsches-spionagemuseum.de
  tgl. 10–20 Uhr › mehr S. 16 Punkt **25**

GASTROSZENE

- Das **Lindenbräu** €–€€ 📘 G3 im Sony Center rühmt sich der nördlichsten Weißbierbrauerei der Welt.
  Bellevuestr. 3–5 | Tel. 25 75 12 80
  www.bier-genuss.berlin | tgl. ab 11.30 Uhr
- Gut für schnelle Pizza und Pasta ist das **Vapiano** €–€€ 📘 G4
  Potsdamer Platz 5 | Tel. 23 00 50 05
  de.vapiano.com | Mo–Sa 11–24 Uhr
- Im **Weilands Wellfood** €€ 📘 G4 kommt eurasische Bioküche auf den Tisch.
  Marlene-Dietrich-Platz 1
  Tel. 25 89 97 17 | Mo–Fr 10–20 Uhr
- **Essenza** €–€€ 📘 G4
  Traditionelle italienische Küche in angenehmer Atmosphäre.
  Potsdamer Platz 1 | Tel. 25 79 68 56
  www.ristorante-essenza.de
  Mo–Sa 11–24, So 17–1 Uhr
- Im Hotel The Mandala ist das **Facil** €€€ 📘 G4 kulinarischer Spitzenreiter, ausgezeichnet mit zwei Michelin-Sternen.
  Das **Qiu**, eine schöne Lounge für abends.
  Potsdamer Str. 3
  www.facil.de | Tel. 590 05 12 34
  qiu.de | tgl. 12–24 Uhr
- Im Hotel Grand Hyatt bietet das **Vox** €€€ 📘 G4 Hyatt Fine-Dining.
  Das **Jamboree** €€ serviert zeitgenössische Küche und Cocktails.
  Marlene-Dietrich-Platz 2
  www.vox-restaurant.de | Tel. 25 53 17 72
  www.jamboree-bar.de | Tel. 25 53 15 55

Die Außen- und Innengestaltung der Philharmonie sind dem perfekten Klang untergeordnet

25 59 90, www.spielbank-berlin.de, tgl. ab 11 Uhr; Casino Royal ab 15 Uhr). Im benachbarten **Theater am Potsdamer Platz** finden im Februar die Premieren der Wettbewerbsfilme der Berlinale statt, dann heißt das Gebäude für zwei Wochen Berlinale-Palast (www.berlinale.de).

KULTURFORUM F3–4–G3

Das Kulturforum war wegen seiner Weitläufigkeit und Nüchternheit immer umstritten, der hohe Rang der hier verwahrten Kunstschätze steht jedoch außer Zweifel. Die Idee zum Kulturforum am Kemperplatz stammt aus den 1960er-Jahren, als man ein Pendant zur Museumsinsel im Ostteil der Stadt schaffen wollte. Den Anfang machte die Neue Nationalgalerie, erbaut 1963–68. Die Einrichtung wuchs, 1995 wurde die Kunstbibliothek eröffnet, 1998 die Gemäldegalerie (Tickets für **alle** Ausstellungen im Kulturforum

16 €, erm. 8 €). In Planung ist nun ein Neubau zwischen Nationalgalerie und Philharmonie von Herzog & de Meuron für das Museum des 20. Jahrhunderts.

MUSIKINSTRUMENTEN-MUSEUM 16 G3

Die Besichtigung des Kulturforums beginnt man beispielsweise in der Tiergartenstraße am Musikinstrumenten-Museum. Die Ausstellung historischer, aber auch neuerer Instrumente ging aus den Sammlungen der 1888 gegründeten Musikhochschule hervor. Mit rund 3300 Exponaten ist es eine der größten Kollektionen dieser Art. Bei Führungen darf man sich auf akustische Kostproben freuen. Ein Hit ist die Wurlitzer-Orgel, eine alte Kinoorgel, die über mehrere Etagen geht (Tiergartenstr. 1, Tel. 25 48 11 78, www.sim.spk-berlin.de, Di–Fr 9–17, Do bis 20, Sa/So 10–17 Uhr, 6 €, erm.

3 €; Führungen Do 18, Sa 11 Uhr, mit Vorführung der Wurlitzer-Orgel um 12 Uhr, Führungen 3 €).

CAFÉ

• Im Musikinstrumentenmuseum serviert das **SIM-Café** heiße Getränke und kleine Gerichte (Di–Fr 10.30–14.30 Uhr).

PHILHARMONIE UND KAMMER-MUSIKSAAL 17 ⭐ ∎ F3–G3

Wie die große Staatsbibliothek an der Potsdamer Straße schräg gegenüber, so hat auch das Musikinstrumentenmuseum Ähnlichkeit mit dem frei geformten Baukörper der **Philharmonie,** den Hans Scharoun in den 1960er-Jahren verwirklichte. Der Architekt wollte den rechten Winkel vermeiden und mit seiner anthroposophisch orientierten Bauweise das organische Wachstum der Natur nachahmen. Wenn die Abendsonne über dem Platz steht, schimmert die Aluminiumfassade des Gebäudes golden – ein unvergleichlicher Anblick. Im Inneren sind die Publikumsränge im Kreis um das Orchester herum gruppiert.

Neben der Philharmonie entstand nach dem gleichen Grundsatz Scharouns 20 Jahre später mit einer hervorragenden Akustik der **Kammermusiksaal.** Sein Grundriss besteht aus Sechsecken (Herbert-von-Karajan-Str. 1, Tel. 25 48 80, www.berliner-philharmoniker.de).

KUNSTGEWERBEMUSEUM 18 ∎ F3

Wie ein großer Block erhebt sich der Stahlskelettbau mit Ziegelfassade am Matthäikirchplatz, der 1985 unter Leitung von Rolf Gutbrod errichtet wurde. Im dem Haus für Kunst, Mode und Design bekommt man u. a. einen Überblick über europäische Entwurfs- und Objektkunst vom Mittelalter bis zum Art

---

💬 DIE BERLINER PHILHARMONIKER

Die Philharmonie ist der Konzertsaal des Berliner Philharmonischen Orchesters. Das 1882 gegründete Ensemble ist über die Jahrzehnte zu einem Aushängeschild für die Exklusivität der Berliner Musikszene geworden. Das Orchester mit seinem warmen Klangtimbre wird nicht nur von Kritikern hoch gelobt. Auch die Berliner lieben ihre Philharmoniker, nicht zuletzt wegen ihrer Unkonventionalität.

Intern verfügen die Berliner Philharmoniker über eine starke demokratische Selbstverwaltung. Maßgebliche Entscheidungen treffen der Vorstand und der sogenannte Fünferrat. 1989 wählten die Mitglieder Claudio Abbado zum Chefdirigenten und künstlerischen Leiter. Der Mailänder führte Orchester wie Zuhörer zu neuen Ufern zeitgenössischer Musik. Der Nachfolger (seit 2001/2002), Sir Simon Rattle, hat wie seine Vorgänger mit den Philharmonikern zahlreiche Aufnahmen produziert, inzwischen aber den Taktstock auch schon wieder weitergegeben an Kirill Petrenko, der nun das weltberühmte Orchester als Chefdirigent leitet (www.berliner-philharmoniker.de).

déco. In der Modegalerie sind Kostüme und Accessoires vom 18. bis zum 20. Jh. zu sehen, im Untergeschoss die hochkarätige Designausstellung vom 19. Jh. bis heute (Di bis Fr 10–18, Sa/So 11–18 Uhr, www. smb.museum, 8 €, erm. 4 €).

KUPFERSTICHKABINETT 19 📱 F4

Das Kupferstichkabinett, das gegenüber liegt, präsentiert seit 1994 110 000 Zeichnungen, Aquarelle, Gouachen und Pastelle sowie über 500 000 graphische Blätter vom Spätmittelalter bis in die Neuzeit. Mit dieser Einrichtung, die nun die Abteilungen aus Ost und West vereint, wurde Berlin – neben London und Paris – zu einem der führenden Studienorte für graphische Künste.

Im Neubau ist auch die **Kunstbibliothek** mit Schwerpunkt europäische Grafik untergebracht (Tel. 266 42 42 42, www.smb.museum, Di–Fr 10–18, Sa/So 11–18 Uhr, 6 €, erm. 3 €).

GEMÄLDEGALERIE 20 ⭐ 📱 F4

Glanzlicht des Kulturforums ist die Gemäldegalerie. Der moderne Kubus, der an der Sigismundstraße eine alte Tiergartenvilla einbezieht, stammt von den Architekten Heinz Hilmer und Christoph Sattler. Hier wurden nach jahrzehntelanger Trennung die Bestände des Dahlemer und des Bode-Museums in glanzvollem Rahmen wieder vereint. Die Gemäldesammlung von Weltrang bietet mit rund 1400 Werken einen Querschnitt durch die Entwicklung der europäischen Malerei vom 13. bis zum 18. Jh. Hier

kann man gut einen Tag verbringen (Eingang am Matthäikirchplatz, Tel. 266 42 42 42, www.smb.museum, Di–Fr 10–18, Do bis 20, Sa/So 11 bis 18 Uhr, Eintritt 10 €, erm. 5 €).

NEUE NATIONAL-GALERIE 21 ⭐ 📱 F4

Das 1968 von Ludwig Mies van der Rohe erbaute Gebäude besteht komplett aus Stahl und Glas und orientiert sich an der Grundstruktur eines griechischen Tempels. So vermittelt die lichtdurchflutete Halle ein besonderes Raumerlebnis. Das Museum zeigt v. a. europäische Malerei und Plastik des 20. Jhs. mit Werken des Expressionismus (u. a. Kirchner, Schmidt-Rottluff), »Bauhaus« (u. a. Feininger, Klee), »Neue Sachlichkeit« (u. a. Dix, Grosz) bis zur Kunst der 1960er-Jahre – Frank Stella, Ellsworth Kelly (www.smb. museum, wegen Sanierung geschl.).

SHOPPING

Ave Maria 📱 F4

Der kitschig bunte Shop südlich des Kulturforums ist der Platzhirsch unter den Devotionalienläden.

• Potsdamer Str. 75 | 10785
Tel. 265 22 84 | avemaria-berlin.de
Mo–Fr 12–18, Sa bis 15 Uhr

GEDENKSTÄTTE DEUTSCHER WIDERSTAND 22 📱 F4

Mit einem bedrückenden Thema der deutschen Vergangenheit konfrontiert die Gedenkstätte Deutscher Widerstand. Die ständige Ausstellung im so genannten Bendlerblock informiert umfassend über die verschiedenen Gruppen des

Widerstands gegen den Nationalsozialismus. Das schlichte Ehrenmal im Hof des ehemaligen Oberkommandos der Wehrmacht erinnert an die Opfer des gescheiterten Attentats auf Hitler vom 20. Juli 1944 (Stauffenbergstr. 13/14, Eingang über den Ehrenhof, Tel. 26 99 50 00, www.gdw-berlin.de, Mo–Fr 9–18, Do bis 20 Uhr, Sa/So 10–18 Uhr, Führung So 15 Uhr).

BOTSCHAFTSVIERTEL ▮ F3–F4

Weitere Spuren aus jener Zeit finden sich im alten und neuen Botschaftsviertel. In der reizvollen Gegend haben sich seit jeher ausländische Vertretungen in feudalen Villen niedergelassen. Albert Speer, der Generalbauinspektor im Dritten Reich, ließ 1938 die Villen von Aristokratie und Hochfinanz abreißen, um an ihrer Stelle moderne Gebäude für Botschaften und Konsulate erbauen zu lassen, auch einige Landesvertretungen der Bundesländer sind hier entstanden.

Ein eindrucksvolles Beispiel stellt die **Italienische Botschaft** (Hiroshimastr. 1) mit ihrer Front im Renaissancestil verkleidet mit römischem Travertin, dar. Nebenan residiert im feudal anmutenden Japanisch-Deutschen Zentrum die **Japanische Botschaft** (Hiroshimastr. 6). Ein paar Meter weiter erblickt man auf der anderen Straßenseite die **Friedrich-Ebert-Stiftung** und in der Nr. 18 das Gebäude der **Botschaft der VAE** (Vereinigte Arabische Emirate) sowie die Landesvertretung von NRW hinter einer modernen Glasfassade.

Zurück auf der Tiergartenstraße reihen sich in östlicher Richtung die **Botschaften der Türkei, Südafrika, Indien** und **Österreich**. Folgt man der Tiergartenstraße Richtung Westen, passiert man u. a. die **Botschaft des Königreiches Saudi-Arabien,** eine harmonische Verbindung zwischen Tradition und Moderne. Bereits an der Kreuzung an der Klingelhöferallee sieht man den Komplex der **Nordischen Botschaften**, eine Komposition verschiedener Baumaterialien, umschlossen von einem Kupferband. Im Gemeinschaftshaus **Fellehus** werden Ausstellungen gezeigt und es gibt eine nette Kantine (Rauchstr. 1). Gegenüber residiert in einem Gebäude mit formalistischer Fassade die **Botschaft von Mexiko.** Direkt benachbart in einem Altbau ist die **Botschaft von Syrien** untergebracht.

BAUHAUS-ARCHIV ❷❸ ▮ E4–F4

Bauhaus-Gründer Walter Gropius schuf das 1979 fertiggestellte Gebäude. Es beherbergt eine einzigartige Sammlung von Designobjekten, Zeichnungen und Fotografien, Architekturmodellen und -plänen aus der Zeit des Bauhauses 1919 bis zu seiner Schließung 1933. Hinzu kommen wechselnde Sonderausstellungen von internationalem Ruf (wegen Umbau geschl., Als Übergangslösung dient The temporary bauhaus-archiv/museum für gestaltung & bauhaus_shop in der Knesebeckstr. 1–2, Tel. 254 00 20, www.bauhaus.de, Mo–Sa 10–18 Uhr, Eintritt frei).

DIE CITY-WEST

Der Berliner Zoo befindet
sich mitten in der Stadt gleich
hinter dem Bahnhof Zoo

Rund um den Kurfürstendamm kann man vor allem shoppen und bummeln. Auch das Schloss Charlottenburg mit seinem barock gestalteten Park und die Museen in seiner Umgebung lohnen einen Besuch.

Die westliche Innenstadt wird aus den Ortsteilen **Wilmersdorf, Charlottenburg, Schöneberg** und **Tiergarten** gebildet. Mittelpunkt der City-West sind Tauentzien und Kurfürstendamm. Bekannt sind auch die Kaiser-Wilhelm-Gedächtniskirche, Bahnhof Zoo oder das Theater des Westens.

Nach wie vor ist der **Kurfürstendamm** der größte und vielseitigste Einkaufsboulevard der Stadt. Beim Flanieren sollte man hin und wieder Abstecher in die Seitenstraßen machen, denn auch dort locken schicke Boutiquen, gut sortierte Buchläden, gemütliche Cafés und verrückte Schnickschnack-Shops.

Dabei kommt auch die Kultur nicht zu kurz: Namhafte Galerien, Auktionshäuser, Museen und Kirchen liegen am Weg. Pflicht ist natürlich ein Besuch des **KaDeWe** und besonders der Lebensmittel- oder eigentlich besser der Feinschmeckerabteilung. Und natürlich ist der Ku'damm auch immer noch eine Gegend zum Ausgehen mit zahlreichen Restaurants und Bars sowie Kinos und Theatern.

Aber die West-City bietet weitaus mehr als Shopping und nächtliches Vergnügen. **Schloss Charlottenburg** und Umgebung sind für Kunstliebhaber ein ganz besonderes Vergnügen. Nachdem man sich Gemälde französischer Meister des 18. Jhs. im neuen Flügel angeschaut hat, kann man im Schlosspark die dicken Karpfen füttern oder sich im Restaurant Kleine Orangerie bei einem Kaffee entspannen – um sich danach frisch gestärkt ganz der modernen Kunst im **Museum Berggruen** und der **Sammlung Scharf-Gerstenberg** zu widmen.

Das Kaufhaus des Westens gilt als Shoppingtempel der Superlative

TOUREN IN DER WEST-CITY

BUMMEL ÜBER DEN KURFÜRSTENDAMM

> **VERLAUF:** Ku'damm › Sayignyplatz › Jebenstr. › Meineckestr. › Kaiser-Wilhelm-Gedächtniskirche › KaDeWe
>
> **KARTE:** Seite 121
> **DAUER:** 4–6 Stunden
> **PRAKTISCHER HINWEIS:**
> • Die Tour beginnt am U-Bahnhof Adenauerplatz Ⓤ 7 und endet am U-Bahnhof Wittenbergplatz Ⓤ 1, 2, 3.

TOUR-START:

Der 53 m breite Prachtboulevard diente ursprünglich als unbefestigter Verbindungsweg zwischen Berlin und dem Jagdschloss Grunewald, den Kurfürst Joachim II. Hector zur Mitte des 16. Jhs. durch den märkischen Sand anlegen ließ. In der Kaiserzeit entwickelte sich der Ku'damm, wie die Berliner sagen, zu einer beliebten und vornehmen Adresse, an der Reiche und Prominente ihre Häuser errichten ließen und Luxusgeschäfte ihre Auslagen darboten. Die Bomben des Zweiten Weltkriegs rissen große Lücken in die Nobelbebauung.

Um die City-West aufzupolieren, wurde der Ku'damm, genauer gesagt der Tauentzien bis zum Wittenberg-platz, durch eine neue Mittelpromenade verschönert. Im aufwendig restaurierten **Haus Cumberland** ⭐ (Nr. 193–194), das vor einem Jahrhundert vom alten Hotel-Adlon-Architekten Robert Leibnitz entworfen wurde, ist mit dem Grosz ein schönes urbanes Café-Restaurant entstanden. Das Bikini-Haus aus den 1950er-Jahren wurde in ein schicke Concept Mall umgebaut. Zum Zentrum am Zoo, wie sich das Areal nennt, gehören das ebenfalls renovierte Kino Zoo Palast und das **Bikini Berlin** mit Geschäften, Restaurants, Cafés und einem Designhotel, das 25hours (bikiniberlin.de). › mehr S. 15 Punkt ㉑ Schräg gegenüber erhebt sich das gediegene Hotel Waldorf Astoria › S. 33.

SCHAUBÜHNE 1 ⭐ ▮ B5

Knapp 20 Jahre nach ihrer Gründung zog die Schaubühne 1981 vom Halleschen Ufer in Kreuzberg an den Lehniner Platz. Seitdem residiert das Theater in dem 1928 von Erich Mendelsohn als Universum-Kino errichteten U-förmigen Gebäude. Seine besten Zeiten hatte es unter der Leitung von Peter Stein, bis 1985 Chefregisseur eines Starensembles. Seit 2000 ist Thomas Ostermeier Künstlerischer Leiter des Hauses. Zur Aufführung kommen Tanztheater und zeitgenössische Autoren, jährlich im März findet das Festival Internationale Neue Dramatik statt (Ku'damm 153, Tel. 89 00 23, www.schaubuehne.de).

RUND UM DEN OLIVAER PLATZ **2** C4–C5

Hier erreicht man den etwas ruhigeren Teil des Ku'damms, die Geschäfte sind exklusiv und teuer. Kaufanreize für pralle Geldbeutel gibt es genug. Einen Abstecher wert sind die Schlüter-, Bleibtreu- und Knesebeckstraße mit prächtigen Jugendstil- und Gründerzeithäusern.

RESTAURANT

Enoiteca il Calice €€–€€€ **1** C4

Groß und nobel ist dieses Restaurant mit Vinothek, das gehobene italienische Küche und erlesene Weine serviert.

• Walter-Benjamin-Platz 4 | 10629
  Tel. 324 23 08
  www.enoiteca-il-calice.de
  Mo–Sa 12–2 Uhr

BEAUTY

Blow Dry to go Shan's True Beauty €€ C4

»Waschen, Föhnen, Gehen« lautet das Konzept der Beautylounge, in der man sich auch schminken lassen kann.

• Kurfürstendamm 196 | 10707
  Tel. 88 71 79 00
  www.shanrahimkhan.com | Mo 9–18,
  Di/Mi bis 19, Do/Fr bis 20, Sa 10–19 Uhr

KU'DAMM-KARREE **3** D4

Seit Sommer 2018 wird das alte Ku'damm-Karree abgerissen und umgestaltet. Die beiden Bühnen

TOUR DURCH DIE CITY-WEST

TOUR **7** BUMMEL ÜBER DEN KURFÜRSTENDAMM

1 Schaubühne
2 Olivaer Platz
3 Ku'damm-Karree
4 Savignyplatz
5 Theater des Westens
6 Museum für Fotografie
7 Jüdisches Gemeindehaus

8 Hotel Bristol Berlin
9 Käthe-Kollwitz-Museum
10 Haus der Berliner Festspiele
11 Neues Kranzler Eck
12 Kaiser-Wilhelm-Gedächtniskirche
13 Kaufhaus des Westens

Im renommierten Theater des Westens werden Musical-Highlights gespielt

Theater und Komödie am Kurfürstendamm ziehen vorübergehend ins Schillertheater. Für sie wird am alten Standort ein neues Theater errichtet.

Auch das privat geführte Museum **The Story of Berlin** mit dem Atombunker unter dem Kurfürstendamm soll im neuen Karree wieder seinen Platz finden (Ku'damm 207/208, während der Bauphase im Schillertheater, Bismarckstr. 110, 10625, Tel. 88 72 01 00, tgl. 10 bis 20 Uhr, 12 €, erm. 9 €, 6–16 J. 5 €, derzeit keine Bunkerführungen).

SAVIGNYPLATZ 4 ▌ C4–D4

Ein Gang entlang der Knesebeckstraße führt zum Savignyplatz, einem belebten Stadtplatz, besonders attraktiv für Bücherfreunde und Anhänger des guten Essens. Der Maler und Grafiker George Grosz wohnte hier nach der Rückkehr aus dem Exil. In der **Savigny-Passage** sind in den S-Bahnbögen Buchläden und Restaurants untergebracht.

RESTAURANT

In Régis Lamazères **Brasserie Lamazère** ▌ B4 isst man wie in Frankreich (eine Station bis S-Bahnhof Charlottenburg fahren).
- Stuttgarter Platz 18 | 10627 Tel. 31 80 07 12 | www.lamazere.de Di–So 18–2 Uhr

---

> 💬 **C/O BERLIN** ▌ D4
>
> Das Mitte der 1990er-Jahre erbaute **Amerika Haus** wurde nach einem Umbau nun von der Fotogalerie **C/O Berlin** bezogen und hat sich als neuer Kulturstandort etabliert (Hardenbergstr. 22–24, 10623, Tel. 284 44 16 62, tgl. 11–20 Uhr, www.co-berlin.org, 10 €, erm. 6 €).

SHOPPING

Küchenladen 📱 D4

Führt Edles für Köche.

• Knesebeckstr. 26 | 10623
  Tel. 881 39 08 | www.kuechenladen.com
  Mo–Fr 10–19, Sa 10–18 Uhr

Viniculture 📱 D4

Der Inhaber hat sich auf Bio- und natur-
belassene Weine spezialisiert – klasse.

• Grolmanstraße 44–45 | 10623
  Tel. 883 81 74 | www.viniculture.de
  Mo–Fr 11–20, Sa 10–18 Uhr

THEATER DES WESTENS 5 📱 D4

Die Kantstraße hinunter Richtung
Bahnhof Zoo kommt man am Theater des Westens, Berlins bekann-
tester Musicalbühne, vorbei, in der
über Wochen immer nur ein Stück
läuft. Das auffällige Gebäude wurde
1896 im kurvenreichen Stil der
Belle Époque erbaut (Kantstr. 12,

Karten-Tel. 018 05 44 44, www.
stage-entertainment.de).

Die **Vagantenbühne** nebenan im
Delphi-Haus ist privat geführt und
ein ausgezeichneter Tipp für Ge-
genwartsdramatiker (Kantstr. 12A,
Karten-Tel. 313 12 07, www.vagan
ten.de).

MUSEUM FÜR FOTOGRAFIE 6 ⭐ 📱 D4

Hinter dem Bahnhof Zoologischer
Garten sind Werke des verstorbenen
Starfotografen Helmut Newton und
seiner Weggefährten zu bewundern.
Wechselnde Ausstellungen der
Sammlung Fotografie der Kunst-
bibliothek werden im zweiten Ober-
geschoss gezeigt (Jebenstr. 2, Tel.
266 42 42 42, www.smb.museum,
Di–So 11–19 Uhr, 10 €, erm. 5 €).

ENTLANG DER FASANEN-STRASSE 📱 D4

Nördlich des Ku'damm steht in der
Fasanenstraße das ständig bewachte
Jüdische Gemeindehaus 7. Es
wurde 1957–59 an der Stelle der von
den Nazis verwüsteten Synagoge errichtet. Dabei bezogen die Architekten das Portal des alten Gebäudes in
den Neubau mit ein (Nr. 79/80,
www.jg-berlin.org).

In jüdischem Familienbesitz war
ursprünglich auch das **Hotel Bristol Berlin** 8 an der Ecke zum
Ku'damm, bis es 1937 »in arischen
Besitz überführt« und die rechtmä-
ßigen Besitzer enteignet wurden.
Eine Gedenktafel am Eingang erinnert an die Geschichte während des
Nationalsozialismus (Ku'damm 27,
www.bristolberlin.com).

💬 GARTEN FÜR ALLE

Bei schönem Wetter lädt der
Savignyplatz zum Verweilen
ein. Auf dem unter Denkmalschutz stehenden Fleckchen
Wiese herrscht immer eine
nette Atmosphäre. 1861 legte
die Stadt hier einen steifen
Schmuckplatz an. Betreten war
streng verboten!

1912 setzte Berlins fähiger
Gartendirektor Erwin Barth
seine reformerischen Ideen von
einem »festlich-frohen Garten
für alle sozialen Schichten« in
die Tat um.

In der Fasanenstraße Nr. 24 hat das **Käthe-Kollwitz-Museum** 9 seinen Sitz. Die kleine Ausstellung in dem spätklassizistischen Palais zeigt Werke der sozial engagierten Künstlerin, die lange zurückgezogen in Prenzlauer Berg lebte und arbeitete. Zusätzliche wechselnde Ausstellungen und Gespräche (Tel. 882 52 10, www.kaethe-kollwitz.de, tgl. 11–18 Uhr, 7 €, erm. 4 €).

Die benachbarte Gründerzeitvilla (Nr. 23) ist Sitz des **Literaturhauses**. Neben der Buchhandlung ist das **Café im Literaturhaus** einen Besuch wert (www.literaturhaus-berlin.de, Café tgl. 9–24 Uhr).

Das Hotel **Savoy** mit Zigarrenlounge und dem Restaurant **Weinrot** mit Sommergarten befindet sich in Nr. 9–10 (Tel. 31 10 33 34, www.weinrot.berlin).

ZWISCHENSTOPP: RESTAURANTS

Nicos Süßes Atelier € 2 🍴 D5
Nico Müller serviert hohe Konditorkunst.
• Fasanenstr. 42 | 10719 | Tel. 88 77 46 88
Di–Sa 10–18, So 11–17 Uhr

Um die Ecke offeriert das **Hamlet** € – € €
3 🍴 D5 deutsch-französische Küche, preiswertes Mittagessen gibt es ab 11 Uhr.
• Ludwigkirchstr. 6 | 10719 | Tel. 882 13 61
www.restaurant-hamlet.de | tgl. 8–1 Uhr

HAUS DER BERLINER FESTSPIELE 10 ⭐ 🍴 D5

Die Berliner Festspiele bespielen seit 2001 das Haus der früheren Freien Volksbühne mit Musik-, Theater- und Literaturveranstaltungen (Schaperstr. 24, Tel. 25 48 90, www.berlinerfestspiele.de).

KRANZLER ECK BERLIN 11 🍴 D4

Das traditionsreiche Café Kranzler musste 2000 dem Neuen Kranzler Eck mit Shops und Büros weichen. Die denkmalgeschützte Fassade bewahrte das alte Kranzler vor dem Abriss. Die Modekette Superdry hat das Haus umgebaut: Heute ist das Kranzler Eck mit dem Coffeeshop **The Barn at Café Kranzler** wieder zugänglich (Ku'damm 21–24, Mo bis Sa 10–20 Uhr).

KAISER-WILHELM-GEDÄCHTNIS-KIRCHE 12 9 🍴 D4

Der neuromanische Bau (1891–95) wurde im Zweiten Weltkrieg ausgebombt. Proteste der Bevölkerung verhinderten den Abriss. Egon Eiermann errichtete daneben 1961–63 den sechseckigen Glockenturm und den achteckigen Hauptbau der neuen Kirche. Die Ruine dient als Museum und Mahnhalle. Mehrmals täglich finden halbstündige Führungen statt; auch Klavier-, Orgel-, Jazz- und Gospelkonzerte (www.gedaechtniskirche-berlin.de, Breitscheidplatz, tgl. 9–19 Uhr).

KAUFHAUS DES WESTENS (KADEWE) 13 ⭐ 🍴 E4

Mit einem Bummel durch das KaDeWe, dem wohl berühmtesten Kaufhaus Berlins, mit seinen über 60 000 m² Fläche können Sie die Tour abschließen. Das Angebot ist unermesslich, die Feinkostabteilung im 6. Stock legendär (Tauentzienstr. 21–24, www.kadewe.de, Mo–Do 10 bis 20, Fr bis 21, Sa 9.30–20 Uhr). Momentan wird bei laufendem Betrieb umgebaut.

TOUR
8

RUND UMS SCHLOSS CHARLOTTENBURG

VERLAUF: Schloss Charlottenburg ›
Gipsformerei › Museum Berggruen ›
Bröhan-Museum › Sammlung Scharf-
Gerstenberg › Keramik-Museum

KARTE: Seite 124
DAUER: 1 Tag (inklusive Museumsbesuche)
PRAKTISCHE HINWEISE:
- Das Schloss (Spandauer Damm 20
  bis 24, 14059) ist am besten mit
  den Buslinien 109, M 45 und 309,
  mit den S-Bahnlinien Ⓢ 41, 42 und
  46 (Bahnhof Westend) zu erreichen. Per U-Bahn: die Ⓤ 2 bis
  Sophie-Charlotte-Platz oder die
  Ⓤ 7 bis Richard-Wagner-Platz.
- Vom Keramik-Museum ist es nicht
  weit zur Ⓤ 7 Richard-Wagner-Platz.
- Das Ticket charlottenburg⁺ ist für
  einen Besuch in allen Schlössern
  im Schlossgarten Charlottenburg
  an einem Tag gültig (ohne Sonderausstellungen). An den beteiligten
  Schlosskassen, in den Besucher-
  zentren sowie online, tickets.spsg.
  de, 17 €, erm. 13 €, Familie 25 €.

TOUR-START:
SCHLOSS CHARLOTTENBURG 14
⭐10 📖 B2

Das glanzvollste der Berliner Ho-
henzollernschlösser ist ein Jahrhun-
dertwerk, das in mehreren Bauetap-
pen entstand: Alles begann damit,
dass die Ehe zwischen Kurfürst
Friedrich III. und seiner Gemahlin
Sophie Charlotte ohne nennens-
werte Gemeinsamkeiten verlief.
Während der Herrscher militäri-
schen Übungen nachging, pflegte
seine Angetraute die gebildete Unterhaltung mit Leibniz oder lernte
Französisch und Italienisch. Damit
Sophie Charlotte ihr Leben nach ihrer Fasson führen konnte, ließ sie
sich in dem damals noch ländlichen
Örtchen Lietzow das Sommer-
schlösschen Lietzenburg bauen.

1695 begann Johann Arnold Nering den Mittelbau, der 1699 – noch
ohne Turm – fertig gestellt wurde.
Nachdem sich der Kurfürst 1701
zum ersten preußischen König ge-
krönt hatte, erteilte er dem schwedi-
schen Architekten Johann Friedrich
Eosander von Göthe den Auftrag zu
dem 48 m hohen Kuppelaufsatz,
den beiden Seitenflügeln und der
Großen Orangerie im Westen.

Erst nach dem frühen Tod der
Königin im Jahr 1705 erhielt die
Anlage ihren heutigen Namen. Bis
das Schloss Sanssouci in Potsdam
vollendet war, wohnte auch Friedrich der Große gern hier, denn er
hegte eine große Verehrung für seine Großmutter Sophie Charlotte. In
dieser Zeit ergänzte auch sein Architekt Georg Wenzeslaus von Knobelsdorff den Komplex um den lang
gestreckten Neuen Flügel. Ihren
Abschluss fand die Baugeschichte
durch Friedrich Wilhelm II., der
1788 die Errichtung des Schloss-
theaters durch Carl Gotthard Langhans veranlasste. 1943 wurde Char-

lottenburg bei einem Luftangriff so schwer beschädigt, dass man im Begriff war, die Ruine zu sprengen, aber die damalige Schlösserdirektorin Margarete Kühn setzte sich für den Wiederaufbau ein. Die vergoldete Wetterfahne kam erst 1952 während des Wiederaufbaus auf die Kuppelspitze (Spandauer Damm 10–22, Tel. 03 31 969 42 00, www. spsg.de; Altes Schloss, historische Räume April–Okt. 10–17.30, Nov. bis März Di–So 10–16.30 Uhr, 10 €, erm. 7 €).

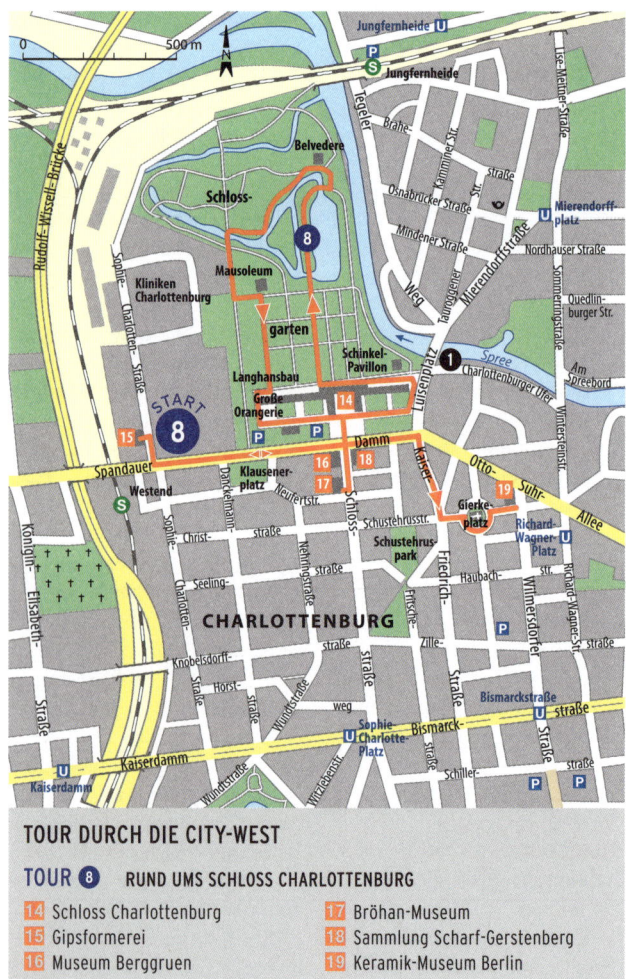

TOUR DURCH DIE CITY-WEST

TOUR 8 RUND UMS SCHLOSS CHARLOTTENBURG

14 Schloss Charlottenburg

15 Gipsformerei

16 Museum Berggruen

17 Bröhan-Museum

18 Sammlung Scharf-Gerstenberg

19 Keramik-Museum Berlin

HISTORISCHE RÄUME

Die **Räume** im Mitteltrakt und im rechten Seitenflügel wurden in ihren alten Formen und Farben wiederhergestellt und können fast alle besichtigt werden. Die **Wohnräume Friedrichs I. und Sophie Charlottes** kann man durchschreiten und deren Kunstschätze, vor allem die chinesischen Möbel und Gemälde, u.a. von Caspar David Friedrich, bewundern. Was für exzessive Blüten die Chinaliebe der Kurfürstin treiben konnte, zeigt sich im **Porzellankabinett.** Um die Wirkung des fernöstlichen Geschirrs zu steigern, ließ der Kurfürst die Sammlung durch Wandspiegel optisch vervielfältigen.

NEUER FLÜGEL

Dieser Flügel, nach seinem Architekten auch Knobelsdorff-Flügel genannt, birgt im Obergeschoss die schönsten Räume, die das preußische Rokoko hervorgebracht hat: die erlesen ausgestalteten Gemächer Friedrichs des Großen mit dem Konzertzimmer und dem Weißen Saal, der dem Monarchen als Speise- und Thronsaal diente. Für seine Tabakdosensammlung gab der Alte ein Vermögen aus. Eine Dose mit Einschussloch ist auch dabei. Sie soll Friedrich im Siebenjährigen Krieg das Leben gerettet haben. Der königlichen Sammelleidenschaft ist es zu verdanken, dass hier mit acht Werken Watteaus eine Kollektion des Rokokomalers zu sehen ist.

Im ersten Stock liegt die **Goldene Galerie,** ein lichtdurchfluteter Festsaal, in sanftes Grün und Gold getaucht. Nach mehrjähriger Abwesenheit ist das berühmte Doppelstandbild der Prinzessinnen Luise und Friederike von Preußen wieder im Vestibül des Neuen Flügels zu sehen (Öffnungszeiten und Preise wie Schloss Charlottenburg).

NEUER PAVILLON

Seit Ende 2011 ist das Juwel aus der Schinkelzeit – Karl Friedrich Schinkel erbaute das zweigeschossige Sommerhaus 1824 im Auftrag von Friedrich Wilhelm III. – wieder für Besucher zugänglich. Friedrich Wilhelm III. ließ ihn 1824 von Schinkel für sich und seine zweite Gemahlin, die Fürstin Liegnitz, als Sommerwohnsitz errichten. Der anmutige Bau hat die neapolitanische Villa Chiatamone zum Vorbild (April bis Okt. Di–So 10–17.30, Nov.–März Di–So 12–16 Uhr, 4 €, erm. 3 €).

💬 VERSUNKENER SCHATZ

Nicht nur die Residenz, auch das **Reiterstandbild des Großen Kurfürsten** im Ehrenhof von Charlottenburg hat eine aufregende Geschichte: Seit seiner Entstehung im Jahr 1700 war es in der Nähe des Stadtschlosses aufgestellt. Nach der Auslagerung im Zweiten Weltkrieg ging der Lastkahn mit dem schweren Koloss 1946 bei einer Havarie im Tegeler Hafen unter. Erst drei Jahre später konnte das Denkmal geborgen werden. Im Ehrenhof fand es 1951 seinen neuen Standort.

Mitteltrakt des Charlottenburger Schlosses

DER SCHLOSSPARK

Im vorderen Teil des großen Parks geben schön getrimmte Buchsbaumhecken, Zierpflänzchen, Wasserspiele und Orangenbäume den barocken Eindruck der Zeit Sophie Charlottes wieder, während im hinteren Teil die Umgestaltung in einen englischen Landschaftsgarten Ende des 18. Jhs. deutlich wird. Im Norden wurde dem Areal ein Trümmerhügel angegliedert, der heute als Liegewiese, Spielplatz oder Rodelbahn genutzt wird.

Ein einzigartiges Beispiel barocker Gartengestaltung ist das Parterre im Garten mit Kies- und Blumenflächen um eine Fontäne. Im Garten nahe der Spree leuchtet die Fassade des **Neuen Pavillons** (Schinkel-Pavillon).

Das **Belvedere** am nordöstlichen Parkrand ließ Friedrich Wilhelm II. 1788 als Teehaus erbauen. Hier sind Erzeugnisse der Königlich Preußischen Porzellanmanufaktur (KPM) aus dem 18. und 19. Jh. ausgestellt (April–Okt. Di–So 10–17.30 Uhr).

Auf dem Rückweg kann man am **Mausoleum** vorbeigehen. Friedrich Wilhelm III. hatte das Tempelchen 1810–12 als Grablege für sich und seine Gemahlin, die sehr beliebte und früh verstorbene Königin Luise, bauen lassen. Dass Hohenzollern-Regenten nicht den Berliner Dom für ihre Grablege wählten, sondern auch den eigenen Garten zur letzten Ruhestätte bestimmen konnten, hatte Friedrich der Große in Sanssouci vorgemacht. 1894 gelangten auch die Sarkophage Kaiser

Wilhelms I. und seiner Gattin Augusta nach Charlottenburg (April bis Okt. Di–So 10–17.30 Uhr).

ZWISCHENSTOPP: RESTAURANT

Café La Mouche € ❶ 🔵 B2

Eingebettet zwischen Schloss und Spree ist das Café ein entspannter Ort für eine Stärkung: Frühstück, Kaffeespezialitäten, Kuchen, Sandwiches, Salate.

• Charlottenburger Ufer 1 | 10587 www.cafelamouche.com | tgl. 10–18 Uhr

GIPSFORMEREI 15 🔵 A2–A3

Die Gipsformerei ist ein besonderer Tipp für Kunstliebhaber. Diese Einrichtung der Staatlichen Museen zu Berlin ist neben den Werkstätten des British Museum in London und des Pariser Louvre einer der führenden Hersteller von Gipskopien. Auch Besucher können sich aus rund 7000 Vorlagen z. B. eine Venus von Milo oder eine Büste der Nofretete anfertigen lassen (Sophie-Charlotten-Str. 17/18, Tel. 266 42 42 42, www.smb.museum, Mo–Fr 9–16, Mi bis 18 Uhr, Führungen nur mit Anmeldung, Mi, 4 €).

MUSEUM BERGGRUEN 16 ⭐ 🔵 B3

Seit 1996 residiert das Museum Berggruen im westlichen **Stülerbau** gegenüber dem Schloss Charlottenburg. Der Bau war 1851 von August

---

💬 **BERLINER SEELE: ZILLE**

Nach wie vor ist Rudolf Heinrich Zille einer der populärsten Zeichner und Fotografen der Stadt. Mehr als 35 Jahre lebte der Künstler, der dem Volk aufs Maul schaute, in der Sophie-Charlotten-Str. 88, ganz nahe beim Schloss.

Zille wurde 1858 im sächsischen Radeberg geboren. Als er im Alter von neun Jahren mit seinen Eltern in die Hauptstadt zog, erfuhr er die harten Lebensbedingungen in den Arbeitervierteln am eigenen Leibe. Schon als Kind brachte er sich selbst das Zeichnen bei und nahm später an Abendkursen auf der Königlichen Kunstschule teil. Als Freischaffender lieferte er Beiträge für die »Lustigen Blätter« und den »Simplicissimus«. Mit seinen satirisch-bissigen Darstellungen der Berliner Arbeiterklasse und des Lumpenproletariats ist er in die Geschichte eingegangen. In muffigen Hinterhöfen, schmuddeligen Kneipen und Armeleutewohnungen fand er seine Motive.

Trotz der gesellschaftlichen Anerkennung, die der Zeichner erfuhr – 1924 ernannte ihn die Preußische Akademie der Künste zum Ordentlichen Mitglied – fühlte er sich dem »Milieu« stets zutiefst verbunden. Begraben liegt Zille, der 1929 starb, auf dem Stahnsdorfer Waldfriedhof. Ein Findling mit seinem Porträt fertigte der Bildhauer August Kraus, es schmückt die Ruhestätte des Humoristen.

Im Nikolaiviertel › S. 91 befindet sich das **Heinrich-Zille-Museum** mit Fotos und Zeichnungen (Propststr. 11, 10178, Mitte, Tel. 24 63 25 00, zillemuseum-berlin.de; tgl. 11–18 Uhr, Eintritt 7 €, erm. 5 €).

Stüler für die Stallungen von König Wilhelm IV. geplant worden. Zwischen 1960 und 1993 hatte die Antikensammlung hier ihr Ausstellungsforum, bevor sie, wiedervereint mit den Beständen im Ostteil der Stadt, zurück ins Alte Museum auf die Museumsinsel zog. Die wertvolle Privatsammlung des Kunsthändlers Heinz Berggruen zeigt herausragende Werke der Klassischen Moderne, vor allem von Klee, Picasso, Giacometti und Matisse.

Unter dem Titel »Picasso und seine Zeit« werden über 100 Gemälde, Skulpturen und Papierarbeiten des Meisters gezeigt. Von Paul Klee sind über 60 Gemälde zu sehen, von Henri Matisse mehr als 20 Werke. Das Museum wurde saniert und um das benachbarte Kommandantenhaus ergänzt (Schloßstr. 1, Tel. 266 42 42 42, www.smb.museum, Di–Fr 10–18, Sa/So ab 11 Uhr, 10 €, erm. 5 €).

BRÖHAN-MUSEUM 17 ⭐ 📖 B3

Kunstwerke der etwas anderen Art präsentiert das Bröhan-Museum nebenan, in einer alten Industriekaserne. Die Sammlung ist ein Geschenk des Hamburger Kaufmanns Professor Karl Bröhan. Über viele Jahre erstand der Stifter Möbel, Porzellan, Gläser, Gemälde und Objekte des Industriedesigns aus der Zeit zwischen der Pariser Weltausstellung 1889 und 1939. Gegliedert in die Gebiete Kunsthandwerk und Bildende Kunst von Jugendstil und Art déco bis zum Funktionalismus. Mehr als 1600 Kunstobjekte sind in der Abfolge ihrer Entstehung ausge-

stellt (Schloßstr. 1a, Tel. 32 69 06 00, www.broehan-museum.de, Di–So 10–18 Uhr, 8 €, erm. 5 €).

SAMMLUNG SCHARF-GERSTENBERG 18 ⭐ 📖 B3

Eine hochkarätige **Sammlung von Surrealisten** wird gegenüber vom Schloss Charlottenburg, im östlichen Stülerbau und im Marstall gezeigt. Bis 2008 war dort das Ägyptische Museum zu finden.

Auf drei Etagen präsentieren sich über 250 Surrealisten und deren Vorläufer. Das Spektrum reicht von Piranesi, Goya und Redon bis zu Dalí, Magritte, Max Ernst und Dubuffet. Im Museumscafé Kunstpause lässt sich eine verdiente Verschnaufpause einlegen (Schloßstr. 70, Tel. 266 42 42 42, www.smb.museum, Di–Fr 10–18, Sa/So 11 bis 18 Uhr, 10 €, erm. 5 €).

KERAMIK-MUSEUM BERLIN 19 📖 B3

Im ältesten erhaltenen Bürgerhaus Charlottenburgs (1712) präsentiert das Keramik-Museum Berlin in Sonderausstellungen seine Schätze (Schustehrusstr. 13, Tel. 321 23 22, www.keramik-museum-berlin.de, Fr–Mo 13–17 Uhr, Eintritt 4 €, erm. 2 €).

RESTAURANT

Glaube Liebe Hoffnung € 📖 C3
Täglich frisch hausgemachte Ricottagnocchi mit Bolognesesugo, klingt gut. Nur 20 Plätze, mit Glück ist noch was frei.
• Neufertstraße 16 | 14059
 Tel. 9561 90 43 | Di–So ab 17 Uhr
 www.glaube-liebe-hoffnung-berlin.de

PRENZLAUER BERG, KREUZBERG & FRIEDRICHS-HAIN

In der historischen Markthalle Neun kann man am Street Food Thursday Spezialitäten aus aller Welt kosten

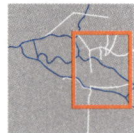

Prenzlauer Berg und der Südwesten Kreuzbergs sind heute eher gediegene Wohnviertel für Besserverdienende. Die Szene ist längst weitergezogen, z. B. nach Friedrichshain sowie in den Osten und Südosten Kreuzbergs und ins pulsierende Neukölln.

Ein Spaziergang durch das größte erhaltene Wohnviertel aus der Gründerzeit rund um den Kollwitzplatz im Bezirk **Prenzlauer Berg** führt zu einer Fülle an Cafés, Restaurants und Kulturzentren, dieser Bezirk ist eine beliebte Wohngegend für Wohlhabende geworden. Die Mieten in den top restaurierten Alt- und Neubauten sind inzwischen mindestens genauso hoch wie in anderen bürgerlichen Gegenden.

In **Kreuzberg** pulsiert in Teilen noch das normale urbane Leben. Gefeiert wird in den zahllosen Kneipen und Bars. Wer gern essen geht, kann in Kreuzberg leicht eine kulinarische Weltreise unternehmen. Zudem leben hier viele Künstler aus aller Welt – entsprechend bunt ist das Angebot an unterschiedlichsten Veranstaltungen.

Im südwestlichen Kreuzberg rund um den Chamissoplatz und die Bergmannstraße lebt vor allem das Bildungsbürgertum in den aufwendig sanierten, oft repräsentativen Altbauten. Im nordwestlichen Teil des Bezirks befinden sich mit dem Jüdischen Museum, dem Martin-Gropius-Bau, dem Deutschen Technikmuseum, der Topographie des Terrors oder dem Checkpoint Charlie einige Hotspots, die auf keinem klassischen Sightseeing-Trip fehlen sollten.

Im Osten Kreuzbergs kann die lebendige Multikulti-Atmosphäre nicht überall darüber hinwegtäuschen, dass hier auch viele wirtschaftlich benachteiligte Menschen leben. Leider steigen im ganzen Bezirk nicht nur die Gewerbemieten.

In **Friedrichshain,** das seit der Bezirksreform eine Verwaltungseinheit mit Kreuzberg bildet, zieht die East Side Gallery zwischen dem Ostbahnhof und der Oberbaumbrücke viele Touristen an. Die Mercedes-Benz-Arena erweist sich mit Musik- und Sportveranstaltungen als Publikumsmagnet. Vom neu angelegten Mercedes Platz mit seinen Restaurants und der East Side Mall geht es über die Warschauer Brücke zum Boxhagener Platz: Das Quartier für alle, die es bunt und schräg lieben – mit Restaurants zahlreicher Nationalitäten, Bars und Kneipen.

Auf dem Markt am Kollwitzplatz

TOUREN DURCH PRENZL. BERG, KREUZBERG & FRIEDRICHSHAIN

PRENZLAUER BERG

VERLAUF: Pfefferberg › Jüdischer Friedhof › Prater › KulturBrauerei › Kollwitzplatz › Mauergedenkstätte

KARTE: Seite 132
DAUER: 4–6 Stunden
PRAKTISCHE HINWEISE:
- Start- und Endpunkt: Senefelder-platz Ⓤ 2.
- Zur Mauergedenkstätte an der Bernauer Straße › S. 135 fährt man vom Senefelder Platz eine Station bis U-Bahnhof Eberswalder Straße und nimmt die Tram M 10 bis Gedenkstätte Berliner Mauer.
- Vom Nordbahnhof kommt man mit den Linien Ⓢ 1, 2, 25, 26 ins Stadt-zentrum zurück.

TOUR-START:

Nach dem Stadtteil Kreuzberg ist Prenzlauer Berg der am dichtesten besiedelte Stadtteil Berlins, ein typischer ehemaliger Arbeiterbezirk mit Mietskasernen, Hinterhöfen und Quergebäuden. Ein Streifzug durch das Altbauviertel gibt heute kaum noch einen Eindruck vom wildromantisch vergammelten, aber originellen Bild des neuen deutschen Ostens. Prenzlauer Berg ist schick geworden. Kein Wunder, dass der Bezirk mit seiner guten Infrastruktur, dem gastronomischen und kulturellen Angebot – beispielsweise Prater und Kultur-Brauerei – auch viele junge Familien anzieht. Inzwischen soll nur noch ein geringer Teil der Bevölkerung auch schon zu Wendezeiten hier gewohnt haben.

Am Rande des Bezirks an der Bernauer Straße versuchen Mauergedenkstätte und Dokumentationszentrum das Bewusstsein an die Zeit der Teilung und das menschenverachtende Grenzsystem der DDR aufrechtzuerhalten.

PFEFFERBERG **1** ◫ J1

Eine ehemalige Brauerei ist der Pfefferberg zwischen Christinenstraße und Schönhauser Allee: Wo bis 1921 Bier gebraut wurde, entstand nach umfangreicher Sanierung ein Kreativzentrum mit Gastronomie und Kulturangeboten wie dem Pfefferberg Theater (Tel. 939 35 85 55, pfefferberg-theater.de).

ZWISCHENSTOPP: RESTAURANT

Schankhalle Pfefferberg €€ **1** ◫ J1
Der Standort verpflichtet: Hier wird wieder Bier gebraut, dazu gibt's Brauhausküche, im Sommer mit großem Biergarten.
- Schönhauser Allee 176 | 10119 schankhalle-pfefferberg.de
  Di–So ab 16 Uhr

JÜDISCHER FRIEDHOF J1

In Höhe der Schönhauser Allee 22 liegt der Jüdische Friedhof. Im Schatten der hohen Bäume liegen berühmte Berliner Persönlichkeiten wie der Komponist Giacomo Meyerbeer, der Verleger Leopold Ullstein und der Maler Max Liebermann begraben. Der Friedhof wurde 2004 um ein Lapidarium erweitert: In der Halle werden wertvolle Grabsteine vor der Witterung geschützt (Mo bis Do 8–16, Fr 7.30–13 Uhr; männliche Besucher bitte mit Kopfbedeckung, Ausleihe am Eingang).

CAFÉ/RESTAURANT

Im **Schädels** € J1 werden nur frische Zutaten verwendet. Egal, ob Frühstück oder Mittagstisch mit täglich wechselnden Gerichten. Es kommt nur auf den Tisch, was die Köche am liebsten selber essen.
• Oderberger Str. 56 | 10435
  Tel. 40 30 13 28 | schaedels.com
  Mo–Fr 8–16, Sa 9–17 Uhr

PRATER 3 J1

Einen Bierausschank gab es an der Kastanienallee 7–9 schon vor über 180 Jahren; später siedelten sich auch andere Vergnügungsstätten wie Filmtheater und Varieté an. Heute lieben Groß und Klein den vielleicht schönsten Biergarten der Stadt. Eine Gaststätte, in der bodenständige Berliner Küche auf den Tisch kommt, gehört dazu (www. pratergarten.de, Mo–Sa ab 18, So ab 12 Uhr; Biergarten April–Sept. bei schönem Wetter tgl. ab 12 Uhr).

In der **Kastanienallee,** die einst wegen ihrer vielen hippen Flaneure Casting-Allee genannt wurde, hat etwas von ihrem Charme verloren.

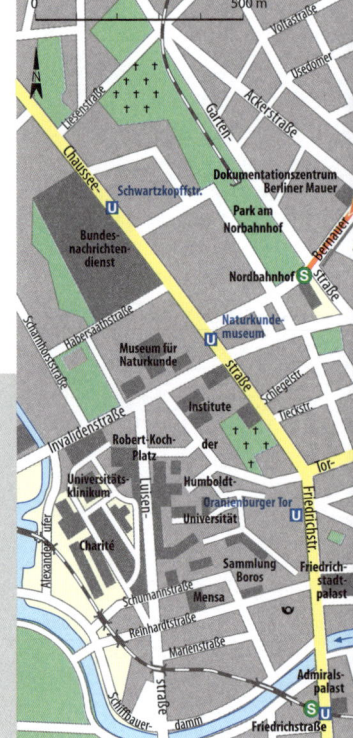

TOUR DURCH PRENZLAUER BERG

TOUR 9

DER PRENZLAUER BERG

1 Pfefferberg
2 Jüdischer Friedhof
3 Prater
4 KulturBrauerei
5 Husemannstraße
6 Kollwitzplatz
7 Synagoge Friedenstempel
8 Wasserturm

Dennoch gibt es schöne Cafés, Restaurants, Design- und Modeläden.

SHOPPING

Kochhaus 🔲 J1

In diesem ungewöhnlichen Lebensmittelgeschäft erhält man für diverse Gerichte alle Zutaten portionsweise abgepackt inkl. Kochanleitung und dem passenden Wein.

• Schönhauser Allee 46 | 10437 www.kochhaus.de | Mo–Sa 10–21 Uhr

KULTURBRAUEREI 4 ⭐

Das trapezförmige, frühere Gelände der Schultheiß-Brauerei – ab 1891 unter Leitung von Kaiser Wilhelms Architekten Franz Schwechten erbaut – ist heute ein Kultur-, Gewerbe- und Dienstleistungszentrum. Die Brauerei, ein reizvolles Beispiel für Industriearchitektur, dient als alternativer Kulturstandort für Konzerte, Theater, Lesungen, Kino, Improshows, Tanzkurse und -veranstaltungen für jedes Alter sowie für Märkte wie dem sonntäglichen Street Food Market. ▶ mehr S. 12 Punkt ❹ Im Museum, einem Ausstellungsort des Hauses der Geschichte der Bundesrepublik, er-

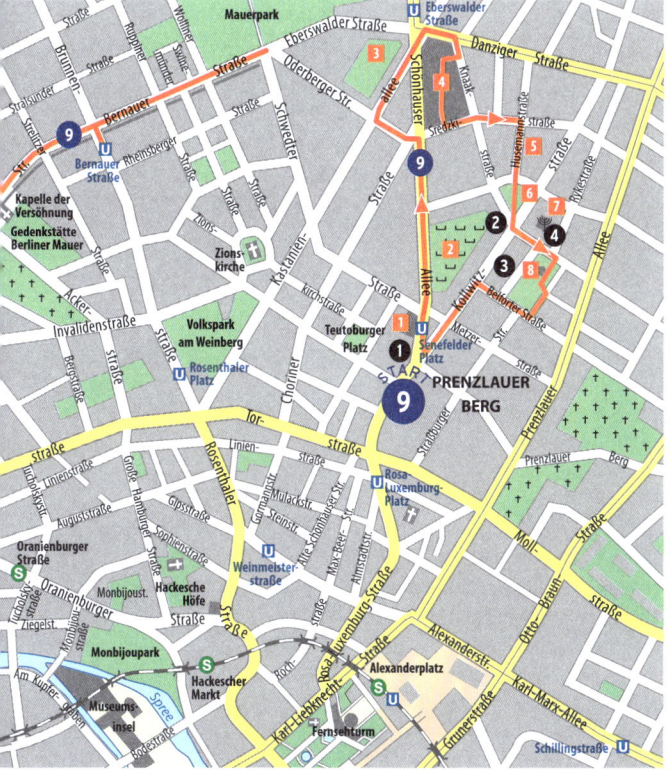

fährt man in der Dauerausstellung »Alltag in der DDR« eine Menge über die damalige Zeit, auch Wechselausstellungen (Di–So 10–18, Do bis 20 Uhr, Eintritt frei).

Im Hof erinnern die Portalüberschriften Pferdestall, Flaschenbier und Böttcherwerkstatt an die einstige Bewirtschaftung. Der Frannz Club betreibt im Sommer auch einen Biergarten (Eingänge: Sredzkistr. 1, Schönhauser Allee 36, Knaackstr. 97, www.kulturbrauerei.de). Im Infobüro tic Tourist Information im Sudhaus bekommt man u. a. Tickets für die Veranstaltungen in der KulturBrauerei (Tel. 44 35 21 70, www.tic-berlin.de, tgl. 11–19 Uhr). Wem die Fahrradwege nicht zu frequentiert erscheinen, leiht bei Berlin on Bike ein Rad aus › S. 25 (in der Saison tgl. 8–20 Uhr).

CAFÉ

Kaffeehaus SowohlAlsAuch € 📱 K1
Café, Backstube und Feinkostladen. Große Auswahl an gigantischen Torten und Kuchen-Kreationen und leckeres Frühstück.
• Kollwitzstraße 88 | 10435 | Tel. 442 93 11
 www.tortenundkuchen.de
 tgl. 8–24 Uhr, Backstube ab 6 Uhr

HUSEMANNSTRASSE ⑤ 📱 J1–K1

Der Abschnitt der Husemannstraße zwischen Kollwitzplatz und Sredzkistraße wurde bereits zu DDR-Zeiten in eine Art Museum verwandelt, denn als man Anfang der 1980er-Jahre die Gebäude sanierte, wurde jede einzelne Fassade auf Altberlin getrimmt. Mass-Atelier und Damenschneiderei ist z. B. in alter Schrift zu lesen.

AM KOLLWITZ-PLATZ ⑥ ⭐ 📱 J1–K1

Mitten auf dem Kollwitzplatz steht das **Käthe-Kollwitz-Denkmal,** das Gustav Seitz 1958 in Anlehnung an ein Selbstbildnis der Geehrten schuf. Es spricht von der Resignation der Künstlerin unter dem Nationalsozialismus. Über 50 Jahre wohnte sie mit ihrem Mann, dem Armenarzt Karl Kollwitz, in der Kollwitzstraße 25. Fast unbemerkt von den Nachbarn schuf die Künstlerin ihre eindringlichen Werke.

Äußerst beliebt und belebt ist der samstägliche Markt mit ausgesuchten Ständen auf dem Kollwitzplatz. Hier und in den umliegenden Seitenstraßen kann man das typische Prenzlauer-Berg-Flair erleben.

ZWISCHENSTOPP: RESTAURANTS

Gugelhof €€ ② 📱 J1
Seit Bill Clinton hier speiste, ist der Run auf das Lokal ungebrochen – Küche des Dreiländerecks Baden/Elsass/Schweiz.
• Knaackstr. 37 | 10435
 Tel. 442 92 29 | www.gugelhof.de
 Mo–Fr ab 17, Sa/So ab 12 Uhr

Meierei €€ ③ 📱 J1
In dem Bistro wird auf Bioprodukte gesetzt und richtig gut alpenländisch gekocht.
• Kollwitzstr. 42 | 10405
 Tel. 92 12 95 73 | www.meierei.net
 Mo–Fr 7.30–17, Sa 9–18, So 10–18 Uhr

SHOPPING

Unikateri 📱 J1
Ungewöhnliches aus lokaler Produktion, ob Mode, Spielzeug oder Stoffe.
• Kollwitzstr. 52 | 10405 | Tel. 31 56 91 24
 www.unikaterie.de | Mo–Sa 11–19 Uhr

MAUER-ERINNERUNGEN

»Der Mauerspringer« an der Bernauer Straße

Am 10. Jahrestag des Mauerfalls, am 9. November 1999, wurde das **Dokumentationszentrum Berliner Mauer** mit der Ausstellung »Grenzblicke« eröffnet. Es ist Teil der **Gedenkstätte Berliner Mauer** 11 H1 an der Bernauer Straße. Hier, zwischen den Bezirken Prenzlauer Berg und Wedding, verlief die Grenze zwischen Ost und West. Das Zentrum bietet vielfältige Informationen zur Geschichte der Berliner Mauer und dient zugleich der Erforschung der Geschichte der Teilung Berlins und Deutschlands. Im **Besucherarchiv** können Bürger in Text-, Ton-, Bild- und Filmdokumenten eigenständig recherchieren.

Ebenfalls Teil der Gedenkstätte ist die **Kapelle der Versöhnung**, ein ovaler Stampflehmbau mit Wandelgang und lichtdurchlässiger Holzlamellen-Fassade. Früher stand dort die Kirche der Evangelischen Versöhnungsgemeinde. Sie wurde 1985 auf Befehl der DDR-Regierung gesprengt. Vor der Kapelle hängen die geretteten Glocken, innen wird das »Mauertotenbuch« verlesen.

Gedenkstätte Berliner Mauer, Bernauer Straße 111, 13355, Tel. 467 98 66 66, www.berliner-mauergedenkstaette.de, Besucherzentrum Di–So 10–18, Gedenkstättenareal tgl. 8–22 Uhr.

Weitere Infos rund um die Mauer und über den Mauerweg unter www.berlin.de/mauer.

Der **Berliner Mauerweg**, ein 160 km langer Rad- und Wanderweg, führt in mehreren Abschnitten rund um das ehemalige West-Berlin und zeichnet dabei den Grenzverlauf nach. An rund 40 Stationen erhält man Informationen zu Teilung und Mauerbau.

SYNAGOGE 7 UND WASSERTURM 8 📖 K1

Im Hof der Rykestraße 53 steht mit der **Synagoge Friedenstempel** das einzige jüdische Gotteshaus, das die Nazis in der Pogromnacht am 9. November 1938 nicht in Brand steckten. Es ist die größte jüdische Synagoge Deutschlands mit 1200 Plätzen. Nach langer Sanierung wurde sie 2007 eingeweiht.

Wahrzeichen von Prenzlauer Berg ist der **ehemalige Wasserturm** von 1856 auf dem Mühlenberg. Oben war der Hochwasserbehälter, darunter die Wohnungen für Wasserwerker. Die SA missbrauchte die Kellergewölbe als Gefängnis. Sie sind bei Führungen oder Veranstaltungen zugänglich (Eingang auf der Rückseite).

ZWISCHENSTOPP: RESTAURANT

Das **Pasternak** € ❹ 📖 K1 ist *die* russische Institution am Wasserturm.
• Knaackstr. 22/24 | 10405
  Tel. 441 33 99 | restaurant-pasternak.de
  tgl. 9–1 Uhr

TOUR 10

DURCH DAS WESTLICHE KREUZBERG

VERLAUF: Flughafen Tempelhof › Bergmannstraße › Deutsches Technikmuseum › Anhalter Bahnhof › Martin-Gropius-Bau › Checkpoint Charlie › Jüdisches Museum

KARTE: Seite 138
DAUER: 1 Tag, inklusive Museumsbesuche
PRAKTISCHE HINWEISE:
• Startpunkt ist der Platz der Luftbrücke vor dem Flughafen Tempelhof Ⓤ 6, Endpunkt der Tour ist das Hallesche Tor Ⓤ 1, 3, 6.
• Um den recht langen Weg abzukürzen, könnte man vom Mehringdamm mit der Ⓤ 6 bis zur Haltestelle Kochstraße in der Nähe des Checkpoint Charlie fahren.
• Das Technikmuseum erreicht man, indem man vom Halleschen Tor mit der Ⓤ 1, 3 bis zur Haltestelle Gleisdreieck fährt.

TOUR-START: FLUGHAFEN TEMPELHOF 9 ⭐ 📖 H6

Von 1937 bis zur Eröffnung des Flughafens Tegel 1975 wurde fast der gesamte Berliner Luftverkehr hier abgewickelt, einschließlich der Versorgung der Bevölkerung durch die Alliierten bei der Blockade 1948/49. Daran erinnert das **Luftbrückendenkmal** mit drei nach Westen aufstrebenden Bögen. Im Oktober 2008 wurde der Flughafen endgültig geschlossen.

Als Volkspark Tempelhof wurde das Gelände knapp zwei Jahre später für die Öffentlichkeit freigegeben. Auf den 380 ha (das entspricht 532 Fußballfeldern) des **Tempelhofer Feldes,** wie das Gelände jetzt heißt, wurden Grill-, Picknick- und Hundeauslaufplätze geschaffen sowie Radler-, Skater- und Joggingstrecken eingerichtet (das Gelände ist vom U-Bahnhof Platz der Luftbrücke in Kreuzberg, U-Bahnhof Leinestraße in Neukölln und vom S-Bahnhof Tempelhof aus rund um die Uhr zugänglich).

Die Führung MYTHOS TEMPELHOF zur Geschichte des Flughafens, der unter Denkmalschutz steht, ist beeindruckend (www.thf-berlin.de, Tel. 200 03 74 41, Mo–Do 16, Fr 13, 16, Sa/So 12, 15 Uhr, 15 €, erm. 10/7 €).

ZWISCHENSTOPP: RESTAURANT

Das Braugasthaus **Dolden Mädel** € ❶ 📙 G6, lockt mit Craft Bieren und Burgern.
• Mehringdamm 80 | 10965
  Tel. 77 32 62 13 | doldenmaedel.de
  So–Do 11.30–0.30, Fr/Sa bis 1.30 Uhr

VIKTORIAPARK 🔟 📙 G5–G6

Von der Großbeerenstraße am Eingang zum Viktoriapark fällt der Blick auf den Wasserfall: 13 000 l Wasser stürzen hier pro Minute hinunter, sofern Sponsoren die Was-

serrechnung begleichen. Im Park kann man entweder im Biergarten Golgatha (www.golgatha-berlin.de, tgl. ab 9 Uhr) Rast machen oder hinaufgehen zum **Kreuzbergdenkmal** von 1821 in 66 m Höhe. Karl Friedrich Schinkel hat es zur Erinnerung an die Freiheitskriege entworfen. Von hier oben hat man einen schönen Blick über die Stadt.

Unterhalb des Parks erinnert in der Methfesselstraße 7 eine **Gedenktafel an Konrad Zuse,** der 1936–1944 den ersten funktionsfähigen Computer der Welt gebaut hat.

RESTAURANT

Im **+39 Piutrentanove** €–€€ 📙 G5 werden Steinofenpizzen im XXL-Format serviert.
• Möckernstr. 73a | 10965 | Tel. 700 94 206
  piu39.de | tgl. 11.30–24 Uhr

RIEHMERS HOFGARTEN 🔟 📙 G5–H5

Als um 1900 in der expandierenden Hauptstadt die trostlos engen und muffigen Mietskasernen wie Pilze

Auf dem riesigen Tempelhofer Feld ist viel Platz für allerlei sportliche Aktivitäten

aus dem Boden schossen, dachte sich der Maurermeister Wilhelm F. A. Riehmer, dass es auch anders gehen müsse. Er entschloss sich zum Bau der 20 fünfgeschossigen Bauten entlang der Yorck-, Hagelberger- und Großbeerenstraße. Die hohen Räume, reich geschmückte Neorenaissancefassaden und der parkartige Innenhof erlauben gehobenes innerstädtisches Wohnen (Yorckstr. 83, www.riehmers-hofgarten.de).

Drumherum haben sich Geschäfte, ein Hotel, das Yorck-Kino und viele Restaurants und Bars etabliert.

ZWISCHENSTOPP: BAR

Eine Urberliner Kneipe und Institution ist die **Destille Kreuzberg** € ❷ 📱 H5 mit hauseigenen Bränden und Likören (Mehringdamm 67, 10961, tgl. ab 13 Uhr).

RESTAURANTS

Das kleine Restaurant **Sufis** € 📱 G5, Yorckstr. 82, 10965, tgl. 16–23 Uhr, ist weiterhin eine »der« Adressen für orientalische Spezialitäten. › mehr S. 14 Punkt ⓭

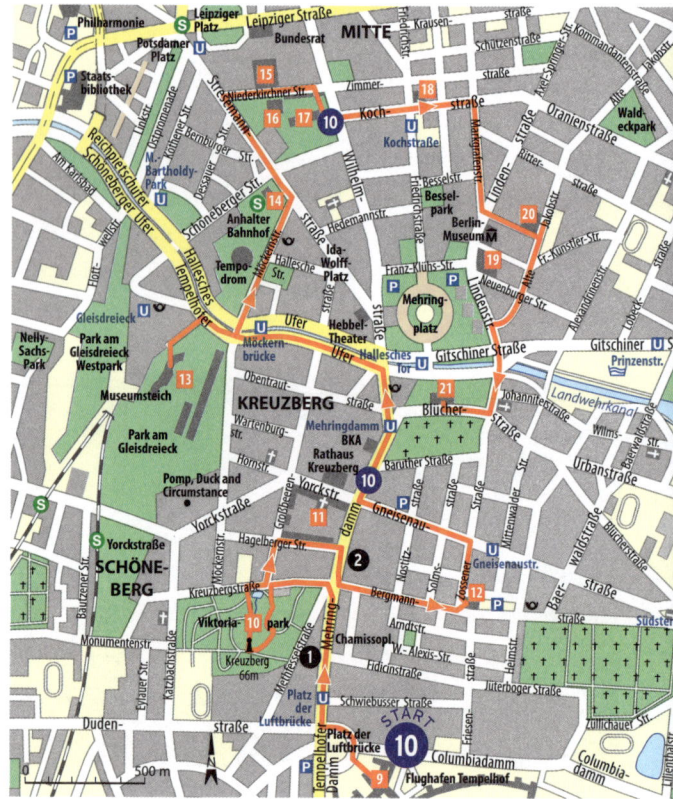

Einen gehobenen Italiener mit entspannter Atmosphäre, die **Bar Centrale** €€, findet man eine Tür weiter (Yorckstr. 82, 10965, Tel. 786 29 89, www.bar-centrale.net, Di–So 16–1 Uhr.

Mitten im Gebäudekomplex Riehmers Hofgarten lohnt das **Riehmers,** €€  G5, einen Besuch (Eingang: Hagelberger Str. 9, Tel. 78 89 19 80, riehmers-restaurant.de, Di–Sa ab 18 17 Uhr).

Im **Kreuzberger Himmel** € G–H5 genießt man syrische Spezialitäten (Yorkstr. 89, 10965, www.kreuzberger-himmel.de, Di–Fr 17–24, Sa/So ab 10 Uhr).

RUND UM DIE BERGMANNSTRASSE H5–H6

Die Bergmannstraße ist mit ihren vielen netten Straßencafés, Szenerestaurants, schrägen und schicken Läden eine herrliche Flanier- und Einkaufsmeile, die sich von Jahr zu Jahr weiter herausputzt. In der sanierten **Marheineke Markthalle** 12 können sich Genießer mit regionalen, mediterranen und Biolebensmitteln eindecken, nur einen Kaffee trinken oder aus dem üppigen Angebot warmer Gerichte wählen (Marheinekeplatz 15, meinemarkthalle.de, Mo–Fr 8–20, Sa bis 18 Uhr). Alljährlich im Juni findet hier das beliebte Bergmannstraßenfest statt: An drei Tagen spielen auf zahlreichen Bühnen Jazz- und Bluesbands.

Restaurierte Gründerzeithäuser säumen den **Chamissoplatz,** eine beliebte Wohnadresse. Hier findet samstags ein kleiner **Biomarkt** statt (9–15 Uhr).

TOUR DURCH KREUZBERG
TOUR 10

DURCH DAS WESTLICHE KREUZBERG

9 Flughafen Tempelhof
10 Viktoriapark
11 Riehmers Hofgarten
12 Marheineke Markthalle
13 Deutsches Technikmuseum
14 Anhalter Bahnhof
15 Preußischer Landtag
16 Martin-Gropius-Bau
17 Topographie des Terrors
18 Checkpoint Charlie
19 Jüdisches Museum
20 Berlinische Galerie
21 Gedenkbibliothek

ALLES VEGETARISCH

- **Seerose** € 📕 J5–J6
  Aus rund 16 Gerichten kann man
  sich am vegetarischen Büffet
  zwei, drei oder vier auswählen.
  Körtestr. 38 | 10967 | Kreuzberg
  Tel. 69 81 59 27
  www.seerose-berlin.de
  Mo–Sa ab 10, So ab 12 Uhr
- **Viasko** €–€€ 📕 XX
  100 % vegan und lecker soll es
  sein – so das Motto des Küchen-
  chefs. Am Wochenende Brunch.
  Erkelenzdamm 49 | 10999
  Kreuzberg | Tel. 40 75 19 12
  www.viasko.de | Di–Fr 17–23,
  Sa/So ab 11 Uhr
- **Sfizy Veg** € 📕 L6
  Vegane Pizzeria; im Angebot
  Pizza, Pasta und Salate und
  Desserts.
  Treptower Str. 95 | 12059
  Neukölln | Tel. 01 62/374 89 36
  sfizyveg.com | Do–So 17–23 Uhr
- **Kopps** €€–€€€ 📕 H2
  Hier werden außergewöhnliche
  vegane Kompositionen serviert,
  am Wochenende Brunch.
  Linienstr. 94 | 10115 | Mitte
  Tel. 43 20 97 75
  www.kopps-berlin.de | Mo–Fr
  ab 18, Sa ab 9.30, So 9–17 Uhr
- **Vaust** €–€€ 📕 C4
  Weinbar und Braugaststätte mit
  mindestens zweierlei selbstge-
  brauten Bieren mit veganer Küche.
  Pestalozzistr. 8 | 10625
  Charlottenburg | Tel. 54 59 91 60
  vaust.berlin | Mo–Sa 17–23 Uhr

Ein besonderes Theater ist das
English Theatre Berlin. Es bringt
klassische wie zeitgenössische britische und US-Theaterklassiker
sowie Comedy ausschließlich in
englischer Sprache auf die Mini-
bühne (Fidicinstr. 40, Tel. 691 12 11,
www.etberlin.de).

DEUTSCHES TECHNIKMUSEUM
13 ⭐ 📕 G5

Der Rosinenbomber, der am Landwehrkanal in der Luft schwebt, gehört zum Erweiterungsbau des
Deutschen Technikmuseums, das
mehrere Jahrhunderte Technikge-
schichte präsentiert. Hier lässt sich
die Geschichte der Luft- und Raumfahrt verfolgen, man erfährt Details
zum Thema Verkehr, Film- und
Fototechnik, Nachrichten-, Druck
und Textiltechnik. Für Mathe-,
Chemie- und Informatikinteres-
sierte ist ebenfalls Wissenswertes
aufbereitet. Das Museum ist nicht
nur für Kinder ein Muss. In Planung
ist ein Anbau, das Technoversum,
das einen themenbezogener Ansatz
haben soll und der Beziehung zwischen Mensch und Technik gewidmet sind wird (Trebbiner Str. 9, Tel.
90 25 40, www.sdtb.de, Di–Fr 9 bis
17.30 Uhr, Sa/So 10–18 Uhr, 8 €,
erm. 4 €, bis 6 J. frei). › mehr S. 16
Punkt **26**

ANHALTER BAHNHOF **14** 📕 G4

Der Anhalter Bahnhof war nach seiner Errichtung in der Gründungs-
zeit des Deutschen Reiches der ver-
kehrsreichste Berliner Fernbahnhof.
Kaiser und Könige aus aller Welt
wurden hier begrüßt, Staatsemp-

fänge zelebriert. Im Zweiten Weltkrieg wurde das Gebäude stark in Mitleidenschaft gezogen. Erhalten ist die Ruine des Eingangsportals. Am südlichen Rand des Bahnhofgeländes bietet das **Tempodrom** in einem spektakulären, zeltförmigen Bau Events aller Art (Möckernstr. 10, Tel. 018 06 55 41 11, www.tem podrom.de).

Hinter dem Anhalter Bahnhof und in unmittelbarer Nähe des Deutschen Technikmuseums wurde eine der letzten und ehemals größte Brachfläche Berlins, die 150 Jahre lang Bahngelände war, in den **Park am Gleisdreieck** umgewandelt. Seit dem Frühjahr 2013 ist Berlin um dieses innerstädtische Naherholungsgebiet mit Wiesen, Sonnenterrassen, Sport- und Spielbereichen, Wegen zum Spazieren gehen, Joggen und Radfahren, einer großen Skateanlage, einem kleinen Wald, der 50 Jahre lang ungestört gewachsen ist und historischen Relikten wie einer ehemaligen Milchladerampe, reicher.

NIEDERKIRCHNERSTRASSE ▥ G4

Das prächtige Palastgebäude des **Preußischen Landtags** 15 ist ein Überbleibsel des früheren Berliner Regierungsviertels beiderseits der Wilhelmstraße (Nr. 5). Seit 1993 hat hier das Berliner Abgeordnetenhaus seinen Sitz.

Die Mauer verlief längs der Niederkirchnerstraße und trennte den Landtag vom direkt gegenüber gelegenen **Martin-Gropius-Bau** 16. Seit seiner Restaurierung ist das Gebäude mit dem eindrucksvollen Licht-

hof zu einem der wichtigsten Ausstellungsorte geworden (Nr. 7, Tel. 25 48 60, www.berlinerfestspiele.de, Mi–Mo 10–19 Uhr).

Die Dokumentationsstätte **Topographie des Terrors** 17 auf dem Prinz-Albrecht-Gelände neben dem Martin-Gropius-Bau nimmt ehemalige Räume des Verfolgungsapparats der Nazis ein. Nach dem Krieg wurden der Sitz der Gestapo, die Räume der SS-Führung und des SS-Sicherheitsdienstes sowie das Reichssicherheitshauptamts planiert. Erst in den 1980er-Jahren legte man die Folterkeller frei. Nach 23 Jahren provisorischer Ausstellung wurde im Mai 2010 der Neubau des Dokumentationszentrums mit einer neu konzipierten Ausstellung eröffnet (Niederkirchnerstr. 8, Tel. 25 45 09 50, www.topo graphie.de, tgl. 10–20 Uhr, Außenbereiche werden bei Einbruch der Dunkelheit geschl.).

CHECKPOINT CHARLIE 18 ⭐ ▥ H4

Der Checkpoint Charlie in der Friedrichstraße war bis 1989 eine Kontrollstelle zwischen West- und Ostteil der Stadt, der speziell für Botschaftsangehörige, Patrouillen und Bürger der alliierten Staaten eingerichtet war. Das **Mauermuseum** zeigt eine Sammlung von Geräten, mit denen DDR-Bürger den Todesstreifen überwinden konnten bzw. wollten, sowie Dokumente zur Teilung Berlins (Friedrichstr. 43-45, Tel. 253 72 50, www.mauermuseum. de; tgl. 9–22 Uhr, 14,50 €, erm. 7,50–9,50 €, bis 6 J. frei).

Der Grundriss des Jüdischen Museums gleicht einem aufgesprengten Davidstern

GALERIENHAUS LINDENSTRASSE ■ H4

Neben dem Kunstquartier in der Zimmerstraße gibt es ein weiteres: das Galerienhaus in der Lindenstraße 34/35. In dem vom dem Galeristen Claes Nordenhake erworbenen Bau aus dem Jahre 1912 haben sich gut ein Dutzend internationale Galerien angesiedelt (www.galerienhaus.com, Di–Sa 11–18 Uhr).

JÜDISCHES MUSEUM 19 ⭐ ■ H4

Der ungewöhnliche, silberfarbene Bau des Architekten Daniel Libeskind gehört mit seinen Licht- und Sehschlitzen sowie der ungewöhnlichen Raumgestaltung zu den Publikumsmagneten unter den Berliner Museen. Auf 3000 m² präsentiert eine Dauerausstellung Zeugnisse zweier Jahrtausende deutsch-jüdischer Geschichte (Lindenstr. 9–14, Tel. 25 99 33 00, www.jmberlin.de, tgl. 10–20 Uhr, 8 €, erm. 3 €).

BERLINISCHE GALERIE 20 ■ H4

Hinter dem Jüdischen Museum zeigt in einem ehemaligen Glaslager das **Landesmuseum für Moderne Kunst, Fotografie und Architektur** (kurz Berlinische Galerie) innovative Kunst ab 1870 in Wechselausstellungen (Alte Jakobstr. 124–128, Tel. 78 90 26 00, www.berlinischegalerie.de, Mi–Mo 10–18 Uhr, 10 €, erm. 7 €, jeden 1. Mo im Monat 6 €).

GEDENKBIBLIOTHEK 21 ■ H5

Über den Mehringplatz, nach 1945 von Hans Scharoun umgestaltet, geht es vorbei an der Friedenssäule, zum Blücherplatz. Hinter einer 1950er-Jahre-Fassade verbirgt sich die öffentliche, gut sortierte Amerika-Gedenkbibliothek (Nr. 1, www.zlb.de, Mo–Fr 10–21, Sa bis 19 Uhr.

TOUR 11

VOM KOTTBUSSER TOR NACH FRIEDRICHSHAIN

VERLAUF: Kottbusser Tor › Maybachufer › Oranienstraße › Oberbaumbrücke › East Side Gallery › Mercedes Platz › Simon-Dach-Straße › Volkspark Friedrichshain

KARTE: Seite 145

DAUER: 4–6 Stunden

PRAKTISCHE HINWEISE:

- Vom Halleschen Tor (Endpunkt von Tour 10 sind es zwei U-Bahnstationen mit der Ⓤ 1, 3 zum Kottbusser Tor.
- Um weiter nach Friedrichshain zu gelangen, empfiehlt es sich, mit der Ⓤ 1, 3 von der Station Görlitzer Bahnhof Richtung Warschauer Straße bis zur Endstation Warschauer Straße zu fahren.
- Diese Tour lässt sich auch gut mit einer Schiffsfahrt auf Landwehrkanal und Spree verbinden, ab Anlegestelle an der Kottbusser Brücke.

TOUR-START:
RUND UM DAS KOTTBUSSER TOR 22 📖 J–K4–5

Der Bahnhof und seine Umgebung sind kein schönes Pflaster. Das multikulturelle »Kreuzberg 36« wurde in den 1970er- und 1980er-Jahren durch seine Hausbesetzer und die vielen ausländischen Bewohner berühmt-berüchtigt. Die Berliner nannten die einst »größte türkische Stadt außerhalb der Türkei« gern »Klein-Istanbul«. Aufgrund steigender Mieten hat sich die Gegend jedoch verändert. Geblieben ist unübersehbar der Gebäuderiegel über der Adalbertstraße – die Bausünde namens Neues Kreuzberger Zentrum. Der Kiez um die Adalbert- und Oranienstraße ist nicht mehr so brisant wie einst. In einer alten Fabriketage zeigt das **FHXB Friedrichshain-Kreuzberg Museum** 23 eine Ausstellung zur Gewerbegeschichte (Adalbertstr. 95a, Tel. 50 58 52 33, www.kreuzbergmuseum.de, Di–So 12–18 Uhr). Das **Ballhaus Naunynstraße** 24, ein Ballhaus des 19. Jhs. im Hinterhof, ist eine beliebte Adresse für junges (Tanz-)Theater (Naunynstr. 27, Tel. 75 45 37 25, ballhausnaunynstrasse.de, Karten 14 €, erm. 8 €).

Vom Kottbusser Tor lohnt sich ein Abstecher nach Süden ans **Maybachufer** 25 des Landwehrkanals, wo man die bunte Basaratmosphäre des deutsch-orientalischen Türkenmarkts schnuppern kann (Di/Fr 11 bis 18.30 Uhr); samstags findet hier Neuköllner Stoff, ein Stoff- und Designmarkt statt (11–17 Uhr).

Auf dieser Seite des Kanals befindet man sich bereits im Bezirk Neukölln 📖 K5. Der Kiez zwischen dem Maybachufer und der Sonnenallee hat sich seit einigen Jahren in das Szeneviertel namens »Kreuzkölln« mit Restaurants wie dem laotischen **Jimmy Woo** € (Friedelstr. 24, www.jimmy-woo.de, tgl. 12–24 Uhr), der **Dessert Bar Coda** €€ (Friedelstr. 47, coda-berlin.com, Di, Do–Sa ab

19 Uhr) und Cafés wie **Katie's Blue Cat** (Friedelstr. 31, www.katiesblue cat.de, Mo–Fr 8–18.30, Sa/So 10 bis 19 Uhr), vielen Bars und Geschäften entwickelt.

RESTAURANTS 📖 K5

- Direkt neben der Schiffsanlegestelle lockt die **Ankerklause,** ein entspannter Szene-Trinkschuppen.
Kottbusser Damm 104/Ecke Maybachufer 10967 | Tel. 693 56 49 | www.ankerklause. de | Di–So ab 10, Mo ab 16 Uhr
- Am gegenüberliegenden Ufer des Landwehrkanals, dem Paul-Lincke-Ufer, reihen sich zahlreiche Szenecafés und Restaurants aneinander: Gourmets sollten im **Horváth** €€€ auf kulinarische Entdeckungsreise gehen – Sebastian Frank hat bereits zwei Michelin-Sterne.
Paul-Lincke-Ufer 44a | 10999
Tel. 61 28 99 92 | www.restaurant-horvath.de | Mi–So 18.30–22 Uhr
- Im **Volt** €€–€€€, einem ehemaligen Umspannwerk, serviert Matthias Gleiß saisonale Küche mit regionalen Produkten. Schöne Terrasse.
Paul-Linke-Ufer 21 | 10999
Tel. 338 40 23 20 | restaurant-volt.de
Di–Sa 18–24 Uhr

ORANIENSTRASSE 26 ⭐ 📖 J–K4

Diese auch nachts sehr lebendige Straße ist das Zentrum des gesamten Kiezes. Ein Spaziergang vom Oranienplatz bis zum Görlitzer Bahnhof führt vorbei an persischen, türkischen, indischen, japanischen Restaurants, Cafés, Bioläden, schrägen Bars und Kneipen, türkischen Nippeskaufhäusern, Schmuck- und Keramikwerkstätten sowie trendigen Schuh- und Klamottenläden.

RESTAURANT

- Das Alt-Berliner Wirtshaus **Henne** €
📖 J–K4 ist *die* Adresse für Hähnchen.
Leuschnerdamm 25 | 10999
Tel. 614 77 30 | www.henne-berlin.de
Di–Sa ab 18, So ab 17 Uhr.

WELLNESS

- Wellness nur für Frauen gibt es im **Hamam,** dem Türkischen Bad des Frauenzentrums **Schokofabrik** 📖 K4.
Mariannenstr. 6, Hinterhof | 10997
Tel. 615 14 64 | www.hamamberlin.de
Di–So 12–23, Mo ab 15 Uhr

KÜNSTLERHAUS BETHANIEN 27 📖 K4

Friedrich Wilhelm IV. ließ 1847 auf dem Schmuckmarkt Berlins die Diakonieanstalt Bethanien errichten. In dem ehemaligen Krankenhaus sind heute der Kunstraum Kreuzberg/Bethanien mit seinen Ausstellungsräumen sowie das Restaurant 3 Schwestern untergebracht (Mariannenplatz 2, Tel. www.kunst raumkreuzberg.de, tgl. 11–20 Uhr; Restaurant Mo–Fr ab 12, Sa/So ab 11 Uhr). Das Künstlerhaus, bekannt für seine modernen Ausstellungen, musste jedoch weichen und hat nun seinen Sitz in der Kottbusser Straße 10 (www.bethanien.de, Di–So 14 bis 19 Uhr).

ZWISCHENSTOPP: RESTAURANTS

Markthalle Neun € ❶ 📖 K4
Auf kulinarische Entdeckungsreise kann man beim »Street Food Thursday« (Do 17–22 Uhr) gehen; Wochenmarkt Fr 12–20, Sa 10–18 Uhr. > mehr S. 15 Punkt ⑯
- Eisenbahnstr. 42–43 | 10997
www.markthalleneun.de

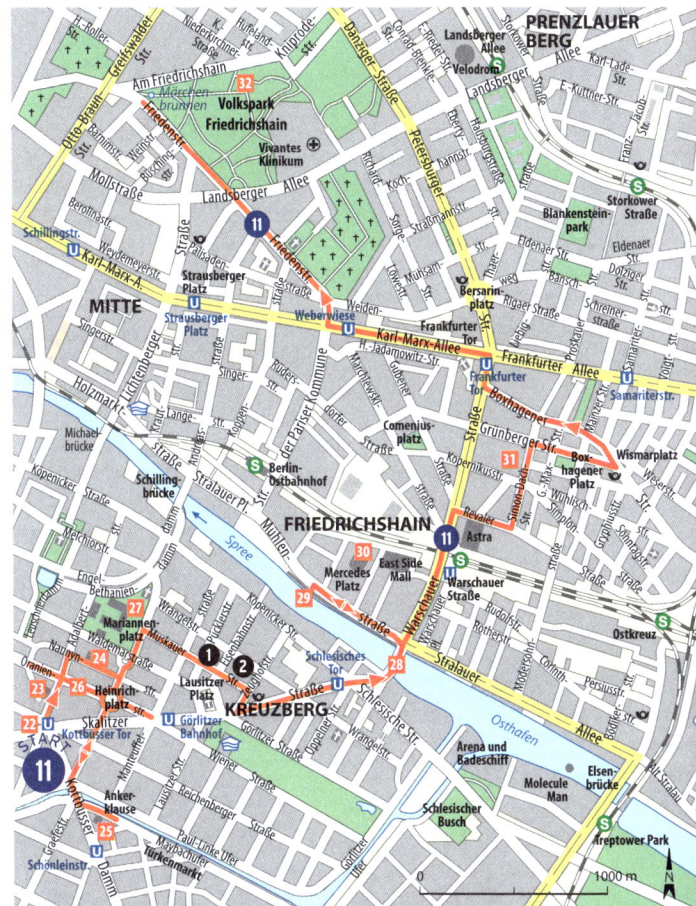

TOUR DURCH KREUZBERG UND FRIEDRICHSHAIN

TOUR 11

VOM KOTTBUSSER TOR NACH FRIEDRICHSHAIN

22 Kottbusser Tor

23 FHXB Friedrichshain-Kreuzberg Museum

24 Ballhaus Naunynstraße

25 Maybachufer

26 Oranienstraße

27 Künstlerhaus Bethanien

28 Oberbaumbrücke

29 East Side Gallery

30 Mercedes-Benz-Arena

31 Simon-Dach-Straße

32 Volkspark Friedrichshain

Der angesagte Österreicher **Jolesch** €€ ❷ 🦪 K–L4 lockt mit einer gelungenen Kombination aus zeitgemäßem Gasthaus und Weinstube.

• Muskauer Str. 1 | 10997 | Tel. 612 35 81 jolesch.de | Mo–Fr 11.30–24, Sa/So ab 17.30 Uhr

Im italienischen Restaurant **nudo** € 🦪 K4 wird tgl. ein 4-Gänge-Menü (mit vegetarischen Alternativen) serviert; unbedingt reservieren, da nur 50 Plätze.

• Lausitzer Platz 10 | 10997 Tel. 61 07 43 23 | nudoberlin.de Di–Sa ab 18.30 Uhr

OBERBAUMBRÜCKE 28 🦪 L4

Das imposanteste Brückenbauwerk Berlins (Ende des 19. Jhs.) im neoromanischen Stil mit zwei burgenähnlichen Türmen verbindet Kreuzberg und Friedrichshain über die Spree. Während der Teilung Deutschlands verlief quer über die Brücke die Grenze zwischen West- und Ostberlin. Mitte der 90er-Jahre wurde die Brücke aufwendig sa-

niert, seitdem verläuft hier wieder der Straßenverkehr von West nach Ost sowie die U-Bahnlinien 1 und 3. Von der Mitte der Brücke hat man einen spektakulären Blick auf die am Ostufer liegende East Side Gallery im Norden, nach Süden fällt der Blick auf die Treptowers und die in der Spree verankerte Skulptur Molecule Man. › mehr S. 17 Punkt ❸❺

EAST SIDE GALLERY 29 ⭐ 🦪 L4

Auf einer Länge von 1,3 km entstand 1990 aus einem Stück der Berliner Mauer die East Side Gallery an der Mühlenstraße; 118 Künstler wirkten an dem Projekt mit. Die Gallery steht unter Denkmalschutz. Dennoch hatten in den letzten Jahren nicht nur die Gemälde, sondern vor allem die Betonsegmente gelitten. 2009 wurde die East Side Gallery saniert und von vielen der ehemaligen Künstler neu bemalt. Inzwischen mussten die Bilder abermals saniert werden. Es wird

---

💬 **MEDIASPREE**

Beiderseits der Merces-Benz Arena und beiderseits der Spree möchte der Senat im ehemaligen Grenzraum zwischen Jannowitz- und Elsenbrücke mit Mediaspree ein ganz neues Stadt-Quartier entwickeln. Einige bereits fertiggestellte Objekte zählen schon jetzt zu Mediaspree, so haben im ehemaligen Eierkühlhaus und Getreidespeicher in der Stralauer Allee Universal Music und einige Medienfirmen ihren Sitz. Direkt nebenan eröffnete das Musikhotel nhow, in dem es auch zwei Tonstudios gibt und man sich Gipson-Gitarren ausleihen kann.

In der nahe gelegenen Holzmarktstraße ist das Radialsystem V einer der angesagtesten Orte für avantgardistische Kunst (Tanz, Musik, Theater und Medien) › S. 51 (Holzmarktstr. 33 🦪 K3, 10243, Tel. 288 78 85 88, www.radial system.de).

über einen dauerhaften Schutz nachgedacht. › mehr S. 15 Punkt **㉓**

Im nahegelegenen Mühlenspeicher kann man sich im **The Wall Museum East Side Gallery** eine Multimedia-Ausstellung über die Mauer und den Mauerfall anschauen (Mühlenstr. 78–82, Tel. 94 51 29 00, thewallmuseum.com, tgl. 10–19 Uhr, 12,50 €, erm. 6,50 €).

MERCEDES-BENZ-ARENA **30** 📖 L4

In unmittelbarer Nähe der Gallery wurde 2008 die damals noch O$_2$-World genannte Multifunktionsarena eröffnet, eine Halle für knapp 15 000 Zuschauer. Der Eishockeyklub Eisbären Berlin und die Basketballer von Alba Berlin haben hier ihre Heimstätte, es finden auch Konzerte statt. Rund um den **Mercedes Platz** haben sich die Rooftop Bar 260 Grad, die Verti Music Hall, Gastronomie und die East Side Mall angesiedelt (www.mercedes-platz. de, www.mercedes-benz-arena.de).

SIMON-DACH-STRASSE **31** ⭐ 📖 M3–4

Fußläufig bietet sich für die Feier nach dem Event in der Mercedes-Benz-Arena der Szenekiez rund um den **Boxhagener Platz** an. Vor allem das RAW-Gelände mit dem Astra Kulturhaus in der Revaler Straße und die Simon-Dach-Straße ist von jüngerem Publikum frequentiert.

ZUM VOLKSPARK FRIEDRICHSHAIN **32** 📖 K2–L2

Auf dem Weg zur grünen Oase bietet sich ein Bummel über die **Karl-**

Graffiti an der East Side Gallery

Marx-Allee mit ihren Prachtbauten aus den 1950er-Jahren an › S. 94.

Der Volkspark Friedrichshain ist dann ein guter Platz, um sich eine Pause zu gönnen. Der Park war die erste kommunale Grünanlage der Stadt und bot bereits ab Mitte des 19. Jhs. den Bewohnern der umliegenden Mietskasernen Erholungsmöglichkeiten. Kinder lieben besonders den Märchenbrunnen mit seinen Skulpturen, die beliebte Motive aus den Grimmschen Märchen darstellen. Entspannung findet man auch auf der Terrasse des **Restaurants Schoenbrunn** €–€€: eine lauschige Parklocation mit österreichisch-mediterraner Küche und großem Biergarten (Am Schwanenteich im Volkspark Friedrichshain, Tel. 453 05 65 25, www. schoenbrunn.net, nur im Sommer, Restaurant tgl. 10–24 Uhr, Biergarten Mo–Fr ab 14, Sa/So ab 12 Uhr).

AUSFLÜGE &
EXTRA-TOUREN

Vor dem Rathaus von Köpenick steht
die Bronzeskulptur des berühmten
Hauptmanns von Köpenick

AUSFLÜGE

KÖPENICK UND UMGEBUNG

> **VERLAUF:** Berlin-Zentrum ›
> Alt-Köpenick › Friedrichshagen ›
> Müggelsee
>
> **KARTE:** Seite 150
> **DAUER:** Mindestens 6 Stunden
> **VERKEHRSMITTEL:**
> - Aufgrund der relativ großen Entfernungen zwischen den Sehenswürdigkeiten bewältigt man die Strecke am besten mit dem Auto oder mit S-Bahn und Fahrrad.
> - Wer sich nur das Köpenicker Schloss und die Altstadt ansehen möchte, kann mit der Ⓢ 3 vom Ostbahnhof bis zum Bahnhof Köpenick fahren (Richtung Erkner). Friedrichshagen liegt noch zwei Stationen weiter.
> - Auch mit den Ausflugsschiffen von Stern + Kreis › S. 25 sind die Altstadt und der Müggelsee zu erreichen. Im Sommer mehrmals tgl. vom Hafen Treptow, reine Fahrtzeit hin und zurück ca. 3 1/2 Std. Fahrtunterbrechung möglich. Im Winter kein Betrieb.

Köpenick ist der größte Berliner Bezirk im Südosten der Hauptstadt, weist aber die geringste Siedlungsdichte auf; seit der Bezirksreform ist er mit dem Nachbarbezirk Treptow zusammengelegt. An manchen Stellen wirkt Köpenick richtig lauschig, es ist aber an anderen Orten auch noch erkennbar, dass der Bezirk einst ein bedeutender Industriestandort war. Beliebt ist im Sommer bei Sonnenanbetern und Wassersportlern der Müggelsee. Dieser Ausflug vom Schloss in der Köpenicker Altstadt hinaus zu Wald und Seen zeigt die Hauptstadt von einer überraschend idyllischen Seite.

Zwischen Juni und September lockt das KÖPENICKER BLUES & JAZZFESTIVAL Musikfreunde in die Altstadt.

ALT-KÖPENICK

Die Köpenicker Altstadt liegt auf einer Insel am Zusammenfluss von Dahme und Spree. Der geschlossene spätmittelalterliche Stadtkern geht auf die älteste Niederlassung im Berlin-Brandenburger Raum zurück: Schon in der jüngeren Steinzeit entstanden hier die ersten Hütten, im 10. Jh. bauten die Slawen eine Wasserburg. Ihr Anführer war Jacza de Copnik, auf den der Name Köpenick zurückgeführt wird.

Die restaurierte Altstadt mit ihren kleinen, verwinkelten Straßen und Gassen ist denkmalgeschützt. Hauptsehenswürdigkeit im historischen Zentrum ist das **Köpenicker Rathaus,** ein im Stil der Märkischen Backsteingotik errichteter Bau mit trutzigem Turm (Alt-Köpenick 21). Über die Stadt(teil)geschichte Köpenicks von den Anfängen bis zur Gegenwart kann man sich im **Museum Treptow-Köpenick** informieren, das in einem Fachwerkhaus aus dem Jahr 1665 untergebracht ist (Alter Markt 1, Tel. 902 97 33 51, Di/Mi 10–16, Do 10–18, So 14–18 Uhr, Eintritt frei).

KÖPENICKER STADTSCHLOSS 1

Eine breite Holzbrücke führt zum Schloss, das ab 1677 im Auftrag des späteren Preußenkönigs Friedrich I. von Rutger van Langevelt im holländischen Barockstil auf der Dahmeinsel errichtet wurde. Als Prunkstück gilt der **Wappensaal**. Die Wände und Deckenfelder sind mit Stuck überzogen, dazwischen prangen die Wappen der Brandenburg-Kurmärkischen Länder. Hier verurteilte 1730 das Kriegsgericht den desertierten Oberstleutnant Kronprinz Friedrich dazu, der Hinrichtung seines Freundes Katte beizuwohnen.

Das Schloss ist seit seiner Sanierung ein weiterer Standort des **Kunstgewerbemuseums.** Unter dem Motto »Raumkunst« präsentiert es über 500 Exponate aus Renaissance, Barock und Rokoko, darunter die Möbelsammlung und das Silberbuffet, das König Friedrich I. für sein Berliner Stadtschloss anfertigen ließ (Schloßinsel 1, Tel. 266 42 42 42, www.smb.museum, Do–So 11–17 Uhr, 6 €, erm. 3 €).

KIETZER VORSTADT 2

Nahe des Schlosses liegt die ehemalige Fischersiedlung Kietzer Vorstadt. In der kleinen Straße Kietz, die dem Viertel seinen Namen gab, prägen eingeschossige Traufhäuser mit Satteldach und Ziegeldeckung das Bild. Einige stammen im Kern aus dem 18. Jh. Die Häuser Kietz Nr. 6, 12, 19, 21 und 27 wurden in die Liste der Kulturdenkmäler aufgenommen.

SOLARBOOTPAVILLON

Im Sommer kann man (ohne Bootsführerschein) mit Solarbooten auf Dahme, Spree und dem Müggelsee schippern – ein herrliches Vergnügen (Müggelheimer Straße 1d, Tel. 01 51/74 55 44 33, www.solarwaterworld.de, Mo–Fr 12–20, Sa/So ab 11 Uhr, ab 15 €/Std.).

KÖPENICK UND UMGEBUNG

1 Köpenicker Stadtschloss
2 Kietzer Vorstadt
3 Wasserwerk Friedrichshagen

RESTAURANTS

Chocolaterie Catherine

In ihrem hübschen Café mit nur zwölf Plätzen offeriert Chocolatière Kathrin Weimar hausgemachte Tafelschokoladen etwa mit Cranberries oder Chili bestückt sowie Pralinen, alles ohne Konservierungsstoffe.

- Grünstr. 17 | 12555 | Tel. 68 32 76 28 chocolaterie-catherine.de Di–Fr 10–18, Sa 10–14 Uhr

Freiheit 15 €€

Gegenüber der Baumgarteninsel findet man Stadtteilkultur par excellence: Eine Schulturnhalle von 1907 wurde in eine Eventlocation (Kultur, Tanz) mit angeschlossener Gastronomie umgewandelt.

- Freiheit 15 | 12555 | Tel. 65 88 78 25 www.freiheit15.com | Di–Fr 10–17, Sa/So 11–22 Uhr, Ufergarten April–Sept., Duke Bar Di–Sa ab 20 Uhr.

SpreeArche €

Ein kleines Hausboot-Restaurant auf der Müggelspree. Wanderer wie Bootsfahrer können sich hier mit Schmankerln stärken. Wer per pedes kommt, wird mit einer Seilfähre abgeholt.

- Müggelschlößchenweg 0 | 12559 Tel. 01 72/304 21 11 | www.spreearche.de April–Okt. tgl. ab 12 Uhr, Nov.–März Sa/So ab 12 Uhr

FRIEDRICHSHAGEN

Der Ortsteil Friedrichshagen gewann Ende des 19. Jhs. als Kurort mit Solebad und Trinkanstalt für Sommerfrischler an Bedeutung. Am Ort wirkte der Friedrichshagener Kreis, ein naturalistischer Schriftstellerzirkel, dem u.a. Wilhelm Bölsche und Bruno Wille angehörten. Als Gäste stießen Gerhart Hauptmann, Erich Mühsam, Au-

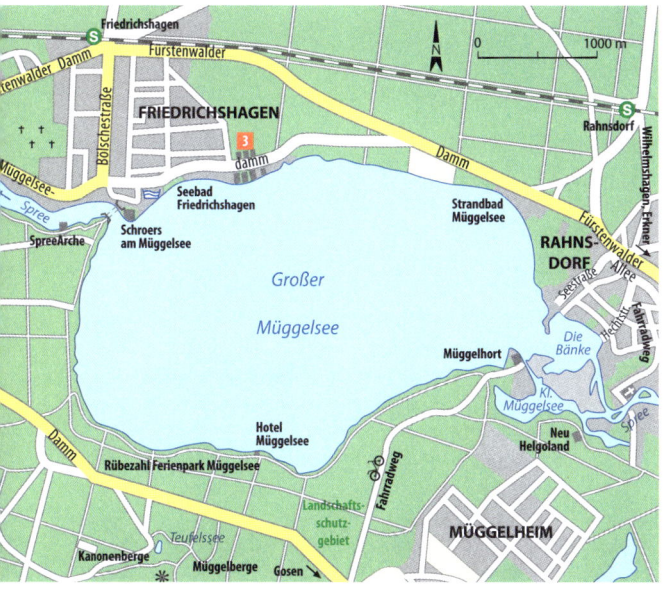

gust Strindberg und Frank Wedekind dazu.

Bei einem Abstecher in die **Bölschestraße** trifft man zunächst auf die ehemalige Brauerei Berliner Bürgerbräu, die 2010 geschlossen und die Marke an die Radeberger Gruppe verkauft wurde. Vorgelagert ist das Braustübl, heute noch ein beliebtes Ausflugslokal. Auf der gut einen Kilometer langen Einkaufsstraße findet man einige Kolonistenhäuser aus dem 18. Jh., gastronomische Vielfalt und ein Kino. Leander Haußmann zeigt die Straße in seinem Film »Hai-Alarm am Müggelsee« (2013). Beim alljährlichen **Kneipenfest** spielen verschiedene Bands Musik von Jazz über Beat und Blues bis zu Pop.

Am Müggelseedamm 307 hat ein bedeutendes Industriedenkmal, das **Wasserwerk Friedrichshagen** 3, seine Pforten für Besucher geöffnet.

Als die Trinkwasserversorgung der Reichshauptstadt um 1890 nicht mehr gewährleistet war, erbaute der englische Ingenieur Henry Gill die Anlage am Nordufer des Müggelsees. Seitdem werden auf dem 55 ha großen Areal täglich aus über 300 Tiefbrunnen 400 000 m³ Wasser gefördert. Die technischen Backsteinbauten, die Arbeiterwohnungen im englischen Landhausstil – sie schaffen eine ganz eigene Atmosphäre.

Das Museum im **Alten Wasserwerk** informiert über die Geschichte der Wasserver- und Abwasserentsorgung (Fr/Sa 10–17, So 10–16, im Winter Fr–So 11–16 Uhr, 5 €, erm. 2,50 €; wird evtl. 2019 geschl.).

AM GROSSEN MÜGGELSEE

Man kann die Tour per Rad mit der Fähre über die Spree in Rahnsdorf oder per Auto die Fürstenwalder Allee stadtauswärts über Wilhelms-

---

💬 **DER HAUPTMANN VON KÖPENICK**

Köpenick war 1906 in aller Munde, als der arbeitslose Schuster Wilhelm Voigt gewaltfrei das Rathaus erstürmte, den Bürgermeister Langerhans verhaftete und die Stadtkasse beschlagnahmte. Vorher hatte sich Voigt in der Militärstadt Potsdam die Uniform eines preußischen Hauptmanns geborgt. Vier Tage später requirierte er in voller Montur eine Wachmannschaft von der Straße weg und schüchterte die Rathausbeamten in schneidigem Kommandoton ein. Mit dieser genialen Tat führte Voigt den preußischen Kadavergehorsam ad absurdum.

Kaiser Wilhelm II. zeigte sich amüsiert und begnadigte den »Hauptmann« nach zwei Jahren Knast. Voigt war berühmt geworden und bereiste fortan die Welt, um in Varietés und Kneipen seine Köpenickiade vorzuführen.

Carl Zuckmayer widmete ihm 1931 ein Theaterstück und der Stadtteil macht ihn zu barer Münze: Die Verhaftungsszene wird zum Auftakt des »Köpenicker Sommers« nachgespielt (alljährlich an einem Wochenende im Juni/Juli in der Altstadt Köpenick, am Luisenhain und auf der Schlossinsel, Eintritt frei).

hagen und Erkner nach Müggelheim fortsetzen.

Dieses von der Spree durchflossene Gewässer ist – bei nur 8 m Tiefe – mit 7,5 km² der größte Berliner See. Selbst im Sommer herrscht hier kein Gedränge. Es locken mehrere Freibadestellen neben dem **Strandbad Müggelsee** (Fürstenwalder Damm 838, wegen Renovierung geschl.) und dem **Seebad Friedrichshagen,** das im Winter als **Eisstrand im Seebad** seine Tore öffnet (Müggelseedamm 216, 12587, www.see bad-friedrichshagen.de). Es empfiehlt sich ein schöner, 6 km langer Spaziergang am Südufer zwischen dem Spreetunnel (nur Fußgänger) am Westufer und der Anlegestelle Müggelhort am Südufer.

Direkt an der Anlegestelle der Fähre zwischen Müggelheim und Rahnsdorf, an der auch die Ausflugsdampfer halten, liegt die traditionsreiche Ausflugsgaststätte und Hotel **Neu Helgoland** (€, Neuhelgoländer Weg 1, www.neu-helgo land.de, tgl. ab 11 Uhr, im Winter Mo/Di geschl., – regelmäßig Musikveranstaltungen). Man sitzt lauschig am Wasser unter Bäumen.

Ab Friedrichshagen kann man auch eine schöne Bootsfahrt zur **Gaststätte Rübezahl** (Müggelheimer Damm 143, ruebezahl-berlin. de, Mi–So ab 12 Uhr) und weiter zur **Woltersdorfer Schleuse** machen. Die Fahrt kann an allen Stationen unterbrochen werden. Vom Lokal führen Wanderwege in den **Köpenicker Forst** und zum **Müggelturm** mit seiner Aussichtsplattform (www.müggelturm.berlin).

GRATIS ENTDECKEN

- **Stadtführung ab Brandenburger Tor** 🚇 G3, deren Führer man vor Ort am roten T-Shirt erkennt. Do–So um 11 Uhr, Dauer 2,5 Std.
- In der SPD-Parteizentrale, dem **Willy-Brandt-Haus** 🚇 H4, finden Kunstausstellungen, Lesungen und Konzerte statt. Stresemannstr. 28 | 10963 | Kreuzberg | www.willy-brandt-haus.de Di–So 12–18 Uhr
- Die Kunstsammlung **Daimler Contemporary** 🚇 G4 präsentiert in Wechselausstellungen auf 600 m² Kunst des 20. Jhs. Alte Potsdamer Straße 5 | Haus Huth 10785 | Mitte | art.daimler. com | Mo–So 11–18 Uhr
- Die **öffentliche Buslinie 100** pendelt zwischen Bahnhof Zoologischer Garten und Alexanderplatz – die preiswerteste Gelegenheit, eine Stadtrundfahrt im Doppeldeckerbus zu machen. Investieren müssen Sie in einem Fahrschein AB, Dauer ca. 60 Min.
- Im **Tränenpalast** 🚇 J1 in Mitte erfährt man Wissenswertes über den Ort der deutschen Teilung. Reichstagufer 17 | 10117 www.hdg.de/berlin | Di–Fr 9–19, Sa/So 10–18 Uhr
- **Woltersdorfer Schleuse** – vom S-Bahnhof Rahnsdorf Ⓢ 3 fährt die Tram 87 durch reizvolle Landschaft zur Schleuse. Dort kann man baden, Boot fahren und sich in Lokalen stärken.

HAVEL UND WANNSEE

VERLAUF: Berlin-Zentrum > Bahnhof Wannsee > Pfaueninsel > Glienicker Brücke und Schloss

KARTE: Seite 156
DAUER: Mindestens 6 Stunden
VERKEHRSMITTEL:
- Den Wannsee erreicht man am besten mit der Ⓢ 1 oder Ⓢ 7 bis Bahnhof Wannsee. Zur Anlegestelle der Pfaueninsel-Fähre nimmt man dort den Bus 316 oder 218.
- Für einen Ausflug rund um die Glienicker Brücke und die Pfaueninsel bietet sich ein Fahrrad an.

Berlins Südwesten ist nicht nur die beliebteste und exklusivste Wohngegend der Hauptstadt, sondern hat besonders Ausflüglern einiges zu bieten. Schließlich gehört die Landschaft um Havel und Wannsee zum UNESCO-Welterbe.

Für einen entspannten Tag im Grünen sind der Wannsee und die Pfaueninsel das Richtige. Eine herrliche Parklandschaft zum Spazierengehen breitet sich rund um Schloss Glienicke aus. Hinter der Glienicker Brücke beginnt bereits Potsdam.

DER GROSSE WANNSEE ⭐

Am Großen Wannsee erstreckt sich das klassische Naherholungsgebiet im Westen der Stadt, das Ostufer leider ohne Uferpromenade.

Dafür liegt hier das unter Denkmalschutz stehende **Strandbad**

Wannsee mit seinem fast 1,5 km langen, breiten Badestrand, und vom Havelstrand kann man die Boote auf dem Wasser betrachten. Am südwestlichen Ufer führt hingegen ein schöner Spazierweg immer am Wasser entlang bis zur Glienicker Brücke.

Im **Haus der Wannsee-Konferenz** 🔳 fand im Januar 1942 die sogenannte Wannsee-Konferenz zur »Endlösung der Judenfrage« statt, in deren Folge der organisierte Völkermord an den Juden eingeleitet wurde. Seit 1992 ist die Villa eine Gedenk- und Bildungsstätte (Am Großen Wannsee 56–58, Tel. 805 00 10, www.ghwk.de, tgl. 10 bis 18 Uhr, öffentliche kostenlose Führungen Sa/So 16+17 Uhr, Bus 114 vom Bahnhof Wannsee).

Weiter südlich präsentiert sich die **Liebermann-Villa** 🔳, das restaurierte Sommerhaus samt Garten von Max Liebermann. Im Inneren des Hauses sind Gemälde und persönliche Gegenstände des berühmten Berliner Impressionisten zu sehen (Colomierstr. 3, 14109, Tel. 80 58 59 00, April–Sept. Mi–Mo 10–18, sonst 11–17 Uhr; Führungen: Sommer Mi 14, Sa 12/16, So 16 Uhr, Winter Sa/So 14 Uhr, www.liebermann-villa.de, 8 €, erm. 5 €, Führungen zusätzlich 4 €, Bus 114 vom Bahnhof Wannsee).

KLEINER WANNSEE

Der Kleine Wannsee ist ein Refugium für Wassersportler. Seine Ufer werden von zahlreichen Bootshäusern gesäumt, zudem sind sie ein beliebtes Spazierrevier. Am Südufer

Der Garten der Liebermann-Villa wurde nach den Prinzipien der Gartenrefombewegung angelegt

findet man auf dem Grundstück Bismarckstraße 3 das schlichte **Grab Heinrich von Kleists 3**. Hier begingen der Dichter und seine Lebensgefährtin Henriette Vogel im November 1811 Selbstmord.

PFAUENINSEL 4 ⭐

Die 67 ha große Fläche ist ein idyllischer Landschaftspark im südlichen Lauf der Havel; sie steht unter Naturschutz. Erreichbar ist das Eiland mit der Fähre, die ganzjährig etwa alle Viertelstunde verkehrt

(www.pfaueninsel.info, Fähre: Nov. bis Feb. 10–16, März/Okt. 9–18 Uhr, April–Juni/Sept. 9–19, Juli–Aug. 9 bis 20 Uhr, Ticket 4 €, erm. 3 €; Autos und Fahrräder müssen auf dem Parkplatz bleiben).

HUNDE dürfen nicht auf die Insel.

Erstmals gestaltet wurde die Pfaueninsel ab 1793 von Friedrich Wilhelm II., dem Neffen und Thronfolger Friedrichs des Großen. Er kaufte das Areal, ließ es zu einem

Park mit Meierei, Kastellanswohnungen, Pfauenstall und Federviehhaus umgestalten und überließ es seiner Geliebten Wilhelmine Encke, einen Entwurf für das weiße **Schlösschen** anzufertigen (April bis Okt. Di–So 10–17.30 Uhr, Besuch nur mit Führung, 6 €, erm. 5 €). Die Dame bewies guten Geschmack: Vor allem vom Wasser aus ist das als Ruine konzipierte Bauwerk ein Blickfang. Das Innere bringt die Natursehnsucht der damaligen Zeit zum Ausdruck: Der Besucher wird z. B. durch ein wie eine Bambushütte ausgestattetes Zimmerchen, das **Otaheitische Kabinett,** geführt. Fast alle Möbel stehen noch an der Stelle, für die sie vorgesehen waren. Nach dem Tod seines Vaters erkor Friedrich Wilhelm III. mit seiner Frau Königin Luise das Idyll zu seinem Lieblingsaufenthalt.

Das Paar hatte Spaß an einem **Palmenhaus,** für das es eine Pflanzensammlung aus Paris herbeischaffen ließ. Dazu wurden die ausgefallensten Tiere aus aller Welt erworben. 1822 gestaltete Peter Joseph Lenné die Insel in einen Landschaftsgarten um. Die bunte Mena-

HAVEL UND WANNSEE

1 Haus der Wannsee-Konferenz
2 Liebermann-Villa
3 Kleist-Grab

gerie kam dem nachfolgenden Regenten Friedrich Wilhelm IV. wohl merkwürdig vor, weshalb er 1842 fast alle Tiere in den neu gegründeten Berliner Zoo überführen ließ.

Der **Kunckelstein** am Ostufer der Pfaueninsel erinnert an den ersten Bewohner, Johann Kunckel von Löwenstein. Der Große Kurfürst richtete ihm ein Laboratorium ein, in dem er Goldrubinglas herstellte. Mit dem Tod des Großen Kurfürsten versiegte Kunkels Geldquelle und sein Glück verließ ihn gänzlich, als sein Labor abbrannte. Daraufhin verließ Kunkel das Kurfürstentum Brandenburg fluchtartig.

An fünf Hör-Stationen auf der Insel kann man noch mehr über die Geschichte erfahren. Kostenloser Download: www.luise.tomis.mobi/ johann_kunckel_von_loewenstern.

RESTAURANT

Wirtshaus zur Pfaueninsel €€
Bürgerliche Kost und Berliner Küche, großer Biergarten.
• Am Fährableger Pfaueninsel
  Pfaueninselschaussee 100 | 14109
  Tel. 805 22 25 | www.pfaueninsel.de
  Mi–So ab 10 Uhr, im Sommer auch Di

4 Pfaueninsel
5 St. Peter und Paul
6 Glienicker Brücke
7 Schloss Glienicke

💬 MUSEEN IN DAHLEM ⭐

Das Museum **Europäischer Kulturen** zeigt eine der größten Sammlungen Europas zur Alltagskultur (Arnimallee 25, Mo–Fr 10–17, Sa/So 11–18 Uhr, 8 €, erm. 4 €).

Ein weiteres, zwar kleines, aber hochkarätiges Museum ist das **Brücke-Museum**. Zu sehen sind Werke der expressionistischen Künstlergruppe (Bussardsteig 9, 14195, Tel. 831 20 29, www.bruecke-museum.de, Mi–Mo 11–17 Uhr, 6 €, erm. 4 €, Führungen So 11.30 Uhr).

Der Standort des **Ethnologische Museums** und des **Museums für Asiatische Kunst** in Dahlem wurde 2017 geschlossen. **Beide Museen** werden im **Humboldt Forum** (www.humboldtforum.com) eine neue Heimat finden. Teile beider Sammlungen sind aber auch während des Umzugs ins Humboldt Forum für Besucher sichtbar. Bis 2019 finden unter dem Motto »Auf dem Weg zum Humboldt Forum« viele Sonderausstellungen und -präsentationen sowie Veranstaltungen der außereuropäischen Sammlungen am Kulturforum und auf der Museumsinsel statt (www.smb.museum).

ST. PETER UND PAUL 5

Das Geläut der Kirche St. Peter und Paul am Nikolskoer Weg schallt von der Anhöhe zur Pfaueninsel hinüber. Die 28 Bronzeglocken in den Turmloggien des Gotteshauses spielen die berühmten Melodien der Potsdamer Garnisonskirche, »Üb' immer Treu und Redlichkeit« sowie den Choral »Lobet den Herren« (Nikolskoer Weg 17, www.kirche-nikolskoe.de). Hinter der Kirche St. Peter und Paul liegt der kleinste Friedhof Berlins, auf dem nur Personen beerdigt werden, die 15 Jahre und mehr auf Nikolskoe oder der Pfaueninsel gelebt haben.

GLIENICKER BRÜCKE 6 ⭐

Wer die Königstraße weiter Richtung Potsdam fährt oder am Ufer entlang läuft, gelangt zur Glienicker Brücke, die im Laufe ihrer Geschichte ein wechselvolles Schicksal

erfuhr: Nach der Sprengung durch deutsche Soldaten in den letzten Kriegstagen 1945 wurde sie 1950 wieder aufgebaut und in »Brücke der Einheit« umgetauft. Mit dem Mauerbau im August 1961 endete dann hier der »Westen«. Als Schauplatz spektakulären Austauschs von Agenten wurde die Brücke weltberühmt.

Von der Brücke hat man einen wundervollen Rundumblick in die großartige Potsdamer Kulturlandschaft. Sichtachsen verbinden alles: Im Süden thront Schloss Babelsberg auf einer Anhöhe, von Norden grüßt die Sacrower Heilandskirche, im Osten das Schlösschen Glienicke. › mehr S. 16 Punkt 28

KLEIN GLIENICKE ⭐

Ursprünglich stand an der Stelle von **Schloss Glienicke** 7 ein Landhaus, das Staatskanzler Hardenberg bewohnte. Prinz Carl von Preußen, der dritte Sohn Königin Luises, beauftragte 1824 Karl Friedrich Schinkel mit dem Umbau im klassizistischen Stil (Königstr. 36, Tel. 03 31/969 42 00; Nov.–Dez. und März, Sa/So 10–16 Uhr; April–Okt. Di–So 10–17.30 Uhr, Besichtigung nur mit Führung, 6 €, erm. 5 €, im Schloss finden auch regelmäßig Konzerte statt).

Wer den Schlosshof mit dem pompejanischen Bodenpflaster und den vielen antiken Spolien an den Wänden an einem Sommertag betritt, fühlt sich in Italien. Über das Johannitertor führen schwungvoll angelegte Wege immer tiefer in den Garten hinein.

Peter Joseph Lenné konzipierte den weitläufigen **Landschaftspark** nach englischem Vorbild. Gleich an der Grenze zur Königstraße liegen die »Kleine« und die »Große Neugierde«, ein kleiner Teepavillon nach Schinkels Entwurf und eine überdachte Rotunde auf einer Anhöhe.

Nördlich davon, am Havelufer des Jungfernsees, steht das Casino, das Schinkel 1824 in ein Billardhaus umbaute. Die weißen Säulentrümmer im Rasengrund ließ Prinz Carl aus dem Mittelmeerraum, vermutlich vom Poseidontempel auf Kap Sunion, herbeischaffen.

Etwas tiefer im Park errichtete der Architekt Ferdinand von Arnim 1850 den Klosterhof, für den Prinz Carl Teile eines Klosters auf der Insel Certosa bei Venedig erwarb.

RESTAURANT

Ein im Park schön gelegenes Restaurant mit ganz besonderem Ambiente und regionaler Küche ist die Remise im **Schloss Glienicke** €€. Angegliedert ist die Lutter & Wegner Weinhandlung.

• Königstr. 36 | 14109 | Tel. 805 40 00
www.schloss-glienicke.de
Di–So 12–22 Uhr

Prinz Carl von Preußen ließ antike Fragmente in die Fassaden des Casinos Glienicke einfügen

POTSDAM

VERLAUF: Berlin-Zentrum > Potsdam Hauptbahnhof > Schloss Sanssouci > Innenstadt

KARTE: Seite 162
DAUER: 1 Tag
VERKEHRMITTEL:

- Potsdam ist mit der Ⓢ 7 und der Regionalbahn (bis Haltestelle Potsdam Hbf.) aus dem Berliner Stadtzentrum in ca. 30–40 Min. zu erreichen.
- Eine schöne Alternative sind die Schiffe der Weißen Flotte oder der Stern und Kreisschiffahrt ab Anlegestelle Wannsee (Ⓢ 1, 7, Fahrtdauer ca. 1 Std.), in Potsdam halten die Schiffe an der Langen Brücke am Hauptbahnhof. Allerdings gibt es keinen regelmäßigen Pendelverkehr, sondern die Strecke ist Bestandteil verschiedener Ausflugsfahrten, sie kann aber dennoch separat gebucht werden (www.sternundkreis.de, www.schiffahrt-in-potsdam.de).
- Auch für Potsdam ist, aufgrund der Weitläufigkeit, die Mitnahme eines Fahrrades zu empfehlen.

SCHLOSS SANSSOUCI **1** ⭐ **12** 📖 b2–b3

In dem weitläufigen Park am Stadtrand Potsdams stehen gleich mehrere Schlösser, von denen das bekannteste Schloss Sanssouci ist, erbaut 1745 von Georg Wenzeslaus von Knobelsdorff im Auftrag Friedrichs des Großen und seit 1990 UNESCO-Weltkulturerbe (Maulbeerallee, 14469, www.spsg.de, Tel. 03 31/969 42 00, April–Okt. Di–So 10–17.30, Nov.–März Di–So 10 bis 16.30 Uhr, Eintritt mit Führung oder Audioguide 12 €, erm. 8 €).

Der Baumeister errichtete das als Sommersitz für die privaten Bedürfnisse Friedrichs des Großen geplante Schloss als einstöckigen Rokoko-Bau direkt auf Höhe des terrassierten Weinbergs. Dort in einer Gruft am Ostrand liegt er auch wunschgemäß begraben, allerdings erst seit 1991 (!). Im Mittelbau liegen das Vestibül und der Marmorsaal, im Ostflügel die königlichen Räume, deren Einrichtung überwiegend erhalten ist, und im Westflügel mehrere Gästezimmer.

Fast 100 Jahre später ließ Friedrich Wilhelm IV. die hinteren Seitenflügel anbauen. Kaum war das Schloss fertig, ließ Friedrich sich von Knobelsdorff eine Orangerie errichten, die später zum **Neue Kammern** **2** genannten Gästeschloss mit prächtigen Festsälen umgebaut wurde.

Außerdem entstanden die **Bildergalerie** **3**, der erste eigenständige Museumsneubau Deutschlands, und das **Chinesische Teehaus** **4**, ein verspielter Rokokobau. In der Bildergalerie hängen zahlreiche Alte Meister von Weltruhm, darunter Bilder von Rubens, van Dyck und Caravaggio. Das **Neue Palais** **5**, eine dreiflügelige Anlage mit über 200 Räumen am westlichen Ende des Schlossparks, war 1763 bis 1769 der letzte Schlossbau Friedrichs des Großen.

Im Holländischen Viertel gibt es Restaurants und Cafés, um sich zu stärken

Doch auch Friedrich Wilhelm IV. tat sich als eifriger Bauherr hervor. Er beschäftigte mit Vorliebe die Architekten Ludwig Persius, der das Stadtbild Potsdams prägte, und August Stüler. Ergebnis dieser Zusammenarbeit sind das **Orangerieschloss 6** und die **Friedenskirche 7**. **Schloss Charlottenhof 8**

💬 VIEL INFORMATION

Drei **Tourismus-Informationen** gibt es in Potsdam im **Hauptbahnhof** (Bahnhofspassagen Potsdam, neben Gleis 6, Tel. 03 31/27 55 88 99, www.potsdam tourismus.de, Mo-Sa 9.30–18, So/Fei 9.30–15 Uhr) und **Am Alten Markt** (Humboldtstr. 1–2, Mo-Sa 9.30–18.30, So/Fei 9.30 bis 15 Uhr).

im südlichen Teil des Parks ist hingegen ein klassizistischer Schinkel-Bau, den englischen Landschaftsgarten legte Peter Joseph Lenné an.

Im Anschluss an Schloss Charlottenhof entstanden die **Römischen Bäder 9**, ein romantischer Gebäudekomplex im Stil einer italienischen Landvilla von Schinkel und Persius.

Ein Publikumsmagnet ist die alljährliche Potsdamer Schlössernacht im August. In dieser Nacht wird der Park Sanssouci mit seinem preußischen Barock glanzvoll illuminiert (www.potsdamer-schloes sernacht.de).

STADTZENTRUM

Das historische Zentrum lässt sich bequem per pedes erkunden. Sehenswert am **Alten Markt** 📍 c3–d3 ist die von Schinkel 1826 entworfene und seinem Schüler Persius bis 1850 erbaute klassizistische **Nikolaikirche** 🔟, in der auch regelmäßig Konzerte stattfinden (www.nikolaipotsdam.de).

Einst stand hier auch das Potsdamer Stadtschloss. An dessen Stelle wurde 2014 der neu erbaute, in seiner Form an das 1959/60 ge-

sprengte Schloss erinnernde, neue Landtag eröffnet (Alter Markt 1). Der **Brandenburger Landtag** ist für die Öffentlichkeit zugänglich (Anmeldung: www.landtag.brandenburg.de).

Im **Altem Rathaus** 🏛 c–d3, erbaut 1753 von Johann Boumann, ist heute das **Potsdam Museum – Fo-**

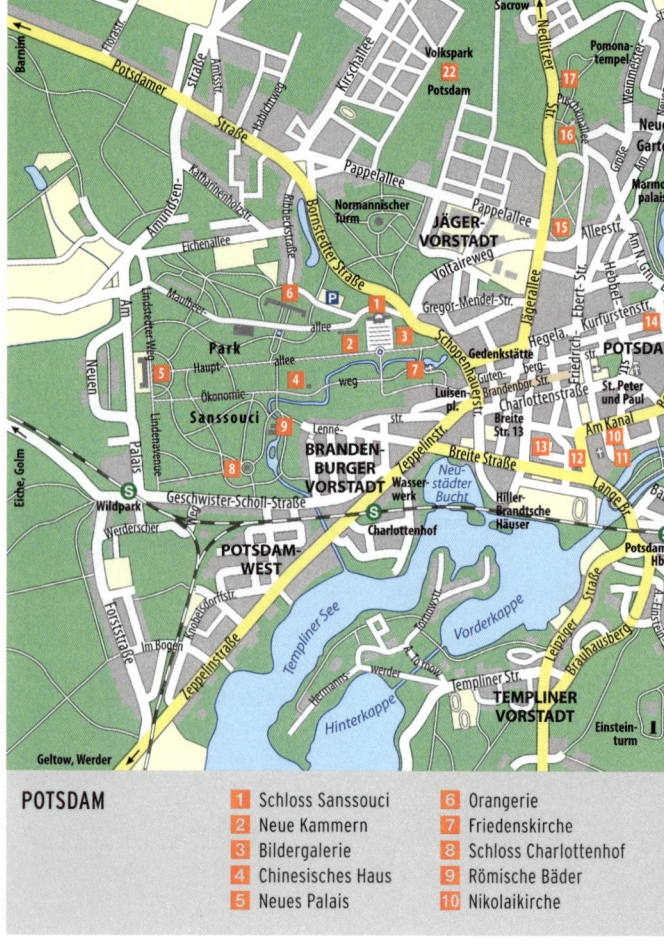

POTSDAM		
1 Schloss Sanssouci		**6** Orangerie
2 Neue Kammern		**7** Friedenskirche
3 Bildergalerie		**8** Schloss Charlottenhof
4 Chinesisches Haus		**9** Römische Bäder
5 Neues Palais		**10** Nikolaikirche

rum für Kunst und Geschichte untergebracht (Am Alten Markt 9, Tel. 03 31/289 68 68, www.potsdam-museum.de, Di–Fr 10–17, Do bis 19, Sa/So 10–18 Uhr, 5 €). Es ist durch einen barocken Gang mit dem ehemaligen Wohnhaus des Architekten, dem Knobelsdorffhaus, verbunden. Knobelsdorff hat auch

den Obelisken in der Platzmitte geschaffen.

Gegenüber dem Landtag, am Alten Markt, wurde 2017 das Museum Barberini 11, getragen von der Hasso Plattner Förderstiftung, eröffnet. Gezeigt werden von Alten Meistern bis zur zeitgenössischen Kunst, ein Schwerpunkt liegt auf

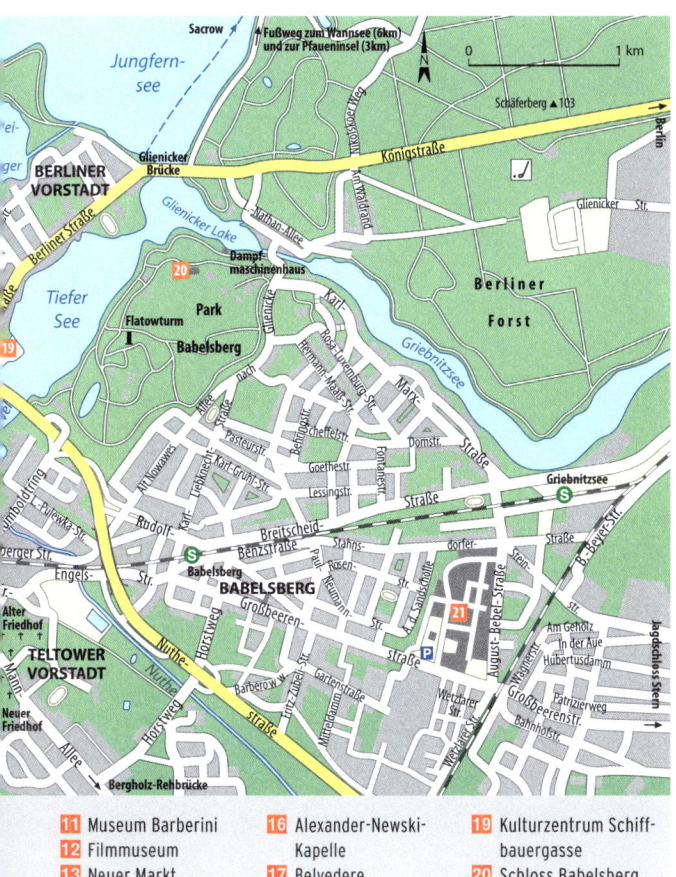

11	Museum Barberini	16	Alexander-Newski-Kapelle	19	Kulturzentrum Schiffbauergasse
12	Filmmuseum	17	Belvedere	20	Schloss Babelsberg
13	Neuer Markt	18	Schloss Cecilienhof	21	Filmpark Babelsberg
14	Holländisches Viertel			22	Buga-Gelände
15	Alexandrowka				

Blockhaus in der Russischen Kolonie Alexandrowka

dem Impressionismus (Humboldtstr. 5–6, Tel. 03 31/236 01 44 99, www.museum-barberini.com, Mi–Mo 10–19 Uhr, 14 €, erm. 10 €).

Auf der anderen Seite der Ebertstraße steht der ehemalige Marstall, in dem heute das **Filmmuseum Potsdam** 12 🔖 c3 untergebracht ist, das mit seiner Dauer- und wechselnden Ausstellungen zum Thema Zelluloid und Kino einen Besuch wert ist (Breite Str. 1A, www.filmmuseum-potsdam.de, Di–So 10 bis 18 Uhr, 5 €, erm. 4 €).

Von dort sind es nur ein paar Schritte zum **Neuen Markt** 13 🔖 c3 – er zählt zu den am besten erhaltenen Barockplätzen in Europa.

Das **Holländische Viertel** 14 ⭐ 🔖 c–d2 wurde ab 1734 für holländische Handwerker und Baumeister erbaut, die König Friedrich Wilhelm I. nach Potsdam holte. Zahl-

reiche schmucke Läden, schöne Galerien und charmante Cafés in über 100 Backsteinhäusern laden zum Bummeln ein. Zum »Tulpenfest« im Frühjahr wandeln hier zehntausende Besucher durch ein von Tulpen dominiertes Blumenmeer.

RESTAURANTS

Das Restaurant **Speckers Landhaus** €€€ 🔖 c2 ist die Wirkungsstätte von Steffen Johst, dem Brandenburger Meisterkoch 2008.

• Jägerallee 13 | 14469 | speckers.de
  Tel. 03 31/280 43 11 | Di–Sa ab 18 Uhr

Das charmante **Juliette** €€€ 🔖 c4 mit nur 64 Plätzen zählt zu den besten Restaurants in Potsdam. Dafür sorgt Küchenchef Carsten Rettschlag mit seiner französisch und modern interpretierten Küche seit Jahren.

• Jägerstr. 39 | 14467 | Tel. 03 31 270 17 91
  www.restaurant-juliette.de
  Mi–So 12–15.30, 18–22 Uhr

PFINGSTBERG UND BERLINER VORSTADT

Über die Friedrich-Ebert-Straße erreicht man ein weiteres städtebauliches Kleinod, die **Russische Kolonie Alexandrowka** 15 🔖 c1–2 zu Füßen des **Pfingstberges** (Alexandrowka 2, alexandrowka.de). Dreizehn im russischen Stil als Blockhäuser verkleidete Fachwerkbauten zählt die Siedlung. Sie wurden 1826 von Friedrich Wilhelm III. zum Gedenken an Zar Alexander I. gebaut.

Von hier ist es nur ein kurzer Spaziergang zur russisch-orthodoxen **Alexander-Newski-Kapelle** 16

📖 c1 am Fuße des Pfingstberges. Sie wurde für die Bewohner der Kolonie (die Mitglieder eines russischen Soldatenchores) erbaut und dient bis heute als Kirche (Kapellenberg, 14469). Auf dem Pfingstberg steht das stilvoll rekonstruierte **Belvedere** 17 📖 c1. Von der Aussichtsterrasse des imposanten klassizistischen Gebäudes hat man bei schönem Wetter einen Blick bis weit ins Havelland hinein.

Unterhalb des Pfingstberges lohnt der **Neue Garten** einen Besuch. Hier steht ein eher unscheinbares Landschloss im englischen Stil, das **Schloss Cecilienhof** 18 📖 d1. Es wurde in den Jahren 1914 bis 1917 für den Kronprinzen Wilhelm und seine Gattin Cecilie erbaut. Hier wurde 1945 von den Alliierten das »Potsdamer Abkommen«, das die Neuordnung Europas nach dem Zweiten Weltkrieg regelte, unterzeichnet, das eine Dauerausstellung thematisiert. Das Hotel und Restaurant Cecilienhof hat den Betrieb eingestellt, noch wird ein Nachfolger gesucht.

Südlich des Neuen Gartens liegt die Berliner Vorstadt. Das Areal an der **Schiffbauergasse** 19 📖 d2 zwischen dem Tiefensee und Heiliger See hat sich vom einstigen Industriestandort in ein kulturelles Erlebnisquartier verwandelt. Architektonisches Highlight ist der Neubau des **Hans-Otto-Theaters** mit seinem roten geschwungenen Dach (Nr. 11, Tel. 03 31/981 18, www. hansottotheater.de). In der Reithalle ist die Kinder- und Jugendbühne des Theaters untergebracht. Das **Waschhaus** ist ein Konzert- und Klubstandort (Nr. 6, www.waschhaus.de), im **T-Werk** sind freie Theatergruppen ansässig (Nr. 4E, www. t-werk.de).

Das Hans-Otto-Theater in der Berliner Vorstadt wird auch Neues Theater genannt

Die Tropenhalle in der Biospäre ist eine sattgrüne Wunderwelt

BABELSBERG

Auch das zauberhafte **Schloss Babelsberg** 20 ◼ e2 im idyllischen Park lohnt einen Besuch (Schloss derzeit wegen Renovierung geschl.) Der **Park Babelsberg** ist jedoch täglich zugänglich (8 Uhr bis Einbruch Dunkelheit, Spende 2 €).

Der **Filmpark Babelsberg** 21 ⭐ ◼ f4 ist für Kinder und Erwachsene sehr attraktiv. Europas älteste Filmstadt bietet einen Blick hinter die Kulissen und mehr als 20 Attraktionen rund um Film und Fernsehen (Großbeerenstr. 200, Tel. 03 31/721 27 50, www.filmpark-babelsberg.de, Ende März–Okt. tgl. 10 bis 18 Uhr; einige Schließtage in der Saison. Ⓢ 7 Babelsberg, von dort Bus 690, Eintritt 22 €, 4–16 J. 15 €, Familienkarte 65 €).

BUGA-GELÄNDE 22 ◼ c1

Im Volkspark auf dem Gelände der Bundesgartenschau 2001 im Norden Potsdams ist die **Biosphäre** die Attraktion. Die Tropenhalle lockt u. a. mit 20 000 exotischen Pflanzen, dem Schmetterlingshaus und zahlreichen Forschungsstationen (Eingang Georg-Herrmann-Allee 99, Tel. 03 31/ 55 07 40, www.biosphaere-potsdam.de, Mo–Fr 9–18, Sa/So 10–19 Uhr, 11,50 €, erm. ab 4,50 €).

EXTRA-TOUREN

TOUR
12

EIN LANGES WOCHENENDE IN BERLIN

> **VERLAUF: TAG 1:** City-West mit Ku'damm-Bummel › Bustour/Schiffstour
> **TAG 2:** Historisches Zentrum › Hackescher Markt/Museumsinsel
> **TAG 3:** Regierungsviertel und Potsdamer Platz › Museumsbesuch Kulturforum/ Hamburger Bahnhof
>
> **KARTE:** Faltkarte
> **DAUER: TAG 1:** Startpunkt: U-Bahnhof Adenauer Platz (Ⓤ 7), Gehzeit ca. 2 Stunden; Bustour › S. 169, Schiffstour › S. 171).
> **TAG 2:** Startpunkt: S-Bahnhof Brandenburger Tor (Ⓢ 1, 2, 25, Ⓤ 55), Gehzeit ca. 2 Stunden, Endpunkt: S-Bahnhof Hackescher Markt, von dort aus Museumsbesuch oder Bummel auf der Museumsinsel.
> **TAG 3:** Startpunkt S-Bahnhof Potsdamer Platz oder Brandenburger Tor (Ⓢ 1, 2, 25, Ⓤ 55), Gehzeit ca. 2 Stunden. Endpunkt S-Bahnhof Potsdamer Platz oder, falls statt des Kulturforums der Hamburger Bahnhof besucht wird, Hauptbahnhof (zahlreiche S-Bahnlinien).
> **VERKEHRSMITTEL:** Zu Fuß und öffentliche Verkehrsmittel. Innerhalb des Berliner Stadtzentrums ist das Netz öffentlicher Verkehrsmittel sehr engmaschig, so dass es möglich ist, die jeweiligen Vorschläge für den Vormittag und den Nachmittag nach Belieben anders zu kombinieren. Es empfiehlt sich der Kauf einer Tages- oder Mehrtageskarte, Tarifinformationen › S. 28.

Drei Tage Berlin haben einen hohen Erlebniswert und reichen durchaus aus, um einen ersten Eindruck von der Vielseitigkeit der Hauptstadt zu gewinnen. Individuelle Schwerpunkte können dabei immer noch gesetzt werden.

1. TAG: VORMITTAGS steht die **City-West** mit einem Bummel über den berühmten Boulevard **Ku'damm** › S. 118 auf dem Programm, wobei natürlich ein Besuch im **KaDeWe**, dem größten und schönsten Kaufhaus Deutschlands, nicht fehlen darf › S. 122. Zum Mittagessen bietet sich eventuell das Restaurant Duke im Hotel Ellington an › S. 32, das neu eröffnete Café-Restaurant Grosz oder die Feinschmeckeretage im KaDeWe. **NACHMITTAGS** kann man wählen zwischen einer Fahrt mit der **Sightseeing-Buslinie 100,**

Am Gendarmenmarkt steht auf der Nordseite der Deutsche und auf der Südseite der Französische Dom

die an den wichtigsten Sehenswürdigkeiten im Zentrum vorbeiführt › S. 169, oder einer **Brückenfahrt,** bei der man die schönsten Seiten Berlins vom Wasser aus entdecken kann › S. 171. Abends könnte ein Besuch einer der vielen Berliner Bühnen auf dem Programm stehen, z.B Oper, Theater oder Kabarett › S. 48.

2. TAG: VORMITTAGS geht es zum Berliner Wahrzeichen schlechthin, dem **Brandenburger Tor** › S. 72, und weiter zu einem Bummel entlang der Allee **Unter den Linden** › S. 77. Wer am Vortag noch nicht genug einkaufen war, wird sicher in der **Friedrichstraße** fündig › S. 77. Weiter geht es zum **Gendarmenmarkt** › S. 78, einem zauberhaften, von zahlreichen klassizistischen Bauwerken gesäumten Platz. Mittagessen kann man am belebten Hackeschen Markt mit seinen zahlreichen trendigen Cafés und Läden, z.B im Café und Restaurant Hackescher Hof in den **Hackeschen Höfen** › S. 99. **NACHMITTAGS** kann man sich in den Straßen rund um den **Hackeschen Markt** › S. 99 treiben lassen. Kunstinteressierte sollten eines der Museen auf der nahen **Museumsinsel** besuchen, z. B. das **Pergamonmuseum** › S. 86. Am Abend lohnt eine Vorstellung im **Admiralspalast**, einem schön restaurierten Vergnügungstempel im Jugendstil mit abwechslungsreichem Programm. Wem der Sinn nach Szene steht, sollte sich alternativ für einen **Kneipenbummel in Kreuzberg** – Bergmannstraße oder Oranienstraße – entscheiden › S. 139, 144.

3. TAG: VORMITTAGS geht es ins Regierungsviertel rund um den **Reichstag** › S. 102, dessen begehbare Glaskuppel ein Besuchermagnet ist, sowie zum **Potsdamer Platz** › S. 109, dem neuen heimlichen Zentrum der Stadt, das mit seiner Architektur beeindruckt. Zur Mittagspause empfiehlt sich das Vapiano › S. 111, das mit Pasta und Salat zum Kombinieren lockt. **NACHMITTAGS** könnte man dem **Kulturforum** › S. 112 mit der **Gemäldegalerie**, in der alte Meister von Weltrang zu sehen sind, einen Besuch abstatten. Wer sich für moderne Kunst interessiert, dem sei alternativ der Besuch des Museums für Gegenwartkunst im **Hamburger Bahnhof** empfohlen › S. 95. Abends lohnt ein **Kneipenbummel in Prenzlauer Berg** › S. 131.

BUS 100 / BUS 200

VERLAUF: Bahnhof Zoologischer Garten › Alexanderplatz und zurück (Bus 100);
Bahnhof Zoologischer Garten › Alexanderplatz und zurück (Bus 200)

KARTE: Faltkarte
DAUER: Mit einigen Stopps etwa ein halber Tag. Reine Fahrzeit Bus 100 28 Min.,
Bus 200 38 Min.
VERKEHRSMITTEL: Die Buslinien 100 und 200 verbinden auf ihrer Strecke einige
der wichtigsten Sehenswürdigkeiten. So fahren beide Linien Unter den Linden ent-
lang. Der normale Einzelfahrschein ist nur in eine Richtung 120 Minuten gültig.
Nach zwei Stunden ist für die Weiter- oder Rückfahrt ein neues Ticket zu lösen
(Tarifinformation › S. 28). › mehr S. 15 Punkt **20** Wer die Strecke also mehrmals
unterbricht, sollte eine Tages- oder Mehrtageskarte besitzen.

Der 100er fährt vom **Bahnhof Zoo** über den Lützowplatz und den Großen
Stern zum **Schloss Bellevue** › S. 106, dem Sitz des Bundespräsidenten, weiter zum **Haus der Kulturen der Welt** › S. 106 und zum **Reichstag** › S. 102.
Vom S-Bahnhof Brandenburger Tor sind es nur wenige Schritte zum **Pariser Platz** › S. 73 mit dem **Brandenburger Tor** und dem **Hotel Adlon.** Weiter
verläuft die Strecke Unter den Linden entlang – an der Ecke Friedrichstraße
kann man aussteigen und bis zum **Gendarmenmarkt** › S. 78 bummeln.

💬 **MIT DER M1 VON DER MUSEUMSINSEL ZUM PRENZLAUER BERG**

Eine weitere abwechslungsreiche Tour mit Kultur und Szene bietet die Fahrt
mit der Tramlinie M1. Die Straßenbahn fährt von der **Museumsinsel am
Kupfergraben** › S. 83 durch die Friedrichstraße am Friedrichstadtpalast vor-
bei und durch die **Oranienburger Straße** › S. 97 zum **Hackeschen Markt**
› S. 99 – die nähere Umgebung mit zahlreichen Läden, Boutiquen, Cafés,
Bars und Restaurant lässt sich gut erlaufen. Weiter geht es vom Hackeschen
Markt durch die **Kastanienallee** › S. 132 am Biergarten Prater vorbei zur
Schönhauser Allee im Bezirk **Prenzlauer Berg** › S. 131, wo die Tram neben
dem Viadukt der U-Bahn verläuft. Am U-Bahnhof Eberswalder Straße kann
man sich bei **Konnopke's Imbiss** mit einer typischen Berliner Currywurst für
die Weiter- oder Rückfahrt oder für einen Bummel durch den Bezirk stärken.

Das Haus der Kulturen der Welt wird von vielen Berlinern »Schwangere Auster« genannt

Wieder zurück **Unter den Linden** geht es mit dem Bus weiter: Vorbei an der **Humboldt-Universität** › S. 80 und der **Staatsoper Unter den Linden** › S. 80 erreicht man den Schlossplatz mit dem neuen **Humboldt Forum.** Gegenüber liegen der **Lustgarten** › S. 84 und der **Berliner Dom** › S. 83, dahinter sieht man die Bauten der **Museumsinsel** › S. 83, links davon das Zeughaus mit dem **Deutschen Historischen Museum** – DHM. Nach **Marienkirche** › S. 90 und **Fernsehturm** › S. 90 erreicht der Bus seine Endhaltestelle am S- und U-Bahnhof Alexanderplatz.

Die Rückfahrt von dort mit dem 200er verläuft bis zur Haltestelle Unter den Linden/Ecke Friedrichstraße auf der Strecke des Busses 100. Doch kurz danach biegt er ab und fährt über die Wilhelmstraße zum **Potsdamer Platz** › S. 109. Dort kann man aussteigen, das lebendige Stadtquartier und das angrenzende **Kulturforum** › S. 112 mit Gemäldegalerie zu Fuß erkunden und an der **Philharmonie** › S. 113 wieder in den Bus einsteigen. Über die Nordischen Botschaften und den Breitscheidplatz mit der **Kaiser-Wilhelm-Gedächtniskirche** › S. 122 geht es zurück zum **Bahnhof Zoo.**

Es bietet sich also durchaus an, eine Linie für die Hinfahrt und die andere für die Rückfahrt zu benutzen, auch wenn Teilstrecken identisch sind.

DIE BRÜCKENFAHRT

VERLAUF: Kottbusser Tor › Deutsches Technikmuseum › Potsdamer Platz › Bauhaus-Archiv › Zoologischer Garten › Charlottenburger Tor › Schloss Bellevue › Bundeskanzleramt › Reichstagsgebäude › Museumsinsel › Nikolaiviertel › East Side Gallery › Oberbaumbrücke › Kottbusser Tor

---

KARTE: Faltkarte
DAUER: Knapp 3,5 Stunden
VERKEHRSMITTEL: Mit den Ausflugsschiffen z. B. der Reederei Riedel (www.reederei-riedel.de, Tel. 67 96 14 70, 23 €, erm. 11,50 €) z. B. ab Kottbusser Tor (im Sommer tgl. 10.30 Uhr und 14.30 Uhr – 3 bis 3,5 Std.); Abendfahrten z. B. ab dem Märkischen Ufer (Anfang März–Ende Okt. tgl. 19 Uhr). Zustieg an verschiedenen weiteren Anlegestellen möglich: Haus der Kulturen der Welt, Mercedes Platz, Urbanhafen, Hallesches Tor und Potsdamer Brücke.
Bis zur Hansabrücke in Moabit kann die Brückenfahrt auch als 1,5-stündige Teilfahrt erlebt werden, 17,50 €.

Die sogenannte Brückenfahrt – insgesamt 64 Brücken werden unterquert – ist wohl Berlins beliebteste Schiffstour. Sie führt in einer großen Runde über Spree und Landwehrkanal (Routenänderungen wegen Sanierungsmaßnahmen des Landwehrkanals möglich) durch die Innenstadt und die Randbezirke und bietet die Möglichkeit, viele Sehenswürdigkeiten aus einem ganz neuen Blickwinkel vom Wasser aus zu betrachten. Dazu zählen klassische Highlights wie das **Deutsche Technikmuseum** › S. 140, **Potsdamer Platz** › S. 109, **Neue Nationalgalerie** › S. 114, **Bauhaus-Archiv** › S. 115, **Zoologischer Garten** › S. 108, **Schloss Bellevue** › S. 106, **Bundeskanzleramt** › S. 103, **Reichstag** › S. 102, **Museumsinsel** › S. 83, **Berliner Dom** › S. 83, **Fernsehturm** › S. 90, **Nikolaiviertel** › S. 91 und **Märkisches Museum** › S. 92. Auch an der **East Side Gallery** und **Oberbaumbrücke** › S. 146 schippert der Ausflugsdampfer gemächlich vorbei. Aber nicht nur die bekannten Sehenswürdigkeiten lassen sich von Deck aus betrachten. Die Bootsfahrt führt vorbei an historischen und modernen Stadtlandschaften, Industriegebieten und grünen Ecken der Metropole, und die Passagiere erhalten so einen hervorragenden Gesamteindruck von der Hauptstadt. Ein besonderes Erlebnis ist die Fahrt auch am Abend. Dabei ist für das leibliche Wohl an Bord ebenfalls gesorgt (nicht im Fahrpreis enthalten).

DIE FAHRRAD-MAUER-TOUR

VERLAUF: Nordbahnhof › Hamburger Bahnhof › Hauptbahnhof › Reichstag ›
Brandenburger Tor › Potsdamer Platz › Martin-Gropius-Bau › Topographie des
Terrors › Checkpoint Charlie › East Side Gallery › Warschauer Straße

---

KARTE: Faltkarte
DAUER: Die Tour hat eine Länge von 14 km, mindestens 3–4 Stunden sollte man
einplanen.
VERKEHRSMITTEL: Fahrrad; virtuelle Tour und nähere Infos unter www.berlin.de/
mauer und www.chronik-der-mauer.de. Zahlreiche Stationen des öffentlichen Nah-
verkehrs erlauben es, die Tour unterwegs problemlos abzubrechen. In der S- und
U-Bahn ist die Fahrradmitnahme gestattet. Für das Fahrrad ist im Berliner Stadtgebiet ein Einzelfahrausweis Fahrrad Berlin AB zu erwerben. Fahrradverleih › **S. 28.**

Leider ist in Berlin von der Mauer, den Grenzanlagen und Grenzübergängen
nicht mehr all zu viel zu sehen. In den Jahren 2002 bis 2006 wurde der »Berliner Mauerweg« geschaffen. Er kennzeichnet den Verlauf der ehemaligen
DDR-Grenzanlagen zu West-Berlin und führt knapp 165 km um das einstige
West-Berlin herum. Der Mauerweg ist ausgeschildert und in 14 Einzelstre-
cken zwischen 7 km und 21 km Länge unterteilt. In regelmäßigen Abständen helfen aufgestellte Übersichtspläne und Texttafeln bei der Orientierung.
Die Smartphone-App »Die Berliner Mauer« hilft bei der Spurensuche.

Der Abschnitt vom Nordbahnhof zur Warschauer Straße besteht aus zwei
der insgesamt 14 Teilstrecken und führt mitten durch die Innenstadt Berlins, direkt oder in der Nähe zahlreicher Sehenswürdigkeiten vorbei. Aber
er führt auch zu versteckten Relikten der Teilung wie dem erhalten geblie-
benen Wachturm der DDR-Grenztruppen am Spandauer Schifffahrtskanal.

Die Tour beginnt am **Nordbahnhof,** auf dessen Gelände noch Mauerres-
te erhalten sind. Die Strecke folgt zunächst dem Grenzverlauf an Garten-
und Liesenstraße bis zum ehemaligen **Grenzübergang Chausseestraße.**
Dort informiert eine Tafel der Geschichtsmeile Berliner Mauer. Der Grenzübergang wurde von Karla Sachse mit dem »Kaninchenfeld« künstlerisch in
Szene gesetzt. Durch die Boyenstraße gelangt man an den Spandauer Schifffahrtskanal, der die Grenze zu West-Berlin bildete. Hier befindet sich in einem erhaltenen **Wachturm** der DDR-Grenztruppen die Gedenkstätte Günter Litfin.

Weiter geht es zum ehemaligen **Grenzübergang Invalidenstraße,** in dessen Nähe der **Hamburger Bahnhof** › S. 95 und das **Museum für Naturkunde** › S. 95 einen Halt wert sind. Vorbei an der **Charité** › S. 96 führt die Fahrt zum neuen Regierungsviertel, wo das **Parlament der Bäume** von Ben Wargin der Opfer der Berliner Mauer gedenkt. **Bundeskanzleramt** › S. 103, **Reichstag** › S. 102 und das **Holocaust-Mahnmal** › S. 72 sind interessante Sehenswürdigkeiten, bevor das **Brandenburger Tor** › S. 72 erreicht wird, von wo aus der Weg zum **Potsdamer Platz** › S. 109 führt. Dort gibt es zahlreiche Möglichkeiten, sich für die Weiterfahrt zu stärken.

Vorbei am **Preußischen Landtag** › S. 141, dem Abgeordnetenhaus von Berlin, geht es zum **Martin-Gropius-Bau** › S. 141. An der Emma-Berger-Straße steht hinter Neubauten versteckt ein ehemaliger **Wachturm** der Grenzanlagen. Auf dem Gelände der **Topographie des Terrors** › S. 141 sind ca. 200 m Originalmauer erhalten, und der ehemalige Mauerverlauf ist hier an der doppelläufigen Kopfsteinpflasterreihe besonders deutlich zu erkennen. Unweit davon befindet sich der ehemalige **Checkpoint Charlie** › S. 141. Weiter geht es vorbei am **Axel-Springer-Hochhaus** und der **St.-Thomas-Kirche.** Über die Schillingbrücke gelangt man in die Holzmarkt- und Mühlenstraße. Dort befindet sich der längste erhaltene Mauerabschnitt in der Berliner Innenstadt. 1990 haben Künstler aus aller Welt den 1,3 km langen Rest der Grenzmauer mit eindrücklichen Bildern bemalt. Die sogenannte **East Side Gallery** › S. 146 wurde 2008/2009 saniert; sie steht unter Denkmalschutz. Dennoch ist sie in Teilen duch Erschließungsmaßnahmen an der Spree immer wieder akut gefährdet. Kurz vor der Oberbaumbrücke liegt auf der gegenüberliegenden Straßenseite die **Mercedes-Benz-Arena** › S. 147.

Berliner Mauer mit Durchblick

INFOS VON A–Z

BARRIEREFREIES REISEN

- **DRK-HilfsmittelCentrum**
  im Hilfsmittelcentrum
  Bachestr. 11, Besuchereingang
  Bundesallee 73 | 12161
  Tel. 600 300 200
  www.drk-berlin.de/hilfsmittel
  centrum.html | Mo, Mi, Fr 9–12,
  Di/Do 14–17 Uhr

DIPLOMATISCHE VERTRETUNGEN

- **Österreichische Botschaft**
  Stauffenbergstraße 1 | 10785
  Tel. 26 93 42 80
  www.bmeia.gov.at/oeb-berlin/
- **Schweizerische Botschaft**
  Otto-von-Bismarck-Allee 4 a | 10557
  Tel. 390 40 00
  www.eda.admin.ch/berlin

FREIBÄDER

Die Berliner Freibäder sind, je nach Wetter, von April bis September geöffnet.
Wasserqualität: www.berlin.de/lageso/
gesundheit/gesundheitsschutz/badege-
waesser/ oder Tel. 90 22 90.

- **Strandbad Weißensee**
  Schönes kleines Strandbad, das
  abends zur Beachbar wird.
  Berliner Allee 155 | 13088
  Tel. 925 32 41 | www.berlinerbaeder.de
  Mo–Fr ab 14, Sa ab 12, So ab 11 Uhr
- **Strandbad Wannsee**
  Berühmtes Havelbad im Westen mit
  Strandkörben und FKK-Bereich.
  Wannseebadweg 25 | 14129
  Tel. 22 19 00 11 | www.berlinerbaeder.de
- **Badeschiff**
  Ein alter Kahn wurde zum Pool umge-
  baut und in die Spree gelassen.
  > mehr S. 12 Punkt **2**
  Kulturgelände Arena
  Eichenstr. 4 | 12435 | Tel. 0162/545 13 74
  www.arena-berlin.de

- **Strandbad Jungfernheide**
  Nah am Flughafen Tegel an einem Na-
  tursee mit angenehmen Liegeplätzen.
  Jungfernheideweg 60 | 13629
  Tel. 70 71 24 12
  www.strandbad-jungfernheide.de
  im Sommertgl. 8–19 Uhr | 6 €

FUNDBÜROS

- **Zentrales Fundbüro**
  Platz der Luftbrücke 6 | 12101
  Tel. 902 77 31 01
  Mo–Di 9–14, Do 13–18, Fr 9–14 Uhr
- **Gemeinsames Fundbüro der Berliner
  Verkehrs-Betriebe (BVG) und S-Bahn**
  Anrufen und ggf. abholen ist die
  Devise.
  Rudolfstraße 1-8 | 10245
  für Busse und U-Bahn: Tel. 194 49
  für S-Bahn: Tel. 29 74 33 33
  Mo/Di/Fr 9–18, Fr 9–20 Uhr

INFORMATION

Für das komplette touristische Leis-
tungsspektrum für Besucher ist die **Berlin Tourismus & Kongress GmbH** zuständig
(u. a. Reservierung von Tickets):

- **Berlin Tourismus & Kongress GmbH**
  Übersichtliches und aktuelles Portal
  zu allen touristischen Themen.
  Karlsbad 11 | 10785
  Service-Hotline Tel. 25 00 23 33
  www.visitberlin.de
- Die Senatsverwaltung bietet Infos und
  Links zu allen Themen, die auch für
  Touristen interessant sind.
  www.berlin.de
- **Museumsinformation Berlin**
  Infos zu den Bühnen, Museen, Archiven
  und Denkmälern in Berlin/Brandenburg
  und die Vermittlung von Führungen.
  Klosterstr. 68 | 10179
  Tel. 24 74 97 00
  www.kulturprojekte-berlin.de

BERLIN TOURIST INFOS

Die **Berlin Tourismus & Kongress GmbH** unterhält diverse Infocenter in der Stadt: **Berlin Tourist Info**, z. B. im Hauptbahnhof (Eingang Europaplatz) und am Flughafen Tegel (Gate A01). Dort wird man beraten und erhält u. a. den **Museumspass** und die **Berlin Welcome Card** (für 48, 72 Stunden oder 5 Tage freie Fahrt mit den öffentlichen Nahverkehrsmitteln und bis zu 50 % Ermäßigung bei über 200 touristischen und kulturellen Highlights). Mit dem **Museumspass** kann man für 29 € (erm. 14,50 €) an drei aufeinanderfolgenden Öffnungstagen ca. 30 Museen und Sammlungen besuchen.

- **Brandenburger Tor**
  Südflügel/Pariser Platz | 10117
  April–Okt. tgl. 9.30–19,
  Nov.–März tgl. 9.30–18 Uhr
- **Im Europa-Center**
  Tauentzienstraße 9 | 10789
  Mo–Sa 10–20 Uhr
- **Hauptbahnhof**
  Eingang Europaplatz | 10557
  tgl. 8–21 Uhr
- **Flughafen in Berlin-Tegel**
  – Haupthalle zwischen Terminal A & B
  tgl. 7–22 Uhr
  – im Terminal A (Gate 1)
  tgl. 8–19 Uhr

KINO

Kino- und Kulturtipps finden sich in allen Tageszeitungen sowie unter www.berlin.de/kino.

Besonders schöne traditionelle Kinos sind die **ASTOR Film Lounge** am Ku'damm (Nr. 225) mit Art-déco-Interieur und XL-Sitzen, der **Zoo Palast** in der Hardenbergstr. 29a, das **Delphi** in der Kantstr. 12a (Charlottenburg) sowie das **International** in der Karl-Marx-Alle 53 (Mitte), die letzten drei sind auch Berlinale-Spielorte. Von Mai bis September gibt es zudem an die 20 Open-Air-Kinos in Berliner Parks und Anlagen, z. B. das **Sommerkino Kulturforum Potsdamer Platz**, das **Freilichtkino in der Hasenheide** (Kreuzberg), das **Freiluftkino Friedrichshain** im gleichnamigen Volkspark oder das **Freiluftkino Pompeji** im Haus Zukunft am Ostkreuz (Friedrichshain).

NOTRUF

- **Polizei**: Tel. 110
- **Feuerwehr**: Tel. 112
- **Ärztlicher Notdienst**: Tel. 11 61 17, 31 00 31
- **Zahnärztlicher Notdienst**: Tel. 89 00 43 33
- **Apotheken-Notdienst**: www.akberlin.de
- **Drogennotdienst**: Tel. 1 92 37

💬 **GUT ZU WISSEN**

- **Parken** ist in der Innenstadt nahezu flächendeckend kostenpflichtig (1–3 €/Std.). Es empfiehlt sich die Benutzung öffentlicher Verkehrmittel, Tarifinformationen > S. 28.
- **Taxikurzstrecke**: Für kurze Strecken bieten die Berliner Taxiunternehmen einen Kurzstreckentarif an: Man bezahlt für bis zu 2 km pauschal 6 € (. Voraussetzungen: Das Taxi muss herangewunken werden und man muss beim Einsteigen ansagen, dass man Kurzstrecke fahren möchte (www.taxi-in-berlin.de). Grundpreis 3,90 € plus 2 € pro km für die ersten sieben km, dann 1,65 € pro km. Funk Taxi-Bestellung Tel. 26 10 26, Würfelfunk Taxi Tel. 21 01 01. > S. 28.
- **Veranstaltungshinweise**: tip (14-tägig, www.tip-berlin.de) und zitty (wöchentlich, www.zitty.de) bieten aktuelle Infos.

- **ADAC Stadtpannendienst:**
  Tel. 018 02 22 22 22
- **ACE, Autoclub Europa:**
  Tel. 07 11 530 34 35 36

POST

Länger als zu den normalen Schalter-
stunden haben diese Filialen geöffnet:
- **Bahnhof Zoo**
  Buchhandlung/Kiosk im Bahnhof Zoo
  Hardenbergplatz 9–12 | 10623
  tgl. 4.30–23.30 Uhr
- **Nähe Hauptbahnhof**
  Lehrter Shop | Lehrter Straße 1 | 10557
  Mo–Fr 6–23, Sa 7–23, So 8–18 Uhr
- **Bahnhof Friedrichstraße**
  im Bahnhof | Georgenstr. 14–18 | 10117
  Mo–Fr 6–22, Sa/So 8–22 Uhr.

SICHERHEIT

Die Kriminalitätsrate Berlins ist zwar re-
lativ hoch, im Vergleich zu anderen Groß-
städten aber nicht außergewöhnlich. Besonders im Gedränge in der City, in
öffentlichen Verkehrsmitteln, Einkaufszentren und auf Großveranstaltungen
muss man mit Taschendieben rechnen.
Vor allem die Plätze, an denen sich viele
Touristen aufhalten, wie etwa der Alexanderplatz, sind gefährdet. Man sollte also
Handtaschen und Rucksäcke immer gut
verschließen und im Auge behalten.

SPORT UND SPASS

- **Olympiastadion**
  Heimstadion von Hertha BSC (www.
  hertabsc.de), Veranstaltungsort für
  Konzerte, Sportevents.
  Olympischer Platz 3 | 14053
  Ⓤ 2, Ⓢ 5, 7, 75 Olympiastadion
  www.olympiastadion-berlin.de
- **Magic Mountain Climbing Center**
  Größte Kletterhalle Deutschlands.
  Böttgerstr. 20–26 | 13357
  Tel. 88 71 57 90
  www.magicmountain.de
  Mo–Fr 13–23.30, Do ab 8, Sa/So
  10–22 Uhr, Tageskarte 16 €, erm. 12/9 €

📣 STRANDBARS

Nirgendwo kommt so sehr Urlaubsfeeling auf wie an Berlins Stadtstränden.
Sobald das Wetter mitspielt, wird die Saison eröffnet, und die Strandbars
entlang der Spree bevölkern sich. Dabei wird manchenorts auch Sport ge-
trieben.
- Für eines der größten Sport- und Freizeitangebote bei karibischen Reggae-
  Klängen ist das **Yaam** (an der Schillingbrücke, 10243, www.yaam.de) 🔖 K3
  bekannt. › mehr S. 12 Punkt ❺
- Einer der populärsten Strände mit einem wunderbaren Blick auf das
  Bodemuseum ist die **Strandbar Mitte** – bei schönem Wetter wird dort täg-
  lich getanzt (im Monbijoupark, Monbijoustr. 3, 10117, www.strandbar-mitte.
  de) › S. 87.
- Die familienfreundliche **Strandbar Sage Beach** liegt zwischen dem Zalando
  Outlet und dem Sage Restaurant, mit sonntäglichen Partys von 14–22 Uhr
  (Köpenicker Straße 18–20, 10997, www.sage-restaurant.de, bei gutem Wetter tgl. ab 14 Uhr). 🔖 K/L4
- Im **Zollpackhof** (eher ein Biergarten) sitzt man am Wasser, direkt gegenüber vom Kanzleramt. Im Winter genießt man den tollen Blick vom gestylten angeschlossenen Restaurant aus (Elisabeth-Abegg-Str. 1, 10557,
  www.zollpackhof.de, tgl. 10–24 Uhr). 🔖 F2

- **Beach Mitte** ist ein beliebter Treff zum Beachvolleyball spielen. Doch man kann es dort auch gemütlicher angehen, z. B mit einem Cocktail an der **BeachBar** im Hawaii-Stil.
Caroline-Michaelis-Str. 8 | 10115
Tel. 01 77/280 68 61
www.beachberlin.de
Sommer tgl. 10–22 Uhr, Courts 16–19,50 €/Std.
- **Schwarzlicht minigolf Berlin**
Indoor-Minigolf mit leuchtenden Schlägern und Bällen bei Schwarzlicht in Science-Fiction-Atmosphäre.
Görlitzer Str. 1, Haus 1, Eingang Skaliter/Görlitzer Straße | 10997
Tel. 616 21 960
www.indoor-minigolf-berlin.de
Mo–Do 14–22, Fr 14–24, Sa 10–24, So 10–22 Uhr, eine Runde 6,50 €, erm. 5,50 €
- **Bata Bar & Billiards**
Moderner Billardsalon in der Nähe des Hauptbahnhofs mit 12 Tischen, Dart & Kicker.
Heidestraße 50 | 10557
Tel. 01 76/52 20 09 54
www.batabar.com | tgl. ab 15 Uhr

TELEFON
Berlin hat die Vorwahl 030,
aus Österreich und der Schweiz 0049 30.

THEATER- UND KONZERTKARTEN
Empfehlenswert ist es, bereits bei der Reiseplanung die gewünschten Tickets vorab online zu kaufen. Der Nachteil ist, dass die Spontanität verlorengeht, der Vorteil, dass man die Plätze bekommt, die man haben möchte, und sich bei Ausstellungsbesuchen nicht an den meist langen Warteschlangen anstellen muss.
- **Hekticket**
Last-Minute-Eintrittskarten mit bis zu 50 % Ermäßigung.
– Hardenbergstr. 21 – in der Kultur-Box 10623 | Tel. 230 99 30 | Mo–Fr 12–20, Sa 10–20, So 14–18 Uhr

– Alexanderstr. 1, 1. OG links | 10178 Mo–Fr 10.30–19 Uhr
www.hekticket.de
- **Ticket-Online**
Auch an VVK-Kassen mit Ticket-Online-Anschluss.
Tel. 018 06 447 00 00
www.ticketonline.de
- **Berliner Festspiele**
Eintrittskarten und Programminformationen für die Festivals, Programmreihen und Einzelveranstaltungen der Festspiele über das ganze Jahr.
www.berlinerfestspiele.de

ZEITUNGEN
- **Berliner Morgenpost** (Funke Medien), populistisch-konservatives Blatt.
- **Berliner Zeitung** (Berliner Verlag, DuMont Mediengruppe), seriös recherchiert, modernes Layout.
- **BZ** (Springer), auflagenstärkstes Boulevardblatt.
- **Berliner Kurier** (Berliner Verlag, DuMont Schauberg), BZ-Konkurrenz.
- **Junge Welt**, linke Tageszeitung.
- **Neues Deutschland**, sozialistische, überregionale Tageszeitung, einstiges Zentralorgan der SED.
- **Tagesspiegel**, großer Kultur- und Feuilletonteil, am stärksten bei Regionalthemen Berlin-Brandenburg.
- **taz**, alternative, linke Tageszeitung, weniger Lokalkolorit, mehr übergreifende Statements, für kritische Recherchen bekannt.

💬 URLAUBSKASSE

• Tasse Kaffee	2,50–3 €
• Softdrink	2–3,50 €
• Glas Bier (0,3 l)	2,50–4 €
• Currywurst	2–3 €
• Kugel Eis	1–2 €
• Taxifahrt	ab 6 €
• Mietwagen/Tag	ab 25 €

REGISTER

BILDNACHWEIS

Coverfoto Statuen von Marx und Engels, Alexanderplatz, Berlin © Huber Images/Ripani, Massimo
Fotos Umschlagrückseite © Shutterstock/PHOTOCREO Michal Bednarek (links); Lookphotos/Travel Collection (Mitte); Shutterstock/360b (rechts)

APA Publications/Gransden F./Read, Mark: 60; Deutsches Technikmuseum: 16; dpa Picture-Alliance/Burgi, Arno: 18; dpa Picture-Alliance/Schlesinger, Robert: 43; dpa Picture-Alliance/Spiekermann-Klaas, Doris: 97; Fotolia/Bussiek, Gordon: 110; gemeinfrei: 120; Getty Images/EyeEm/Gröteke, Markus: 68/69; Getty Images/Weyand, David: 137; glowimages/Westend 61/CB pictures: 52/53; Huber Images/Busse, Jürgen 100; imago Stock/STPP: 15; imago Stock/Wagner, Olaf: 95; Jahreszeiten Verlag/Borges, Darshana: 70; Jahreszeiten Verlag/Kuhn, Violetta: 19; Jahreszeiten Verlag/Schiffer, Maria: 17; Jahreszeiten Verlag/Spörl, Lukas: 9, 14, 23, 33, 49, 67, 107; Jahreszeitenverlag/Bolk, Florian: 8-2; Jahreszeitenverlag/Koschel, Philip: 130; Jüdisches Museum: 142; laif/Adenis, Pierre: 165; laif/Kirchner: 166; laif/Schwelle, Dagmar: 129; Lehmann & Blisse: 8-1; Lookphotos/Roetting/Pollex: 63; Lookphotos/Travel Collection: 73; Lookphotos/Zielske, H./Zielske, D.: 20/21; mauritius images/Alamy/Henkelmann, Jürgen: 159; mauritius images/Alamy/Hockenhull, Kate: 117; mauritius images/Alamy/Woodhouse, Julie: 91; mauritius images/Diadem Images/Alamy/Larsen, Jonathan: 116; mauritius images/robertharding/Pipe, Ben: 78; Muxmäuschenwild: 29; Picture Alliance/dpa/Schuldt, Sina: 37; Picture Alliance/Geisler-Fotopress: 25; Picture Alliance/dpa-Zentralbild/ZB/Kalaene, Jens: 40; Seasons Agency/Jalag/Koschel, Philip: 13; Seasons Agency/Jalag/Spörl, Lukas: 155; Shutterstock/360b: 170; Shutterstock/Antonshutterstock: 81; Shutterstock/Catalin, Alexa: 27; Shutterstock/Chaisamritpol, Tossapoi: 173; Shutterstock/Footage from Berlin: 112; Shutterstock/Galeotti, Eddy: 135; Shutterstock/Inglessi, Alexander: 57; Shutterstock/Lauer, Axel: 10; Shutterstock/PHOTOCREO Michal Bednarek: 85; Shutterstock/pixelklex: 71; Shutterstock/Pictures: 55; Shutterstock/Probst, Peter: 164; Shutterstock/Seqoya: 161; Shutterstock/S-F: 103; Shutterstock/Stripped Pixel: 168; Shutterstock/Tupungato: 88; Shutterstock/Van Urk, T. W.: 82; stock.adobe.com/ArTo: 148; stock.adobe.com/Divizia Claudio: 101; stock.adobe.com/jotily: 6/7; Wikipedia/dalbera: 87; Wikipedia/Manfred Brückels/CC 3.0: 126; Wikipedia/Müller, Jens K.: 147.

Liebe Leserin, lieber Leser,
wir freuen uns, dass Sie sich für diesen POLYGLOTT on tour entschieden haben.
Unsere Autorinnen und Autoren sind für Sie unterwegs und recherchieren sehr gründlich,
damit Sie mit aktuellen und zuverlässigen Informationen auf Reisen gehen können.
Dennoch lassen sich Fehler nie ganz ausschließen. Wir bitten Sie um Verständnis, dass der
Verlag dafür keine Haftung übernehmen kann.

Ihre Meinung ist uns wichtig. Bitte schreiben Sie uns:
GRÄFE UND UNZER VERLAG
Postfach 86 03 66, 81630 München, Tel. 0 89 / 419 819 41
www.polyglott.de

LESERSERVICE
polyglott@graefe-und-unzer.de
Tel. 0 800 / 72 37 33 33 (gebührenfrei in D, A, CH), Mo–Do 9–17 Uhr, Fr 9–16 Uhr

1. Auflage 2019

© 2019 GRÄFE UND UNZER VERLAG GmbH, München
Dieses Buch wurde auf chlorfrei gebleichtem Papier gedruckt.
ISBN 978-3-8464-0395-2

Bei Interesse an maßgeschneiderten B2B-Editionen:
gabriella.hoffmann@graefe-und-unzer.de

Bei Interesse an Anzeigen:
KV Kommunalverlag GmbH & Co KG
Tel. 089/928 09 60
info@kommunal-verlag.de

Verlagsredaktion: Anne-Katrin Scheiter
Autoren: Manuela Blisse und Uwe Lehmann
Redaktion: Buch und Gestaltung, Britta Dieterle
Bildredaktion: Marie Danner
Mini-Dolmetscher: Langenscheidt
Umschlaggestaltung & Layout:
Independent Medien Design, München
Horst Moser (Artdirection), Lucie Heselich
Karten und Pläne: Theiss Heidolph und Kunth Verlag GmbH & Co. KG
Satz: uteweber-grafikdesign
Herstellung: Anna Bäumner
Druck und Bindung:
Printer Trento, Italien

PEFC
PEFC/18-31-506

GRÄFE UND UNZER

Ein Unternehmen der
GANSKE VERLAGSGRUPPE

MINI-DOLMETSCHER BERLINERISCH

Im letzten Winkel deutscher Lande erkennt man den typischen Berliner sofort an seinem schnoddrigen Sprachwitz. Keine andere deutsche Mundart trägt so offen die atemberaubende Respektlosigkeit, aber auch den spröden Humor ihres Sprechers zur Schau wie das Berlinerische. »Lieber'n bißken mehr, aber dafür wat Jutet!«, so denkt sich fröhlich der echte Berliner. Ganz normal auf Berlinerisch ist die ständige Vertauschung des dritten und vierten Falls, was bei einem Geständnis wie »Ick liebe Dir« für restdeutsche Ohren eher ziemlich unangebracht klingt. Gerne benutzt wird auch der erweiterte Infinitiv, der nach allen Regeln deutscher Grammatik an falscher Stelle. Da teilt uns die Sachbear-

beiterin der Versicherung dann freundlich mit, sie habe die Akte gerade »vorzuliegen«. Das Berlinerische ist eine über Jahrhunderte gewachsene Vermischung aus dem Plattdeutschen, Obersächsischen, Jiddischen, Slawischen und dem Französischen. Niederdeutsche Bauern, Hugenotten und viele andere Einwanderer brachten ihre Sprache in den Schmelztiegel mit ein. Der Karikaturist Heinrich Zille hat das Berlinerische während der 1920er Jahre mit den Untertiteln seiner liebevollen Schilderungen »aus'm Milljöh« populär gemacht. Allerdings verschwinden viele dieser Ausdrücke immer mehr und sind häufig nicht einmal mehr gebürtigen Berlinern geläufig.

abhotten	tanzen
auf den	sich auf seinen vier
Tochus sitzen	Buchstaben niederlassen
aus daffke	aus Trotz
aus der	im Handumdrehen
Lameng	
Beene	Beine
Berlina Flanze	echtes Berliner Mädchen
Bollenfleisch	Zwiebelfleisch vom Lamm
Bulette	Frikadelle
Café Achteck	öffentliche Toiletten-
	häuschen von 1900
Deez	Kopf
Destille	leistungsfähige Kneipe
dette	das
een	einen
eens ins Weite	abhauen, verduften
zwitschern	
Eierkuchen	Pfannkuchen
embrassieren	umarmen
englisches Ei	neue Glaskuppel des
	Reichstagsgebäudes
Fortepiano	Klavier
gnatzig	schlecht gelaunt
Hackepeter	rohes Schweinehack mit
	Zwiebeln und Ei
hohler Zahn	Turm der Kaiser-Wilhelm-
	Gedächtniskirche
Hungerharke	Luftbrückendenkmal am
	Flughafen Tempelhof
ick, icke	ich
ick hab de	ich habe die Nase voll
Neese pleng	
inkommodieren	belästigen
janz jut	ganz gut
Jejend	Gegend
Jöhre	Kind
kabbeln	sich zanken
keen Jetue nich	keine Umständlichkeiten
kieke ma' rinn	schau' doch mal vorbei

Kiez	Viertel, Wohngegend
keen Kopp nich	sich keine Gedanken
machen	machen
knorke	Toll! Klasse!
koofen	kaufen
Langer	Funkturm
Lulatsch	
Liebesknochen	Eclair (Gebäckstück)
loofen	laufen
Mallörchen	Malheur, dumme
	Geschichte
Männeken	kleiner Mann, »...mein
	Lieber!«
Markör	Kellner
Merkwürdiges	Hochhaussiedlung
Viertel	Märkisches Viertel
meschugge	verrückt
Mischpoke	Familie
Molle	Bier
Mollenfriedhof	Bierbauch
Mostrich	Senf
Ooogen	Augen
Olle, Oller	Ehefrau, Ehemann
Pfannkuchen	Karnevalskrapfen,
	Berliner
Plauze	dicker Bauch, Wanst
Rucksack-	Zugereister, Neuberliner
berlina	
Schrippe	ovales Brötchen mit
	Längskerbe, Semmel
scheen	schön
Steppke	kleiner Junge
Stulle	belegte, und doppelt
	geklappte Brotschnitte
Tacheles reden	jemandem deutlich seine
	Meinung sagen
uffjerecht	aufgeregt
wa?	in Ordnung?
wat?	Was? Wie bitte?
Zoff	dicke Luft